U0854823

权力的游戏

铁骑王者

成吉思汗传

李金海 著　宋毅 主编

華中科技大學出版社
http://www.hustp.com
中国·武汉

图书在版编目(CIP)数据

铁骑王者:成吉思汗传/李金海著;宋毅主编.—武汉:华中科技大学出版社,2019.5
ISBN 978-7-5680-3397-8

Ⅰ.①铁… Ⅱ.①李… ②宋… Ⅲ.①成吉思汗(1162—1227)-传记 Ⅳ.①K827=47

中国版本图书馆 CIP 数据核字(2019)第 036300 号

铁骑王者:成吉思汗传
Tieqi Wangzhe:Chengjisihan Zhuan

李金海 著　宋　毅 主编

策划编辑:亢博剑　沈　柳
责任编辑:沈　柳
封面设计:刘　婷
责任校对:马燕红
责任监印:朱　玢
出版发行:华中科技大学出版社(中国·武汉)　电话:(027)81321913
　　　　　武汉市东湖新技术开发区华工科技园　邮编:430223
录　　排:蓝色匠心图文设计有限公司
印　　刷:湖北新华印务有限公司
开　　本:710mm×1000mm　1/16
印　　张:15.75
字　　数:265 千字
版　　次:2019 年 5 月第 1 版第 1 次印刷
定　　价:39.80 元

前言

成吉思汗是一个伟大的军事天才，他拥有卓越的军事指挥和组织能力，将冷兵器时代的战争发挥到了极致，足以傲视古今，时至今日，依然令人惊叹不已。

不可否认的是，成吉思汗是一个极具争议性的历史人物，自他去世后的八百年来，褒贬皆有，不一而足。历史从来不是对过去发生的事的简单复述，它与今天有着千丝万缕的联系，评价历史人物和历史事件，必须立足当下，又必须置于当时的历史环境之中。

成吉思汗及其子孙建立的蒙古帝国，全盛之时，东起太平洋，西至俄罗斯第聂伯河，南达马六甲海峡，北濒北冰洋，征服了中国及波斯两大文明核心区。

蒙古铁骑所到之处，城垣被摧毁，生灵遭荼毒，许多地方累世所积的文明化为烟尘。蒙古人除了杀戮，给被征服区，无论是文明层面，还是科学技术，都贡献甚微。相对于国家的组织管理，他们的兴趣更多集中在征战和掠夺财富上。

诚然，这与他们的视野有关。成吉思汗兴起之时，整个蒙古草原尚处于半蒙昧状态，当时，无论是东亚中国境内的金、宋，还是中亚的波斯、阿拉伯地区，都已建立了高度发达的文明。蒙古人闯入这些区域时，还是未完全摆脱氏族部落气息的游牧民族，面对这些文明发达的陌生地区，他们无法理解，也根本无力管理。

蒙古人在成吉思汗的带领下，之所以能够建立如此辉煌的战绩，与他们本身的吃苦耐劳和装备有关。蒙古马耐饥渴，可以用蹄子刨开冰雪，寻找残草充饥，连续可奔驰一天，使得蒙古人可以连续长途奔袭作战。

与中原地区和波斯地区的定居农耕民族不同，蒙古草原的恶劣生存环境磨练出蒙古人顽强的生命力。他们从幼小起，就开始练习骑射，征战和生活一体，可以连续在马背上三四天不下马，困了就伏在马背上休息。蒙古战士随身携带干乳酪、肉干等，既容易保存，还可以有效补充体能。在作战时，他们不需要大量补给。所有这些因素，为蒙古人能够取得胜利提供了保障。

作为蒙古帝国的缔造者，成吉思汗有着钢铁一般的意志，铁血冷酷，对于敌对者，毫不留情。在他的带领下，蒙古从一个弱小的部族，在短短数年内征服了蒙古草原上大大小小的部族，结束了部族林立、功伐不休的局面。

此后，成吉思汗及其子孙带领蒙古铁骑，席卷欧亚大陆，先后征服了四十多个国家、七百多个民族，甚至在遥远的多瑙河流域、波西米亚，都流传着关于遥远东方鞑靼人的可怕传说。

但除了铁血无情，成吉思汗还有另一面。他大度宽容，能够做到知人善任。在成吉思汗身边，汇集了许许多多优秀的人才，他们来自不同的阶层、不同的民族、不同的信仰，甚至来自他的仇敌，对这些臣服者，成吉思汗都能做到用人不疑。

无论是畏吾儿人镇海、契丹人耶律楚材、女真人粘合重山，还是汉人丘处机，成吉思汗同样给予他们信任。

与历史上许多开国帝王屠杀功臣形成鲜明对比的是，蒙古帝国建立后，成吉思汗厚待功臣，兔死狗烹、鸟尽弓藏的事在他身上没有发生。

纵观成吉思汗的一生，大部分时间都是征战。可以说，成吉思汗戎马一生，征战不休。他在征战中，为了给对手营造胆怯心理，充分利用舆论宣传。这种宣传在传播中以讹传讹，夸张到无以复加的地步。数世纪后，在欧洲还在流传各种关于成吉思汗和蒙古人的恐怖传说。

杀戮、恐吓不仅仅带来了毁灭，同时也营造了恐怖下的和平。成吉思汗及其子孙的远征，使得从蒙古帝国本土到中国内陆，从黄河流域到两河地区，一切关隘壁垒被摧毁，东西方文明交流空前频繁。

滞留河中地区、波斯地区的蒙古人大多放弃了萨满信仰，改奉伊斯兰教，大量中亚地区的工匠和商人来到中原，也促进了伊斯兰教在中国本土的传播。与此同时，原本流行于西藏的喇嘛教（藏传佛教）也受到蒙古本土信众的广泛接纳。

在蒙古大汗汗廷，有波斯人、阿拉伯人处理税收和理财，有汉人儒生拟定国家典章制度，其外还有大量契丹人、畏吾儿人、女真人、吐蕃人，使得大汗拥有的是一个真正意义上的国际化团队。

许多不可思议的事情，在蒙古帝国境内上演。从汗八里（即元大都）到西亚道路上，商旅和使者往来不绝；在蒙古哈拉和林汗廷，不远万里而来的基督教使者，带着教皇的书信等待大汗的接见；来自波斯地区和中原汉地的工匠在一起协同做工；基督教传教士和佛教僧侣旅途结伴而行；中国的瓷器、茶叶在泉州港等待扬帆起航，经过波涛万里，抵达中东地区，而印度珍珠、锡兰的香料正源源不断地运往东方。

蒙古帝国空前辽阔的版图，促进了东西方艺术的交流，产生了许多意想不到的惊艳效果，犹如流传至今的青花器，在洁白的中国瓷胎上，绘上青蓝的波斯纹饰，一切如此奇妙。

无论毁誉，成吉思汗都犹如一座高峰，屹立在史册中。关于他的故事和传说，还将永远流传下去。

目录

CONTENTS

第一章

苦难岁月

第一节 也速该之死

辽阔的蒙古草原，东起大兴安岭，西至阿尔泰山，北抵贝加尔湖，直达西伯利亚，南方以长城为界，与中原腹地相望。蒙古草原有阴山、肯特山、杭爱山这样的巍峨高山，有鄂尔浑河、克鲁伦河、色楞格河等大河，山河间散落着许多大小不一的湖泊。戈壁大漠将它按南北方向一分为二，分别称作漠南、漠北。

蒙古草原自古以来就是游牧民族的家园，匈奴、东胡、鲜卑、柔然、突厥等民族先后在这片广袤的土地上纵横驰骋，建立起强盛的草原帝国。唐朝末年，一个被称作蒙兀室韦的部族开始出现在人们的视野中，他们生活在今天呼伦贝尔的额尔古纳河一带，是蒙古人的前身。史学界一般认为，蒙兀室韦是东胡的一支，但也有不同说法。

唐朝灭亡以后，中华大地四分五裂，出现了大小不一的多个政权。中原腹地为赵宋王朝；华北地区，由契丹人和女真人建立的辽金先后崛起；党项人建立的西夏扼守河西走廊，称雄西北；此外吐蕃诸部星散于青藏高原，大理王国偏安云贵一带。

诸国之间，远交近攻，攻伐不止，势力此消彼长。曾经不可一世的辽国，被后起之秀女真金国灭亡，此后，契丹一支远遁西域，建立西辽，曾经一度称霸中亚。

金人灭辽之后，迅速南下，铁蹄踏破赵宋王朝繁花似锦的汴京梦，令其顷刻覆灭。宋室被迫南渡，苟安于东南一隅。西夏游刃于宋、辽、金诸国之间，在全力扼守丝路要道，保持基本盘不动摇的前提下，谋求自我利益的最大化。

在蒙古草原上，畏兀儿人的回纥王国在分崩离析后西迁，开始出现权力真空地带，蒙兀室韦此时已繁衍生息成一大部族，他们中的一些部落沿着克鲁伦河来到克鲁伦河、斡难河和土拉河三河源头及不尔罕山（今蒙古国肯特山）一带。他们与南方的金国有着松散的朝贡附属关系，金人称他们为“萌骨部族”（即蒙古的讹音）。

随着时间的推移，蒙兀室韦部族及其他部族向蒙古草原四方扩展，形成了许许多多部族。他们血缘来源混杂，势力强弱不一，为了争夺牲畜、草场、人口，相互征战不休。

《蒙古秘史》中有一首古老的诗篇描述了当时的情景：

星空旋转着，
众部落都反了；
不得安卧，
你争我夺，抢劫财物。
草地翻转了，
所有的部落都反了；
不得下榻，
你攻我打。
没有思念的时候，
只有彼此冲撞；
没有躲藏的地方，
尽是相互攻伐；
没有彼此的爱慕，
尽是相互厮杀。

这些部族有乞颜部、克烈部、乃蛮部、塔塔儿部、蔑儿乞部、汪古部等。他们族源不同，除了来源于蒙兀室韦之外，还有来自突厥人、回纥人、靺鞨人等等。

在蒙古草原恶劣的环境中，只有弱肉强食，没有任何道义可言，想生存下去，只有让自己变得更强大。各部族相互累世攻战，彼此之间都有一笔血泪账。

在所有部族中，塔塔儿部颇为强大，他们住在呼伦湖与贝尔湖之间的兀儿失温河（即乌尔顺河，亦称呼伦河）流域，这里水草丰茂，是优良的牧场。塔塔儿部族源来自突厥的一支，他们和中原的辽金等王朝的关系较为密切，往往依靠辽金这些大国为后援，欺凌其他部族。比如蒙古早期的汗王俺巴孩可汗就是由于被塔塔儿部人出卖，被金朝皇帝钉死在木驴上，从此塔塔儿人和蒙古人成为世仇。

斗转星移，寒来暑往，时间到了公元1162年，这一年为蒙古马儿年，南宋绍兴三十二年，金大定二年，西夏天盛十四年。

这一年，蒙古草原以外的世界，看不出有何大的变化，诸国多年来形成的政治平衡格局依然得到维持，没有任何被打破的迹象。这一年，金国僭主海陵王完颜亮南侵计划最终以失败而告终，完颜亮本人遇刺身亡，接位的金世宗完颜雍一心想中兴金室，将全部精力放在内政上。南宋那边，宋高宗决定退位，安享晚年，将帝位传给养子赵昚。西夏此时也消停下来，全力发展民生，进入鼎盛时代。至于高丽、日本、安南这些亚洲边缘政权，也保持基本平稳状态，总之大家都是一副关起门来过日子的状态。

在蒙古草原上，还是处于劫掠、攻伐的原始粗放政治生态，与往年看不出有任何差异。但谁也没料到，随着蒙古乞颜部一名男婴一声初来人间的啼哭，世界将会彻底改变过来。

像天下所有初为父母的人一样，蒙古乞颜部首领也速该即将迎来他的第一个孩子，心中满怀激动、兴奋，焦灼不安。作为一名蒙古勇士，每天守在女人身边是会遭人耻笑的，为了让部落不受欺负，唯有不断对其他部落发起攻袭，掠夺更多财物和人口，让自己更加壮大。只有这样才能在草原上生存下去。

诃额伦画像

这一天，他又获得了胜利，不但夺得大量牛羊马匹，还俘获了塔塔儿部落头领铁木真兀格。也速该来不及擦去满身的战场血腥，准备迈入蒙古包与妻子分享胜利的喜悦时，从帐篷内传来了一声响亮的婴儿啼哭声，哭声格外响亮。

也速该急忙进入帐内，看见妻子诃额仑疲惫地躺在羊毛毯上，身边多了一个婴儿。小家伙眉宇间显得孔武有力，只见他将小胳膊伸出襁褓，紧紧攥着拳头，正大声啼哭。

也速该满怀爱恋地抱起孩子，试图去掰开他的小拳头，结果费了半天劲才掰开，婴儿的掌心中竟然握着一块已经凝固的血块！血块形似苏鲁锭（似长矛，蒙古的象征，战神的标志），也速该一看大喜过望，认为此孩子长大后，必定是一名巴特尔（蒙古语，勇士的意思）。

也速该抱着孩子走出帐外，仰望长天，草原天空深邃湛蓝，雄鹰翱翔，他将孩子高高举过头顶，默默向长生天祈祷，护佑孩子健康茁壮地成长。他回头轻蔑地看了一眼瑟瑟发抖的铁木真兀格，觉得他不配这样英雄的名字，下令将他处死。铁木真兀格殷红的血洒在草原，渗入大地。也速该给自己的初生儿子取名铁木真，意为钢铁。

时间过得很快，转眼已是九个春秋。按照蒙古习俗，也速该开始为铁木真张罗亲事。乞颜部与弘吉剌部有世代姻亲传统，于是也速该带上铁木真前往弘吉剌部，为他物色一门亲事。

弘吉剌部与乞颜部相距遥远，路途迢迢。1170 年秋，秋高气爽，适合出远门，也速该和诃额仑特意选了一个吉祥的日子出门。望着父子俩在洒满金色阳光的草原天际远去，诃额仑满怀幸福。然而，她不知道的是，噩运即将降临。

也速该父子俩一路跋山涉水，风尘仆仆，前往呼伦贝尔湖东面的弘吉剌部。当他们走到扯克扯儿山和赤忽儿古山之间时，遇到了弘吉剌部的德薛禅老人。德薛禅和也速该是多年的老相识了。老友路过，德薛禅盛情相邀，也速该便留下来，到德薛禅家中小聚，叙叙旧。

得知也速该来意后，德薛禅抚掌大笑，给也速该讲了一个梦。梦境中，德薛禅正在草原散步，一只海东青背着太阳和月亮从云端呼啸而下，不偏不倚，正好落在他的掌心。德薛禅本来不解梦境暗示，现在见到也速该父子路过求亲，认为这是天降姻缘，便让女儿孛儿帖出来见客人。孛儿帖比铁木真年长一岁，刚满十岁，也速该见孛儿帖生得端庄美丽，满怀欢欣，两家当即定下亲事。

也速该留下一匹马，作为定情之物。蒙古习俗，两家定亲，准女婿要在女方家留住一段时间。在这期间，可以考察一下他的品行和能力。其实，铁木真当时不过就是一个九岁孩童，顽皮得紧。让小小年纪的儿子离开身边，留在陌生人家中，也速该还是有些不放心，在临走前，他特意叮嘱道："我的这个儿子生平最怕狗，切不可让狗给吓着。"看来，以后叱咤风云的铁木真，在童年时代与一般孩童区别不大。

返家途中，也速该经过扯克扯儿山的失剌客额列时，碰上当地塔塔儿人正在宴会。也速该由于急着赶路，已是又饥又渴。蒙古习俗，骑马经过正在进餐者之旁时要下马，未等主人许可便可一起进餐，以示礼貌。也速该便下马参加了塔塔儿人的宴会。

宴会上有被也速该九年前战败的铁木真兀格族人，他们认出了也速该，想起头人被杀，族人被俘，他们恨得咬牙切齿，眼看仇人送上门，岂能放过，便在酒食中下了慢性毒药。也速该浑然不知，大快朵颐之后，翻身上马，继续往回走。

行走不远，也速该开始觉得腹痛不已，明白遭了毒手，但悔之晚矣，他不甘心像个无名之辈一样，默默无闻死在荒野，心中也放不下妻儿和族人。唯有死死伏在马背上，信马由缰往回走，凭着顽强的意志和坚定的信念，三日后也速该回到家中。

此时，也速该中毒至深，早已回天乏术，唯靠一口气在支撑。他将妻儿托付给晃豁坛氏的蒙力克，要求赶快将铁木真从弘吉剌部带回来，等铁木真长大后，一定要为他复仇，将塔塔儿人高过勒勒车车轮的男子全部杀光。交代完后事，也速该带着遗恨离开了人世。

蒙力克赶到弘吉剌部，对德薛禅谎称也速该想念儿子，想让铁木真回去一趟。德薛禅不知内情，认为将年幼儿子寄在别人家，想念也是人之常情，便同意蒙力克将铁木真带走，只是希望早点将自己的佳婿送回来。蒙力克满口答应，带上铁木真，快马加鞭地往回赶。

待铁木真赶到家中，方知父亲去世的噩耗，母亲诃额仑将也速该的临终遗言一字不漏地复述给铁木真，一颗复仇的种子就在这个年仅九岁的少年心中深深种下，等待生根发芽。

在草原上，残酷的生存环境造就了人们只服从强者的传统，当初也速该虽然不是正式推举的蒙古大汗，但由于他拥有出色的组织领导能力，又勇武善谋，所以好多蒙古部族依附于他，但内心不甘的人也大有人在。

如今，也速该新丧，留下铁木真孤儿寡母，这些人自然不愿意再唯命是从，人心开始浮动，各种矛盾开始公开化，人们陆续离弃而去。

第二节

劫　难

在草原上，部族的强大靠的是人。外部族离去的同时，部族内部也开始出现离心离德的事情。也速该尸骨未寒，内部便出现了分化事件。第二年春天，部族举行春祭，祭祀由铁木真的叔祖俺巴孩汗的两位遗孀斡儿伯和莎合台主持，诃额仑母子在路上耽搁了些时间，紧赶慢赶，还是迟到了。

祭奠仪式后，按照惯例，要对参加祭会的人分胙肉，大家都分到肉，唯独诃额仑母子没有份。祭祀祖先在古代社会中是最隆重的仪式，是部族血脉凝聚的象征，不给分胙肉，这明显是蔑视，不拿诃额仑一家当自己人看。个性好强的诃额仑，面对如此奇耻大辱，岂能咽下这口气，便冲上去与主持仪式的斡儿伯和莎合台理论。

“虽然也速该不在了，但他的孩子还在，你们享用祭祀的胙肉，却唯独不分给我们母子，难道也速该的儿子就不会长大吗？是不是下一步转移营地，就打算丢下我们母子？”诃额仑怒气冲冲，大声地质问。

如果要是在过去，斡儿伯和莎合台会有所忌惮，不过现在也速该去世了，她们再无所顾忌，便反唇相讥道：“祭祀祖先，你们却迟到，难道要我们邀请才行？你们眼中既然没有祖先，还何必在意分享祭品呢？”

从也速该的祖父合不勒汗开始，乞颜部和泰赤乌部就联合在一起，两部头领轮流担任可汗，合不勒汗死后，泰赤乌部的俺巴孩汗即位。俺巴孩汗被塔塔儿部出卖，被金朝皇帝杀害后，合不勒汗之子忽图剌汗继承汗位，善待俺巴孩汗的两位王妃，并且发誓给俺巴孩汗复仇。他率领族人不断发起对塔塔儿部的攻击，也多次侵扰金人边境，声势之大，以至于传到遥远的南宋君臣耳中。

也速该生前是统属乞颜部和泰赤乌部的可汗，如今也速该遭到塔塔儿人的毒手，泰赤乌部不但没有复仇的意思，反而开始打起小算盘来。

两位王妃在散会后对族人说："俺巴孩汗不在了，诃额仑如此目无尊长，索性将他们留在营地，我们远走他处，省得在一起吵吵闹闹。"

泰赤乌氏头领是俺巴孩汗的孙子塔儿忽台，在也速该在世的时候，他就心怀不满，如今见两位祖母提议，便迫不及待地想把诃额仑母子这个累赘甩掉。次日一大早，塔儿忽台乞邻秃黑便带领族人顺着斡难河迁走了，将诃额仑母子孤零零地丢在原地。

墙倒众人推，屋漏偏逢连夜雨，现实就是如此残酷。泰赤乌部不但带走了自己的族人，还煽动裹挟了许多原本是也速该的仆从和奴婢。

蒙力克的父亲察剌合老人对也速该忠心耿耿，眼看着部众们一个个离弃而去，心中气愤不过，便追赶泰赤乌族人理论，苦口婆心劝他们回心转意，然而，没人听得进去。泰赤乌部脱朵延吉儿帖被察剌合纠缠得烦了，撂下一句话："深水已涸矣，明石已碎矣。"明白无误告诉他，两家再也不可能复合了，分家是不可避免的。察剌合仍然不肯死心，挽住脱朵延吉儿帖的马缰继续耐心劝说，惹得脱朵延吉儿帖性起，抄起长枪来刺，察剌合见势不妙，便转身就跑，躲闪不及，被刺中后背。

察剌合负伤爬回营帐时，已是奄奄一息，将原委告诉了诃额仑母子。铁木真看到伤势严重的察剌合，忍不住伤心落泪，诃额仑一言不发，拿起也速该生前留下的"秃黑"大纛，翻身上马，亲自去追。

泰赤乌部队伍中有车辆，还有大量牲畜和牧民群，迁徙行动自然迟缓，很快便被诃额仑追上。诃额仑横马拦住去路，高高将"秃黑"大纛举起，义正辞严，历数也速该生前待大家不薄，为何如今背弃而去，你们当初的忠诚誓言何在！好多人被诃额仑的勇气慑服，心中惭愧，停在原地，一时不知如何是好。有一些人，在踌躇了一阵后，留了下来，大多数人还是跟随塔儿忽台乞邻秃黑和脱朵延吉儿帖走了。就是留下来的这些少数族人，没多久，也陆续逃跑了。

家中只剩下诃额仑和她的四个儿子：铁木真、拙赤合撒儿、合赤温、帖木格，女儿帖木仑，还有也速该同别妻速赤吉勒所生的二子别克帖儿和别勒古台，另外还有一个忠实的仆妇豁阿黑臣。昔日强盛的乞颜部如今只剩下三个妇人和数名孩童，共十四人。

族人叛逃时，带走了大量牲畜，如今就剩下九匹马，这些便是铁木真一家的全部家当。在草原上没有了牲畜，就丧失了生活来源，一家人顿时陷入了困顿，年幼的铁木真开始了颠沛流离的苦难童年生涯。

摆在诃额仑面前的首要任务，是如何将七个儿女拉扯长大。她坚毅果敢，没有被突然而来的生活重担压垮，誓将儿女们养育成人。

诃额仑抛弃了昔日头领夫人的尊荣，开始变得像草原上的普通牧人妇女一样，到处为孩子们觅食，采摘野果，挖掘野菜，想尽办法找一切可以垫肚子的东西。在斡难河陡峭的山崖间，诃额仑采摘杜梨和稠梨等野果，在旷野里，她伏在地上，用削尖的刺柏木棍儿，挖地榆和野葱之类的草根给孩子们吃。

苦难的岁月侵蚀着诃额仑的容颜，她不再年轻美貌，而孩子们在她抚育下一天天长大。诃额仑顽强的意志，给年幼的铁木真留下了深刻印象。在母亲的熏陶下，铁木真形成了坚韧不拔、百折不挠的性格，为他以后建立千古伟业打下了基础。

生活的磨难，让孩子们早早懂得生活的不易。随着年龄增长，他们主动分担家务，替诃额仑分担一些生活重担。作为家中长子，铁木真常带着弟弟们到斡难河边钓鱼。

在十一岁那年，铁木真结识了居住在附近札答阑部的扎木合，两人意气相投，很快成为好朋友。扎木合赠给铁木真一块公狍髀石，铁木真则回赠扎木合一块獾髀石，双方结为安答（即结义兄弟）。此后，两人间的恩怨情仇，对蒙古草原产生了深远的影响，这且是后话。当时，他们亲密无间，相见恨晚，常在斡难河水上击髀石为戏。

他们在一起，以研究自制弓箭、练习射箭为乐趣。扎木合用小牛角尖磨制的一种箭，射出去会发出声音，称为鸣镝，铁木真用柏木磨制了一种箭，二人将自己制作的弓箭作为礼品互赠。孩提时代的友谊是纯真的，两人在一起的时光简单而又快乐。

短暂的快乐，并不能掩盖残酷的现实。没多久，发生了一件家庭悲剧，酿成这桩悲剧的罪魁祸首正是铁木真。铁木真弟兄几个，因长期困苦的生活、狭窄的视野、孤立的生活环境、近乎半野蛮的生存状态，使得处于青春期的孩子们变得暴躁、易怒、好斗，彼此间很容易产生嫉妒。此外，兄弟六人出于两个母亲，这也是让他们容易产生矛盾的一个主因。

有一天，铁木真、合撒儿、别克帖儿和别勒古台兄弟四人一起去斡难河畔钓鱼，他们钓到了一条非常漂亮的金色小鱼，为了这条鱼的所属权，他们争执了起来。铁木真和合撒儿为一方，别克帖儿和别勒古台为另一方，都说鱼该归于自己，互不相让。别克帖儿和别勒古台力气大，最终把鱼抢走了。铁木真和合撒儿很不服气，回家向母亲诃额仑告状，希望母亲主持公道。出乎意料的是，诃额仑听完显得异常平静，劝他们兄弟要和睦相处，不要为这点小事坏了兄弟情义。铁木真和合撒儿正是年少气盛，那里听得进去母亲的良言劝告。他们出来合计道："我们受别克帖儿哥俩欺负不是一天两天的事了，前一阵射下一只云雀，被他们抢走了，现在又抢走了我们的鱼，长期下去，那还了得！"愤愤之下，哥俩决定除掉别克帖儿。

当时，别克帖儿正在山岗上牧马，铁木真和合撒儿趁他不注意，悄悄匍匐到跟前，等他反应过来，铁木真和合撒儿兄弟俩已经一前一后张弓引箭将他围住。别克帖儿试图劝说铁木真和合撒儿，放下一时怨念，兄弟们应该齐心协力对付泰赤乌部，而不是在这里手足相残，铁木真和合撒儿此时已经被热血冲昏了头，那里听得进去。见劝说无效，别克帖儿明白过来求生无望，只好恳求他们放过自己的弟弟别勒古台，然后盘腿坐下，闭目等死。铁木真和合撒儿一前一后，同时发箭，别克帖儿中箭倒地死去。

眼看闯了祸，铁木真和合撒儿慌慌张张逃回家中，诃额仑见他们脸色不对，便问原委。二人知道隐瞒不住，便如实告知。诃额仑听完愤怒异常，指着铁木真大骂道："你握着血块而生，就像自咬胞衣的哈撒儿狗，你是那啄食影子的鹰，是恶狼，是毒蛇，你比虎豹还要凶残，比灵獒还要狠毒。我们现在除了自己的影子，再没有朋友；除了牲畜的尾巴，再无打人的鞭子。现在你们不团结起来复仇，反而自相残杀，大仇什么时候才能报？"兄弟俩此时默默无语，任凭母亲责骂。

其实，泰赤乌部头领塔儿忽台乞邻秃黑一直没有放松对诃额仑母子的警惕。本以为，没有了族人和牲畜，孤儿寡母几个不出几天，不是饿死，就是葬身豺狼之腹。谁料几年后，得知铁木真一家活得好好的，他开始追悔当初没有斩草除根。塔儿忽台乞邻秃黑深知，也速该留下的雏鹰们一旦羽翼丰满，一定会找他来复仇，所以，他想趁着铁木真哥几个尚未长大，一举歼灭，以绝后患。

诃额仑得知泰赤乌人杀来，急忙带领儿女们躲到附近的树林中，让儿子们砍倒一些树木作为障碍，阻止敌人，让年幼的合赤温、帖木格和帖木仑三兄妹躲到山洞里;别勒古台力大无穷,合撒儿善射,就让他们在外面御敌。合撒儿是个神箭手,箭无虚发,好多泰赤乌人纷纷中箭落马,塔儿忽台乞邻秃黑不知底细,不敢贸然进攻,想借机离间铁木真兄弟,便冲着树林喊话:“我要的是你们兄长铁木真一人,其他的我没有恶意。”

诃额仑听说泰赤乌人要抓铁木真,便牵来一匹马,让他赶紧逃命。铁木真快马加鞭,大声叫唤着,向斡难河上游森林冲去,泰赤乌人便在身后紧追,合撒儿弟兄几个,趁此机会护着家人安全转移。

铁木真骑马一头扎进密林之中,森林越往里走越茂密,马匹穿过都很困难,塔儿忽台乞邻秃黑不敢再追击,下令从外面围住森林,将铁木真困在里面,只等他饥饿难忍之时,自动走出森林。在密林中,铁木真靠采摘野果充饥度过了九天九夜,心想此时敌人也该离去了吧,便牵着马往外走,不料刚到森林边缘,便被伏击的泰赤乌人捉住,成了俘虏。

或许为了杀鸡骇猴,警示其他人,塔儿忽台乞邻秃黑并没有立即处死铁木真,而是将他带回了营地,下令给铁木真戴上沉重的木枷,让各营轮流看守。

每个营地就是一些牧民组成的部落,铁木真脖子上套着木枷,从一个营地转移到另外一个营地,迟缓的脚步从一个个蒙古包前走过,任凭烈日灼晒,风吹雨淋,整个人被折磨得不成人形。但铁木真并没有消沉,反而意志更加坚强,从没放弃逃亡的念头,只是默默等待时机。

转眼已是初夏,机会终于来临了。有一天,泰赤乌人在斡难河畔宴饮,一个个推杯换盏,畅怀饮酒吃肉,从早晨直到傍晚,大家都只顾吃喝玩乐,留下一个体弱的年轻人看守铁木真。眼看夕阳落山,夜幕即将降临,酒足饭饱的泰赤乌人一个个回到营帐中休息。铁木真抓紧时机,趁着看守人不注意,猛地冲上去用木枷将他击倒,然后全力向斡难河跑去,跳进河水,靠着木枷浮力在水中漂浮。

看守人被击昏后,过了一阵,缓过神来,急忙大声疾呼犯人逃脱了,泰赤乌人很快纠集人马分头沿着斡难河寻找。夏夜的月光异常皎洁,河面反射着月光,水中人的一举一动很明显。在河水中挣扎的铁木真很快被搜寻的人发现,此人叫做锁儿罕失刺。眼看铁木真又要重新落入魔爪,幸运之神再次垂青了他。锁儿罕失刺并不是泰赤乌人,而是被泰赤乌部胁迫追随的速勒都孙部人,他没有将铁木真置于死地之心,反而,在目睹了铁木真遭受的磨难后,起了同情心。

锁儿罕失剌四下看了看，发现没有别的人，便低声对铁木真说："你尽管藏好，我不会告知他们的。"说完装作若无其事的样子继续去搜找。为了帮助铁木真脱身，锁儿罕失剌假意对泰赤乌人说："你们让他大白天逃走了，还指望在大晚上找见么，不如返回去在营地左右搜找，说不定他还没走远，等明天再来这里寻找，他一个小孩子，身上又戴着木枷，能跑多远！"泰赤乌人觉得锁儿罕失剌分析得有道理，便四下散开，返回营地搜寻。眼看泰赤乌人远去，锁儿罕失剌劝铁木真抓紧逃命，去寻找家人，并再三叮嘱他，切不可对人泄露见过自己，说完打马离去。

肩上木枷由于受到长时间的浸泡，变得更加沉重。铁木真望着漫天星斗，脑子在飞快地转动。经过这些日子的摧残折磨，身体已变得非常虚弱，依照现在的样子，肯定跑不远，难保不被敌人再次抓回去。回想被俘以来，在泰赤乌部各个营地轮流看管期间，自己无不被严加看守，唯有在锁儿罕失剌家时候，他会帮忙卸去木枷，让自己安然休息。如今看来，只有悄悄投靠锁儿罕失剌家，或许还有一条活路。遂拿定主意，顺着斡难河而下，去寻找锁儿罕失剌家。

当铁木真突然出现在蒙古包内时，锁儿罕失剌大吃一惊，没料到铁木真竟然找到他，本想放他一条生路，已经是仁至义尽，如今跑到自己家中，万一被泰赤乌人发现，全家性命难保。他生气地对铁木真说："我不是要你赶紧去找母亲和弟弟们吗？怎么反而跑到我家里来了？"

锁儿罕失剌的两个儿子沉白和赤老温不以为然，劝父亲将铁木真留下来。锁儿罕失剌心乱如麻，一时也拿不定主意，见父亲不回话，沉白和赤老温哥俩索性卸下铁木真肩上木枷，扔到火堆里烧掉。蒙古包就这么大，不可能藏住一个大活人，恰好家中刚剪完羊毛，堆在蒙古包后的车上，兄弟俩便将铁木真藏在羊毛堆中，并让妹妹合答安照顾铁木真的饮食。

泰赤乌人搜遍了斡难河的周边树林，三天过去了，依然没有找到铁木真的踪影，他们料定一定有人窝藏了铁木真，便开始挨家搜查。很快查到锁儿罕失剌家，每个角落都找遍了，都没发现什么，最后把目光落到蒙古包后的羊毛堆上。

锁儿罕失剌的心一下子提到嗓子眼，但表面上装作若无其事的样子，任泰赤乌人扒羊毛，羊毛堆一点点变小，再扒下去就会露馅，锁儿罕失剌便不动声色地说："这么大热天，长时间藏在羊毛堆中，不会窒息而死吗？"泰赤乌人一听觉得有道理，觉得再这么扒下去，浪费时间，便离开到别处搜查了。泰赤乌人一离开，锁儿罕失剌长吁了一口气，觉得不能再拿身家性命冒险了，便催促铁木真赶紧离去，去寻找自己家人。

锁儿罕失剌将一匹白口黄肚马、一只烤羊羔、两袋马奶和一张弓、两支箭送给铁木真，让他赶紧上路。铁木真经过几日调养，身体恢复了许多，也不想多耽搁，便翻身上马，箭驰离去。看着铁木真远去的背影，锁儿罕失剌如释重负。

在此需要插叙一下，铁木真在锁儿罕失剌家期间，受到了锁儿罕失剌的女儿合答安的悉心照顾，两个情窦初开的懵懂少年产生了爱情。然而，等他们再次相逢已是二十年后，合答安已为人妇，当时合答安的丈夫被乱兵所杀，铁木真为了报答她当初的恩情，决定娶她，但合答安毅然拒绝了。她依然深爱铁木真，不过只想做铁木真身边的一名奴婢，侍候他一辈子，这些且是后话。

再说铁木真一路逃脱，庆幸再没有被泰赤乌人追上，顺着人畜在草地上留下的踪迹，在豁儿出恢山附近找到了母亲和兄弟们，一家人劫后重逢，喜出望外。

第三节
结识博尔术

正当全家人还沉浸在亲人团聚的喜悦中时，发生了一件意想不到的事情。当时，铁木真一家只有九匹马，其中有一匹银灰色的马，非常漂亮。为了给好马增膘，平常都骑乘一匹黄色劣马，舍不得骑它。这几匹马可是家中的全部财产，作为长子，铁木真责无旁贷地肩负起了看护马匹的重任。一日，弟弟别勒古台骑着那匹黄色劣马外出打猎，铁木真负责牧马。突然，不知从哪里蹿出来一帮盗贼，在铁木真眼皮底下将八匹马劫掠而去，由于事发突然，他还没完全反应过来，就眼睁睁地看着盗贼们赶着马呼啸而去。

等别勒古台返回来时，盗贼们早已消失得无影无踪。丢了马，就意味着以后全家人失去了生活来源，这无疑是灭顶之灾。兄弟们都争着去寻马，铁木真坚决阻止了弟弟别勒古台和合撒儿，马是从自己手里弄丢的，还得由他去找回来。

茫茫大草原，想要找回被盗的马匹，无异于大海捞针，再加上铁木真骑的那匹马脚力不行，所以两天过去了，仍然没有找到马的踪迹，但铁木真没有放弃信念。

第三天早晨，天边刚露鱼肚色，铁木真就遇到一个年轻人，他正在躬身挤马奶。经询问，年轻人告诉他，有人曾赶着马匹从这里路过，其中有一匹银灰马，尤引人注目，铁木真相信那就是自家丢失的马。

年轻人听了铁木真丢马的经过，便豪爽地表示愿帮助铁木真一起去寻马。他牵出自家好马让铁木真换乘，然后陪着铁木真一起去找马。这名年轻人名叫博尔术（《蒙古秘史》称作孛斡儿出），从此成了铁木真的重要搭档，也是后来成吉思汗麾下赫赫有名的“四杰”之一。

铁木真和博尔术又寻找了三天三夜，终于发现了丢失的马群，正打算往回赶，不料被盗马贼们发现，骑着马追了上来。铁木真张弓搭箭，对准射击，盗马贼一看情况不妙，不由得勒住马，停了下来，铁木真和博尔术趁机赶着马往回跑。等盗马贼一伙都聚拢起来时，铁木真早已跑远了，他们也只好作罢。

博尔术是家中独子，老爹纳忽伯颜视若心肝宝贝，博尔术走得急，没来得及跟他打招呼，就跟着铁木真走了。纳忽伯颜还以为儿子出了什么意外，整日捶胸顿足，以泪洗面，等铁木真和博尔术返回时，纳忽伯颜悲喜交加，欢喜之余，对儿子狠狠一通责骂。

博尔术只得向老爹解释，当时事出突然，情况紧急，一时没来得及打招呼，就跟铁木真去寻马了。纳忽伯颜见铁木真相貌堂堂，谈吐不凡，又得知他是已故乞颜部也速该巴图尔的儿子，心中非常欢喜，便对两位后生说，你们以后一定要相互帮衬，切不可辜负了对方。

在铁木真以后的征战岁月中，博尔术始终忠心耿耿，为铁木真开创旷世伟业立下赫赫战功，铁木真对博尔术也同样信任有加，赏赐丰厚，终生两人不离不弃，没有辜负纳忽伯颜老人的叮咛和期望。

铁木真非常感激博尔术帮助他找回了马，决定要将一半马分给博尔术作为谢礼。面对铁木真的一片好意，博尔术婉言谢绝了，表示自己父亲纳忽伯颜身为阿鲁刺惕氏部族头领，就自己这么一个儿子，衣食无忧，不缺什么，而铁木真一家目前生活困难，要靠这些马匹来维系生活，心意领了，马匹还是让铁木真赶回去。

博尔术杀羊羔来款待铁木真，次日，又为铁木真备好路上吃食和乳品，为他送行。铁木真的慷慨大度，博尔术的通情达理和不求回报，使得两个人更加欣赏和钦佩对方，从此建立了深厚的友情。

三天后，当铁木真赶着失而复得的马群出现在营地时，全家人一片欢呼。数日来，铁木真独自去寻马，母亲诃额仑焦急万分，害怕有个什么闪失，如今不但儿子平安归来，而且夺回了马匹，诃额仑欢喜的眼泪夺眶而出，心中默默感念长生天的庇佑。

铁木真幼年丧父，家道中落，饱尝人情冷暖，后又经历了种种劫难，磨练出了钢铁般的意志。他的组织能力和领袖气质开始展露出来，为以后帝业的建立奠定了基础。

第二章 父汗和安答

第一节

夺　妻

铁木真一家的日子逐渐平稳下来，眼看着儿子一天天长大，作为母亲，诃额仑开始张罗儿子的婚事。也速该在世的时候，曾为铁木真订婚，但这些年来，居无定所，家无恒产，整天担惊受怕，根本没法和德薛禅一家取得联系。如今，时过境迁，德薛禅是否还遵守当初的婚约，诃额仑心中没底，但她还是决定让儿子去试一下。

与乞颜部在三河源头到处游牧迁徙不同，弘吉剌部过着半定居半游牧生活，所以尽管时过多年，他们一直生活在扯克扯儿山和赤忽儿古山之间，铁木真很快找到了岳父家。

德薛禅不是那种见利忘义之人，多年来，铁木真一家音信全无，他也耳闻也速该死后，乞颜部分崩离析，但依然坚守对也速该作出的承诺。弘吉剌部以盛出美女在草原上出名，德薛禅的女儿孛儿帖如今已经长大成人，长得楚楚动人，性格刚毅洒脱，不少部落王孙公子前来求亲，全被德薛禅一口拒绝。他坚信，铁木真终有一天会来迎娶孛儿帖。

铁木真带着弟弟别勒古台出现在德薛禅的蒙古包前时，德薛禅老人拉着铁木真的手高兴地说："听说你遭到泰赤乌部的嫉恨和暗算，我们全家人都为你担忧，今天见到你到来，实在太令人高兴了。"

蒙古习俗，男女结婚，先在女方家举行婚礼，然后再送到男方家。德薛禅当下立即为铁木真和孛儿帖举办婚礼。孛儿帖见铁木真生得高大威武，孔武有力，心中自然无比欢喜。

德薛禅知道，草原上嫉恨铁木真的人不少，为了安全起见，他亲自护送铁木真夫妇到克鲁伦河下游兀剌黑暖勒山，觉得剩下的路基本安全了，因为部落内还有许多事离不开他，便先返回，让夫人溯擅将铁木真夫妇俩一直送至桑沽儿河和古连勒古山附近的铁木真家中。德薛禅辞别的时候，将一领非常罕见的黑貂皮皮袍作为嫁妆留给了一对新人。

孛儿帖画像

婚后的生活，自然非常甜蜜。铁木真全家上下，欢天喜地，一扫多年来压在心头的阴霾。没多久，好友博尔术也赶来投奔，从此以后，两人如影相随。正当铁木真雄心勃勃规划未来的时候，没想到悲剧的阴云开始在他家上空聚拢。

铁木真迎亲队伍往返期间，虽然刻意低调，但各个部落很快得知铁木真结婚的消息，尤其引起了蔑儿乞部的注意，他们决定要在铁木真新婚期间复仇。

事情起因还要从也速该说起。

当初，也速该在草原上放牧，碰巧遇到了一支迎亲队伍。新娘是来自弘吉剌部的诃额仑，新郎是蔑儿乞部的也客赤列都。蔑儿乞人住在鄂尔浑河沿岸，迎亲队伍路过斡难河时，也速该按照草原上抢婚的习俗，横刀夺爱，抢走了新娘。也客赤列都哪里是也速该的对手，只得仓皇而逃。

也客赤列都握着诃额仑的一件外衣，失魂落魄地返回了部落，整个蔑儿乞部上下都将此事视为奇耻大辱。也客赤列都此后抑郁寡欢，落寞而死。只是慑于也速该的威猛，蔑儿乞人只好隐忍。一晃多年过去了，蔑儿乞人始终没有忘记复仇。也客赤列都的堂兄是蔑儿乞部兀都亦惕氏头领脱黑脱阿，每当想到弟弟的耻辱，他就恨得咬牙切齿。

如今，听到也速该儿子结婚的消息，脱黑脱阿决定要让铁木真父债子还，要把也速该让蔑儿乞人蒙受的羞辱，以同样的方式还回去。

一天凌晨，烟雨空濛，铁木真夫妇尚沉浸在新婚燕尔中，没有起床。老女仆豁阿黑臣是个勤快人，像往常一样早早起来，开始忙碌张罗主人一家的早饭。正在挤马奶时，她感到大地有些颤抖，多年的生活经验告诉她，有大批骑兵马队正从远方冲来。

匆忙之间，豁阿黑臣顾不上打翻在地的奶桶，急匆匆冲进蒙古包，叫醒诃额仑。诃额仑首先想到的是泰赤乌人来袭，急忙叫醒孩子们，赶紧收拾转移，要不然就来不及了。

事出突然，全家上下乱成一团，受到惊吓的牛羊和马匹四处逃散，一时间无法聚拢到一起。铁木真和弟弟们护送母亲诃额仑往不儿罕山转移，妹妹帖木仑尚年幼，与诃额仑同骑一匹马。慌乱之间，大家忘了清点家人。等铁木真发现队伍中少了新媳妇孛儿帖和庶母速赤吉勒（也速该妾，别勒古台母亲）时，为时已晚。

再说孛儿帖跑出营帐的时候，已没有马匹可骑，听着越来越近的敌人的马蹄声，心中惶恐不已，眼看只能坐以待毙了。此时，老女仆豁阿黑臣急中生智，套起一辆牛车，将孛儿帖藏在车中，然后强作镇定，赶着牛车往河边走。半道上，遇到了前来突袭的人马，豁阿黑臣发现，根本不是泰赤乌人，而是蔑儿乞人，为首的正是脱黑脱阿。

蔑儿乞人盘问豁阿黑臣，铁木真营地在哪里，豁阿黑臣胡乱应付了一下。脱黑脱阿着急捉拿铁木真，眼看她是一个老妇人，就没有多做纠缠，马上向铁木真住处扑了过去。在营地，将尚未来得及逃走的速赤吉勒捉住，一番审问后，觉得不妙，忙带人返回，很快赶上豁阿黑臣的牛车。

豁阿黑臣听着越来越近的马蹄声，心都快要跳了出来，只有使劲抽打牛屁股，可惜牛怎能跑得过马，没多久，便被脱黑脱阿追上。蔑儿乞人很快发现了藏在牛车中的孛儿帖。

脱黑脱阿带领人马围绕不儿罕山搜寻铁木真一家，但始终没有发现任何踪影，便带领俘虏的孛儿帖和速赤吉勒返回位于鄂尔浑河的部落领地。脱黑脱阿将孛儿帖赏赐给也客赤列都的弟弟赤勒格儿，速赤吉勒被分给一个蔑儿乞人做妻妾，算是对也速该当年抢夺诃额仑的报复。脱黑脱阿认为，虽然没有捉拿住铁木真，但抢到铁木真的新婚妻子，也算是为也客赤列都报了仇。

蔑儿乞人已经离去，藏匿在不儿罕山的铁木真没法确认敌人的真实意图，便先让弟弟别勒古台和博尔术等先后多次外出侦察，确认没有蔑儿乞人的伏兵后，才护送家人走出不儿罕山。

一轮红日正从东方冉冉升起，铁木真面向不儿罕山，郑重地跪下，脱下帽子，解下腰带，将马奶酒洒在大地上，向不儿罕山庄严起誓，自己、族人乃至后世子孙，生生世世将祭祀伟大的不儿罕山。起誓完毕，面朝太阳行九次叩拜大礼，以蒙古人的最高礼节，感念不儿罕山的庇护之恩。

蔑儿乞人的洗劫，将铁木真一家才刚刚有了起色的生活一下子打回了原形。杀父之仇未报，再蒙夺妻之辱，但一连串的打击并没有摧垮铁木真的意志，使他变得消沉和萎靡不振，反而令他更加坚强起来。

面对强大的敌人，单靠自己目前的力量，别说复仇，就连生存下去都是个问题。诃额仑和铁木真商量一番后，决定向克烈部头领王罕求助。

王罕本名脱斡邻勒，他即汗位之初，叔父古儿汗起兵叛乱，脱斡邻勒不是对手，被古儿汗打得落花流水，四处逃窜。就在生死关头，也速该向王罕伸出了援手，帮他平定了叛乱，古儿汗被迫远走西夏。王罕复位后，也速该又帮他召集四处离散的部众，使得克烈部重新聚拢起来。王罕感激不尽，两人结为安答（即结义兄弟），王罕承诺，往后也速该有什么需要的地方，尽管张口，他绝无二话，会全力帮助。

当初，铁木真新婚不久，便考虑到要想振兴乞颜部，必须要有个强大的靠山，思来想去，也只有投靠克烈部了。如今也速该已死多年，乞颜部早已沦为明日黄花，反倒是克烈部这些年日渐强大，在这个时候前去投靠，昔日也速该的人情还价值几何，铁木真母子的心里都没有把握。

诃额仑知道王罕是个贪婪的人，必须要拿出一件重礼才行。可如今，家里能拿得出手的也只剩下孛儿帖的嫁妆——那件珍贵的黑貂皮皮袍了。按照蒙古习俗，新娘出嫁，需给翁婆献一份礼物，如今也速该不在了，王罕和也速该曾是安答，所以将黑貂皮袍献给他，也算说得过去，至少不显得过于阿谀攀附了。

克烈部信奉景教（即基督教聂斯脱利派），牙帐（即可汗汗庭）设于土拉河黑林（位于今天的蒙古国乌兰巴托东南博格多兀拉山附近）。博格多兀拉山脉巍峨耸立，雄伟的身姿将克鲁伦河和土拉河隔开，山上密布着桦树、白杨、松树等各种树木，树木长得异常茂密，显得幽深，密不透风，这些树木一直延伸到山脚下。克烈部牙帐就在树林前空旷的草地上，四周风景如画。

铁木真带领弟弟合撒儿、别勒古台出现在克烈部牙帐，王罕多少有点意外。铁木真先将黑貂皮袍恭恭敬敬地献给王罕，然后简要地追忆了父亲的往事，表示王罕和父亲也速该是安答，那就相当于自己的父辈了，希望乞颜部和克烈部结盟。

王罕收下珍贵的礼物，心情相当不错，认为将乞颜部划入自己的势力范围，毫无疑问对于扩大克烈部的影响会有很大帮助。当下，王罕很畅快地表示，他会帮助铁木真收服离散的百姓，并提供保护。

铁木真从克烈部回来后，对外散布与克烈部结盟的消息，有些人听说后，觉得乞颜部复兴有望，便陆续来投奔。这都是发生在一年前的事情了。

如今，蔑儿乞人抢走了孛儿帖，王罕是时候兑现他的诺言了。

王罕对前来求助的铁木真兄弟表示，也速该曾经帮助过他，他亦承诺帮助铁木真，现在，他会毫不犹豫地履行诺言，只是蔑儿乞人不可小觑，毕竟他们是蒙古草原上一支强大的部族，单凭克烈部、铁木真与蔑儿乞人决战，胜算几何，把握确实不大，因此，必须要联合另外一个部族——札答阑部。

札答阑部首领札木合和铁木真在童年时期曾结为安答。美好的童年，已是遥远的记忆，如今两人都是各自部族的头领，但双方实力悬殊，无异于天渊之别。

庆幸的是，札木合是个念旧的人，他接到合撒儿、别勒古台带来的铁木真求援信后，马上爽快表示要为昔日玩伴和安答复仇。王罕和札木合约定：王罕出兵两万骑，为联军右翼；札木合出兵两万骑，为联军左翼。

虽然蒙古族有重誓遵诺的传统，但作为部族之汗，王罕痛快地答应帮助铁木真复仇，不仅仅是履行自己的诺言那么简单，他有自己的利益得失考虑，也有为克烈部自身的谋划。

王罕早年也曾被蔑儿乞人欺辱过，他和母亲被蔑儿乞人俘虏后，沦为奴役，曾在薛凉格河一带为蔑儿乞人舂米，当时王罕才七岁，往事历历在目，岂能轻易忘记。此次王罕讨伐蔑儿乞人，也不乏掺杂着为自己报私仇的因素。

在草原上，不似中原，礼法观念比较淡薄。王罕、铁木真、札木合三人的关系比较有趣，王罕和铁木真是相当于父子，铁木真和札木合是安答，而札木合和王罕又是安答，他们好像也没觉得乱了辈分。

王罕和札木合的联军加起来共有四万，王罕知道札木合自视甚高，便识趣地推举他为联军统帅。札木合觉得这一切理所当然，毫不谦让，自任统帅。

札木合提出，在草原上数万大军集结，不是个小事，要是不做好保密工作，走漏消息，提前让蔑儿乞人觉察出动静来，此次军事行动就有可能前功尽弃。他建议，双方在斡难河上游的孛脱罕孛斡儿只草原秘密会师。会师具体路线是由札木合率兵沿着斡难河谷逆流而上，王罕和铁木真先在不儿罕合勒敦山（今肯特山）碰头，然后一起赶到孛脱罕孛斡儿只草原。

王罕带领人马一路紧赶慢赶，还是比约定时间迟到了三天，札木合便毫不客气地板起脸孔，训斥王罕不遵守纪律："王罕安答，咱蒙古人说话就是誓言，哪怕天上刮风下雪，也应说话算话，按时遵守诺言。"

为了大局着想，王罕忍声吞气，向札木合做检讨："札木合安答，我有错在先，是打是罚由你决定，咱没二话，谁叫咱迟到了三天呢！"

札木合说话之所以如此牛气，就是因为他有强大的实力，王罕都要忌惮他三分，想在草原上过活，一切都是凭实力说了算。札木合当时心情不错，也不想闹得太僵，把事情搞砸对大家都不好，便没有再过于苛责王罕，两人开始商讨出兵蔑儿乞，如何部署部队。

蔑儿乞人是一个实力强大的部落联盟，由兀洼思、兀都亦锡、合阿惕三个部落组成。兀都亦锡蔑儿乞部住在不兀拉川（今蒙古国布拉河流域），头领即是掳走孛儿帖的脱黑脱阿，是三个部落中最强大的一支。兀洼思蔑儿乞部头领名叫答亦儿兀孙，居在塔勒浑岛地区（即蒙古国鄂儿浑河与色楞格河靠近处之三角区）。合阿惕蔑儿乞部头领为合阿台答儿麻剌，驻扎在合剌只草原。他们占据了外贝加尔湖广阔的地带，包括草场和森林。

札木合脾气臭，架子大，但也有真本事，打仗很有一套。他命令联军绕开兀洼思蔑儿乞部，集中力量攻打兀都亦锡蔑儿乞部，只要解决了兀都亦锡蔑儿乞部，剩下两支就不足为虑了。

大军从孛脱罕孛斡儿只草原出发，完全可以绕过不儿罕山，顺着赤苦河，从东南方向直接发起对不兀拉川的进攻，这条路线一路通畅，也省却渡河等麻烦，但很容易提前暴露行军。札木合决定出奇兵，出奇制胜，一举消灭蔑儿乞的主要力量，便舍弃不走这条路线。

联军在札木合的带领下一路向北，翻越库沐儿山，顺赤可亦河之蒙扎谷而下，穿过灭儿汗山口，至勤勒豁河（今俄罗斯希洛克河）。

时夜色正浓，札木合下令大军就地伐木做排筏，想趁着夜色强渡勤勒豁河，攻入不兀拉草原。只要渡过河，一切就好办了。在不兀拉草原有大量树木可以作掩护，神不知鬼不觉，一举突袭蔑儿乞人脱黑脱阿营地，来个瓮中捉鳖，将蔑儿乞人的老巢一锅端了。

然而，就在大军渡河之时，出现了意外。

勤勒豁河有一些蔑儿乞人的捕鱼人。数万大军伐木制作筏子，引起了他们的警惕，立刻快马加鞭跑去通知脱黑脱阿，有敌军来犯。

黑夜之中，没法知道敌人是谁，到底有多少人，脱黑脱阿惊慌失措。消息传开，部族上下乱成一锅粥，根本无法组织起来应敌，便急忙叫起兀洼思蔑儿乞部头领答亦儿兀孙和几个心腹仓皇而逃。脱黑脱阿和答亦儿兀孙二人还没跑远，札木合、王罕和铁木真的联军已经占领了他们的营地。

当时马蹄声、厮杀声响彻云霄，四下火光四起，许多蔑儿乞族人还完全没有清醒，就成为了刀下之鬼。有不少人在慌乱中相互践踏而死，大家争相逃命，哪里还顾得上收拾个人家产。札木合和王罕的手下趁着混乱之际，大肆劫掠，夺得不少财物。那些没来得及跑的蔑儿乞人都被俘虏，沦为奴隶，连同他们的家产、牛羊一起成为联军的战利品。

铁木真根本不在意这些，他骑在马上，看着在火光的映衬下一张张因惊吓而扭曲的面孔，在人群中急切地寻找一个人——他的爱妻孛儿帖。

“孛儿帖，我的爱人，你在哪里?”铁木真一遍又一遍地大声呼喊着孛儿帖的名字，声音近乎嘶哑，他不能确定，她是否还活在世上。

或许冥冥之中，铁木真和孛儿帖的姻缘未绝，他正骑着马到处狂呼的时候，远远看见有一个熟悉的身影，摇着手，踉踉跄跄地向他跑来。没错，正是他朝思暮想的妻子，孛儿帖！

忠实的老女仆豁阿黑臣觅得一辆马车，将孛儿帖安置在里面，想混在慌乱的人群中逃走。但孛儿帖隐约听到了铁木真的呼喊声，急忙跳下车，不顾一切地冲了过来。铁木真也从马上滚了下来，跌跌撞撞迎了上来，两个久别的爱人紧紧拥抱在一起，欢喜的眼泪夺眶而出。什么金银财富，什么草场牛羊，这一刻有什么能比得上和爱人重逢？铁木真当即高呼：“我找的人找到了，今晚再不要行军了，就在这里安营扎寨。”

铁木真很快发现了一个麻烦，孛儿帖小腹隆起，很明显有了身孕。孛儿帖和铁木真婚后不久，孛儿帖便被蔑儿乞人抢走，分给了赤勒格儿做妻子。孛儿帖后来生下一子，取名术赤（蒙古语，意即来历不明者），孛儿帖和铁木真分开的时间恰好是九个月左右，术赤究竟是谁的骨血，这个问题一直困扰着铁木真，从孩子的名字就可以看出这一点，以至于后来铁木真诸子争夺继承人的时候，次子察合台还拿术赤的出身做文章，使得术赤失去了资格。

不过，铁木真是个豁达的伟男子，他知道，孛儿帖失贞不是她的过错，是自己没有保护好妻子，让她沦落到敌人手中，吃苦受辱，所以铁木真终其一生，一直敬重和爱护孛儿帖，没有丝毫冷落她。作为帝王，铁木真难免纳妃，但孛儿帖在他心中的位置无人可替代。在铁木真建立大蒙古国，分封时期，四大汗国的开创者皆是他和孛儿帖所生的四个儿子。

就在铁木真找到失散妻子的时候，别勒古台也在人群中急切寻找自己的母亲速赤吉勒，他扫过俘虏人群的每一张面孔，搜查每一个蒙古包，却毫无结果。

其实，速赤吉勒早听见了儿子急切的呼喊声，她多想冲出去，搂住儿子痛哭一场，但是她不能，她觉得身为也速该的妻子，受到蔑儿乞人的侮辱，使也速该的英名蒙羞，她觉得无颜再见儿子。速赤吉勒穿上一件破旧羊皮袄，趁着混乱，逃了出来，躲入深山密林，此后下落不明。

失母之痛，让别勒古台近乎疯狂，一边大声狂呼："还我母亲来！"一边张弓引箭，射杀逃跑的蔑儿乞人。

当初参与劫掠孛儿帖行动的蔑儿乞人共有三百人，这些人及其家属子女都遭到报复性杀戮，未成年的孩童也全部沦为奴婢。

蔑儿乞人经过不兀拉川之战，受到重创，从此一蹶不振。脱黑脱阿和答亦儿兀孙仓皇北逃，一路聚集了一些逃出来的残余部众，犹如丧家之犬，狼狈不堪，他们后来逃到外贝加尔湖一带的密林和草地，苟延残喘。合阿惕蔑儿乞部头领合阿台答儿麻剌没来得及逃跑，被抓获，戴上沉重的木枷。为了羞辱他，联军返程途中，让他走在俘虏们的最前面。

蔑儿乞人的祖先曾经有过辉煌的历史，家族的荣耀促使着他们不甘心就这样沉沦，后来屡次返回草原，加入反对铁木真的队伍，与铁木真展开激烈斗争。世代沉积的仇恨，只有用鲜血来洗涤，直到最终消亡。

不过所有这些事，都与赤勒格儿无关了。说起来，赤勒格儿也是个可怜人，当初，脱黑脱阿俘获孛儿帖，塞到他手里，他只有顺从地接受。如今，铁木真杀了过来，他知道，一旦落入铁木真手中，那会是什么下场，所有对蔑儿乞人的仇恨都会倾泻到他身上，这不是他所能承受得起的，他觉得自己就是一只吃残羹的乌鸦，却要吃天鹅，如今最好像个粪球一样，找个阴暗的沟壑躲起来。赤勒格儿一头扎进乌兰布尔加塞山，再也没出来。

第二节

兄弟反目

讨伐蔑儿乞人的不兀拉川战役胜利以后，王罕带领克烈部属返回土拉河黑林驻地，铁木真和札木合却没有离开。童年的友谊通过这次并肩作战得到了升华，追忆早年的快乐时光，两人有着说不完的知心话，在一起纵酒尽欢，喝醉了又同宿一间帐篷，越说越投机。

铁木真和札木合都舍不得让对方走，两人决定，两家部落合一处，这样就可以朝夕相处了。铁木真放弃了原有的营地，和札木合一起在斡难河附近的豁儿豁纳黑川（属于鄂嫩河支流，大概位于库尔克忽河一带）游牧。两人决定再结拜一次安答，互赠战利品，铁木真将从脱黑脱阿那里掳获的一条金带和一匹小马驹送给札木合，札木合把从答亦儿兀孙那里掠来的一条金带及一匹白色良种母马赠给铁木真。

豁儿豁纳黑川有一处叫做忽勒答合儿的危崖，远远望去，犹如斧劈刀削。崖前有一棵高耸入云的松树，想当年，蒙古部族的大汗忽图剌汗便是在此树下即汗位，铁木真和札木合遂选择在此处重新盟誓，结为安答。两人选择在这里盟誓，也包含了继承前辈遗志、重新振兴蒙古的意思。

此时两人的关系亲密得如同一对热恋中的恋人，然而再甜蜜的恋人也经不起柴米油盐平淡日子的冲刷，铁木真和札木合的友谊持续了一年半以后，两人的分歧也渐渐开始出现。

原因很简单，二人不再是当年无拘无束的天真少年，都是各自部落的头领，许多事首先要从自己部落的整体利益考虑，而不能仅靠个人感情用事。

事情明摆着，札木合和铁木真两个部落的实力悬殊。札木合人强马壮，财大气粗；铁木真人力单薄，牲畜羸弱。两家在一起，犹如一个富豪和一名乞丐整天在一个处，各自心里都有一个疙瘩。铁木真部众觉得札木合趾高气扬，看不起自己，而札木合的人整天看着身边衣衫褴褛的铁木真族人，心里也觉得不是滋味。

放牧的时候，矛盾就出来了。札木合实力强，牲畜多为马匹，马儿吃草走得快，喜欢在草地奔驰；铁木真的牲畜大多数是牛羊，转移牧场时，行动迟缓，常拖后腿。

日子久了，两家都有怨气，只是没有爆发出来而已。

和草原上大多数游牧民族一样，蒙古人看重头领的血统。铁木真毫无疑问，血统高贵，他是忽图剌汗的后代，而札木合比铁木真差远了，因此，有些札木合族人私下偷偷跑到铁木真这边来，渐渐引起札木合的不满。

又到了转移牧场的时候，札木合和铁木真并肩骑在马上，指挥族人转移。看着自己急速快行的马群，再看看铁木真的蠕蠕而行的牛羊，札木合若有所思地说道："新的牧场营地要是依靠山势安扎，有利于马儿。若是靠近河沿驻营地，则对牧羊有好处啊！"

铁木真看札木合一脸平静，看不出任何喜怒哀乐。这是意有所指，暗示自己什么，还是聊发感慨，铁木真一时吃不准，所以他没有接话茬。

晚上一家人吃饭之际，铁木真提到了札木合的这番话，想听听家人的看法。母亲诃额仑一时间没有表态，妻子孛儿帖想了想，说出了自己的看法："我听说札木合此人一向喜新厌旧，今天听他话音，分明对我们产生了厌弃，我们再不能和他合在一起，不如趁着夜色迁到别处去。"

孛儿帖一向做事果断，有自己的主张，常在铁木真犹豫不决之际，帮他下决断。听了妻子这番话，铁木真下定决心和札木合分开过。

等到次日天明之际，札木合发现铁木真的营地早已空空如也，没有一个人影。

札木合说那句话的用意是什么，无法得知，以铁木真的才智，也绝不会单凭一句话就闹分家，只不过这句话，恰好成了导火索而已。

铁木真和札木合都是有雄心壮志的人，他们都想振兴统一蒙古，但草原上的领头羊只能是一人。再说，铁木真也不会甘心久居人下，他知道在札木合羽翼之下，自己不可能长大，唯一的出路就是离开，自己独自一人去打拼。另外，在札木合的帮助下，昔日分散在各地的乞颜部部众都陆续来投奔，部落人口达到一万多人，这些都使得铁木真有底气离开札木合。

人世间多少生死与共的兄弟，都经不住现实利益的考验，昔日誓言、美好的友谊都无法阻止一对好友就这样分道扬镳了。以后相见时，两人已是战场敌人。

奇怪的是，札木合对铁木真的不辞而别似乎没有什么反应。如果说，他真的要对铁木真有什么图谋，等发现后，应该马上派人追杀。当时铁木真携带族人家属，其中有大量妇孺，还有许多牛羊牲畜一同上路，行走自然很缓慢，不难追上。

就算不愿意痛下杀手，至少可以派个使者诘难责问铁木真一番，但札木合始终什么都没做。或许在札木合心中，还是依然念着与铁木真的兄弟情分，不愿意闹得太过于尴尬。铁木真对此也应该心知肚明，所以才敢放心离去。

在蒙古帝国的创建史上，铁木真和札木合的分道扬镳具有里程碑意义。此后，铁木真彻底告别了悲惨的苦难岁月，一步步迈向成功，直到伟大帝国从他手中诞生。

第三节

乞颜部的汗

铁木真带领族人离开札木合，连夜潜行。夜色朦胧，队伍不知走了多远，孰料误打误撞到了宿敌泰赤乌人的营地。黑夜中，难以分辨对方有多少人，泰赤乌人以为遇到敌人偷袭，一时间惊慌失措，匆忙之间丢下营地，仓皇逃窜，后来投奔了札木合。

在清理泰赤乌人的营地时，铁木真发现了一个叫阔阔出的小男孩，显然泰赤乌人走得太急，匆忙之间，把孩子弄丢了。诃额仑便收他做了义子。诃额仑母爱无私，早在铁木真攻打蔑儿乞人的时候，她就收养了一名叫做曲出的遗失孩子，此后又陆续收失吉忽秃忽和博尔忽做义子。

诃额仑收养的四名义子为蒙古帝国的创建立了汗马功劳，成为成吉思汗的重要膀臂。曲出、阔阔出均官封千户。博尔忽名列"四杰"，后来还救了窝阔台的命。失吉忽秃忽为蒙古汗国的最高法官，后世学者推断，著名的《蒙古秘史》可能出自失吉忽秃忽之手。

铁木真离开札木合出走，不但是他和家族的命运抉择，也是许多原来摇摆不定的族人的选择。《蒙古秘史》记载这段历史时候，非常详细地记载了当时追随铁木真的那些人的名字，可见这件事在蒙古帝国的发展史上具有重要意义。

雁群分飞，各自选择领头雁。追随铁木真而来的不仅仅是乞颜部的族人，其他部落的不少人也先后前来投奔铁木真。有影响的头领有四十余人，分别来自二十几个部落。其中有者勒蔑、速不台和忽必来，加上后来归顺的哲别，合称"四狗"，为成吉思汗麾下著名的将领。

狗在蒙古语中含有忠诚之意，有道是"狗为忠臣、马为伴友"，故用狗和骏马来形容忠臣和爱将。

但凡成就大事，掌握舆论非常重要。在古代社会，为了凝聚人心，利用神谕制造预言，神化领袖的例子比比皆是，比如汉高祖刘邦起事之初，人心不稳，士气低落，便制造出斩白蛇起义的故事。这种事在铁木真身上同样发生了，只不过是纯属巧合，还是授意为之，就不得而知了。

在陆续投奔铁木真的人群中出现了一个特殊的身影，他叫豁儿赤。他本是札木合部落联盟中巴阿邻部人，夜中弃札木合前来投奔。

豁儿赤当着众人的面对铁木真说："我祖上是孛端察儿掠夺妇人所生，与札木合同母异族，本不该背弃札木合，只是神已显灵，让我不得再追随札木合。我做了一个梦，梦中有一头雪白的母牛围着札木合的房车转悠，然后猛地一头撞了上去，不料折断了一支犄角，它发怒地一边用蹄子刨土扬到札木合身上，一边冲着他大喊：'还我的角来！'同时还有一只没有角的白色犍牛扛着帐房下木桩，紧跟在铁木真车后，大声说：'天地已商讨决定，让铁木真来做国主，我现在托着国家来献给他。'"

豁儿赤信誓旦旦，说得有鼻子有眼，众人都被唬得一愣一愣。这番话很有可能是他编造的，但这并不重要，铁木真刚刚聚拢起部族，来源混杂，急需稳定人心。即使在内心，铁木真未必相信豁儿赤的这番说辞，但他此刻很需要这样有力的舆论来凝聚部众。

不过，豁儿赤的话并非没有任何根据，他已感觉到铁木真即将崛起，成为草原上新的霸主，至于札木合，颓败是早晚的事。

豁儿赤说完他的预言后，直接问铁木真："你以后真的成了国主，怎么回报我，让我感到快乐？"铁木真回答道："如果你的预言成真，我封你做个万户官。"

豁儿赤听完不满意，说："这远远不够，我要你答应，将来选三十个最漂亮的女人给我做妻妾，还有，在处理国政上对我言听计从。"

铁木真听完哈哈大笑，完全答应了豁儿赤的要求。铁木真很巧妙地利用君权神授舆论为自己造势，通过因势利导，来加强自己的权威。

铁木真的势力一天天壮大，几位近亲蒙古亲王也来归附，其中有铁木真的叔叔答里台、堂兄弟忽察儿（忽察儿是铁木真的另一个叔叔捏坤太石之子），还有主儿乞氏首领薛扯别乞和泰出，忽图剌汗之子阿勒坛。

接下来，铁木真决定迁徙驻地。铁木真当时扎营于乞沐儿合溪（斡难河上游，今蒙古国肯特山东北库沐儿山附近）一带的阿因勒合剌台纳，他率众迁往克鲁伦河上游谷地，扎营于阔阔纳语儿（当地人称为"兰湖"）附近古连勒古山山坡、桑沽儿溪（克鲁伦河左边第一条支流）畔合剌主鲁格之地。

自从忽图剌汗死后，蒙古内乱不止，各部攻伐不休，乞颜部也是分崩离析，犹如风雨中的一叶小舟。诸部落实力不相上下，难以服众，一直没法推选出一名众望所归的汗王来，只得依附于泰赤乌部和札答阑部。

如今，铁木真崛起，让大家重新看到了希望，希望铁木真扛起振兴乞颜部的重任，将蒙古诸部落收拢到一面旗帜之下。于是众人商议，推举铁木真为乞颜部的汗。在族内论资历，答里台、忽察儿、薛扯别乞、泰出、阿勒坛等人都比铁木真资格老，尤其是阿勒坛，他是忽图剌汗的儿子，更有资格做乞颜部的汗，铁木真向他们一一辞让，但都被婉言谢绝。

汗王的宝座，对谁都有诱惑力，只是谁都知道，在现在的情况下，只有铁木真才能扛起重任来。众人对天盟誓，誓言效忠铁木真，拥戴他为乞颜部的汗。那一年为1189年，铁木真28岁。

第三章

生死决战

第一节

偷马事件

铁木真称汗以后，要做的第一件事就是建立自己的管理班底。铁木真着手构建了大斡儿朵——大斡儿朵本意是容纳很多人的大蒙古包，引申为多人议政的机构，综合管理军事、民政、生产，是铁木真的雏形汗廷。

草原上的百姓就像天上的云，可以聚拢到一起，但一阵风就可以吹散。想要笼络住部族，只有收住人心，要想不让大家人心涣散，只有让自己更强大。

在草原上，独狼难行，孤雁难飞。当铁木真还是流浪的独狼和失群的大雁的时候，是博尔术、者勒蔑二人给了他最大的帮助。铁木真在封赏时，首先想到他俩。铁木真动情的话语，犹如滚烫的奶茶，他说："你们两个，在我除了影子，没有别的搭档时，来做我的影子，与我形影不离，共渡难关，相伴至今，我理所当然要任命你们做长官，总揽宫帐事务。"

铁木真紧接着建立自己的贴身卫队（怯薛），火儿赤佩带弓箭，不离可汗左右，云都赤带刀侍卫可汗。博尔赤主管膳事，火你赤负责牧羊，阿黑塔臣专管驾车，阿都兀赤负责牧马。这些被任命的人，大多是出身低贱的贫苦牧民，他们被提拔后，对铁木真更加忠诚。

以前都是贵族垄断大小事务，如今平民甚至奴隶也得到封赏，草原部族的权力结构被打破了，看似简单的一件事，实际上是一大进步，体现了铁木真不拘一格的用人策略，这也是他以后取得成功的重要原因之一。

铁木真称汗后，开始寻求外部的承认。想成为草原上的汗王，仅仅自封肯定不行，必须要得到大家的认可。当时蒙古草原上有不少强大的部族得到了金朝的册封，但目前铁木真的势力还不足以引起金朝的关注。他首先要和强大部族结盟，取得他们的认可。

铁木真派出了两路使者，一路前往土拉河黑林，向克烈部首领王罕通报称汗之事，一路去札答阑部通报札木合。

铁木真的使者答孩、速格该经过一番艰难跋山涉水，到达在克烈部的汗廷，向王罕详细介绍了铁木真称汗的情况。王罕听说义子铁木真做了可汗，非常高兴。铁木真对自己构不成威胁，而且铁木真的壮大，对他来说，无疑多了一个有力的臂膀。

王罕对两位使者说："听到我儿即汗位，实在高兴，希望你们部族不要背叛誓言，衷心拥戴铁木真，就像一件衣服不能轻易撕毁衣领一样。你们回去转告铁木真，我这做义父的永远支持他！"

听得王罕的承诺，答孩、速格该二人自然很开心，和他们相比，阿儿孩合撒儿、察兀儿罕出使札答阑部就不那么愉快了。札木合对于铁木真的不辞而别，一直耿耿于怀。不过不管怎么样，札木合在心中还是念及与铁木真的兄弟情分，所以还是克制住了内心郁闷，转而迁怒于阿勒坛、忽察儿二人，认为他们是势利眼，他狠狠地对两位使者说："你们回去后，代我问一下阿勒坛、忽察儿，'当我和铁木真安答和睦相处时，他们为什么不立他为可汗？为什么要挑拨离间我们的安答情谊？现在，他们忽然推举铁木真做可汗，究竟安的什么心？'"随后札木合又说："希望阿勒坛、忽察儿二人既然立了我铁木真安答为汗，就好好遵守誓言，可别再起三心二意之心。"

看得出来，相比于铁木真和他分手，札木合更痛恨阿勒坛、忽察儿的背叛。阿儿孩合撒儿、察兀儿罕回去后，将原话带给了铁木真，不过铁木真当时心情很好，并没有太在意，因为他再次做父亲了，孛儿帖又给他添了个儿子，取名察合台。

札木合对铁木真的感情很复杂，他是个重情义的人，对铁木真这个幼年就结识的安答，抱有深厚的友情，但眼看铁木真一天天壮大，也深怕铁木真威胁到他。

人都这样，当你看到别人弱小时，由于自信，对弱者抱有同情和怜悯之心，但一旦昔日的弱者，逐渐强大到威胁到自己的时候，就立即警惕起来，恨不得除之而后快。

正当札木合还在纠结之时，发生了一件意外的事，彻底终结了他和铁木真的情谊，从此两人从亲密无间的安答成为势不两立的仇敌。

1191年左右，铁木真的部下拙赤答儿马剌正在牧马，不料却杀出个盗马贼来，将拙赤答儿马剌的马群劫持而去，而盗马贼正是札木合的弟弟给察儿。

这件事说大可大，说小可小。在草原上，部族之间偷窃马匹，是再平常不过的事情，大多数人都见怪不怪了。如果拙赤答儿马剌当时将此事汇报给铁木真，这件事完全可以通过两部族的协商和平解决。札木合此时还不想和铁木真彻底撕破脸，再说札木合财大气粗，根本不会在乎几匹马。至于给察儿偷马的动机为何，确实不好说，是有意恶作剧，整蛊一下拙赤答儿马剌，或是为挑起两家的争端而故意挑衅，都有可能。

不管怎么说，作为札木合的弟弟，他肯定不缺几匹马，所以他的做法就值得思考，主动挑事的可能性比较大。而且以札木合的性格，这事是给察儿自作主张，背着札木合干的可能性很大，不像札木合私下授意的。从后来事情的发展看，给察儿偷马一事，札木合事先也是不知情。

很显然，拙赤答儿马剌不是那种遇到事头脑很冷静，能够判断前因后果的人。一看自己的马被偷了，拙赤答儿马剌一时热血上头，觉得作为一名草原勇士，有人竟然在自己眼皮底下把马偷走了，这是奇耻大辱。

拙赤答儿马剌立刻上马，去追赶盗马贼，一路快马加鞭，就在太阳快下山的时候，看见了被偷的马群。给察儿平常骄纵惯了，没把拙赤答儿马剌放在眼里，说了一些轻蔑的话，以为拙赤答儿马剌不敢拿他怎样。拙赤答儿马剌被彻底激怒了，当即就张弓搭箭，冲给察儿射了出去。给察儿躲闪不及，中箭落马。怒气冲天的拙赤答儿马剌索性一不做二不休，冲上去再补了一刀，将给察儿一刀两断，才算出了一口恶气，然后赶着马群返回了。

此刻，拙赤答儿马剌还不知道，死的是札木合的弟弟，自以为不过是干掉了草原上的一个普通盗马贼而已。大祸已经酿成，一切说什么都晚了。

第二节
十三翼之战

给察儿被杀的消息很快传到札答阑部，札木合悲痛交加，觉得我札木合待你铁木真不薄，在你最困难的时候，是我出马帮助你收拢失散的部众，是我帮助你夺回被敌人掳走的妻子，就算你背弃我而去，我也忍了，如今倒好，你翅膀硬了，竟然纵容部下杀了我的弟弟，是可忍孰不可忍！好吧，既然你不仁，休怪我不义，咱们的恩怨是时候该作个了结了。

敌人的敌人就是朋友，泰赤乌部和塔塔儿部是铁木真的宿敌，札木合派人去联合他们，这两部族自然很乐意追随札木合讨伐铁木真，另外合答斤部、朵儿边部等慑于札木合的势力，不得不派人来，就这样，札木合共纠集十三部人马，共三万多人。

札木合率领声势浩大的十三部联军翻越阿剌帆惕士儿合兀惕山，浩浩荡荡直奔成吉思汗在桑沽儿溪上游古连勒古山的营地而来，想出其不意袭击铁木真，一举彻底消灭之。

此时的铁木真还浑然不知，值得庆幸的是，有人很快带来了札木合出兵的情报。有两个名叫木勒克脱塔黑和孛罗剌歹的亦乞列思部人，平时不甚满意札木合的为人，倒非常钦佩铁木真，遂及时赶来，向他密报札木合即将来犯的消息。

铁木真的营地共有三十座大营，人马大概也有三万多(有的史书记载只有一万五千人左右)，不过，其中不少人是新近才陆续来投靠的，相互之间还缺乏默契，更何况大多数人未经过战争洗礼，得知敌人来袭，仓促之间，营地免不了出现一阵慌乱。

不过好在提前得知消息，为铁木真赢得了宝贵的时间。了解到联军分十三部来犯，为了针锋相对，与敌人保持对等，铁木真立刻下令，将诸部族列为十三个古列延，也就是十三营或十三翼之意，所以史书称札木合和铁木真的此次战役为十三翼之战。

十三翼编排如下：第一翼由母亲诃额仑夫人统领亲族、属民、养子、奴婢等；第二翼为作战主力，由铁木真亲自统率，由那可儿和护卫兵这些作战精锐组成；第三至十一翼由乞颜氏各贵族统领；第十二、十三翼由后来刚加入的各部族组成。

为免太过被动，铁木真率军主动应敌，与札木合率领的联军逢于答兰巴勒渚思之野（位于今天蒙古国鄂嫩河支流臣赫尔河一带），双方展开大战。

史书上对这次战役的经过描写得很简略，而且对战争的结局也是说法不一。《史集》《圣武亲征录》《元史 · 太祖本纪》都记载铁木真一方胜利，札木合败退。

但这不符合常规，札木合一直人强马壮，札答阑部实力雄厚，还有强悍的塔塔儿部助阵。札木合多年东征西战，有着丰富的作战经验，更加上打着血亲复仇的旗号，占据了道义制高点。

反观铁木真一方，铁木真才刚刚崛起，部族内部还处于相对松散的状态，这次作战连妇孺都发动起来，可见整体实力还很弱。虽然铁木真也参加了征讨蔑儿乞人的战斗，但那毕竟是由札木合负责统率，他不过是个参与者而已。因此，十三翼之战是铁木真第一次独立指挥作战。

纵观作战双方，铁木真无论从哪个角度而言都是处于不利的一方。当然，从铁木真的战争生涯来看，十三翼之战的规模并不大，持续时间也不长，但对他来说这是一次严峻的考验，是真正意义上的生死之战。

当时，铁木真正处在将崛起未崛起之间，一旦战胜，其意义自然不言而明。如他战胜了草原上最强劲的对手，扫清了争霸草原的一大障碍，就会一举奠定在蒙古诸部之间的地位，可一旦战败，就意味着会被彻底打回原形，很有可能从此永无出头之日。

但历史的诡异之处，在于它远远超出我们的想象。

还是《蒙古秘史》道出了真相，能让我们从中一窥此次战争的结局。真相是铁木真败了，札木合赢了。战斗中，铁木真的不少部众还被俘虏。

铁木真虽败，但不是一败涂地；札木合虽赢，但非完胜。

两军交战之际，铁木真很快看出了端倪，自知如果再坚持下去，就算不全军覆没，也会元气大伤，所以他果断下令，摆脱敌人纠缠，撤出战斗，且战且退，转移到斡难河畔的哲列捏狭地，据险而守。草原上的战士长于野战，拙于攻坚，札木合强攻不下，只好知难而退。

十三翼之战虽然失败，但铁木真及时转移，保存了有生力量。整个战斗，铁木真沉着应战，把握战机，掌握了战争主动权，体现了他对战场上瞬息万变局势的掌控能力和随机应变的能力，其军事才华初露头角。

札木合觉得此仗打得有些窝囊，心里憋着一肚子火。愤怒会让人丧失理智，他被胸中的怒气冲昏了头。为了发泄心中的怒火，在返回途中，他下令支起七十二口大锅，在锅底烧起熊熊大火。待到锅内水沸腾之后，下令将俘虏的赤那思氏人扔进滚烫的锅里活活煮死。随后，札木合一刀砍下捏兀歹氏酋长察合安兀阿的脑袋，拴在马尾上拖回营中。

札木合为何这般痛恨赤那思氏人，采用如此残忍的手段？原来他们本是泰赤乌人的一个分支，起初归顺了札木合，但后来又背弃了他，跟随铁木真而去。札木合觉得他们背叛了自己，所以要狠狠惩罚这些叛徒。同时，札木合这样做也有杀鸡儆猴的意思，让那些追随自己的人看看背叛自己的下场，好让他们不敢有二心。

这种恐怖的场面，骇人心魄。自古杀俘不祥，何况是用这种残酷的手段。

在场的各部族观者无不心惊肉跳，人心开始涣散。此后不少人开始偷偷开小差，私下投奔铁木真。札木合没想到，是他自己亲手把族人推到了铁木真身边，其中就有兀鲁兀惕部首领术赤台（又称主儿扯歹）和忙忽惕部首领畏答儿（又称忽余勒答儿）。他们目睹了札木合的暴行，认为此人心胸狭窄，终究会难成大器，再跟着他一条道走到黑，说不定哪一天扔到锅里的就是自己了，经过一番思考后，干脆带领本部族人投奔铁木真。此后二人追随铁木真南征北战，成为蒙古开国名将。

经过十三翼之战，铁木真不但没有因战败而衰弱，反而进一步壮大起来。从这个意义来讲，十三翼之战，铁木真是真正的赢家。从此以后，铁木真的人生迎来重大转机，草原上再也无人敢轻视这支新生的力量，一颗王者之星在蒙古草原冉冉升起。

第三节

宴会风波

十三翼之战后，有两个人前来投奔铁木真，一位是当初在他被泰赤乌人囚禁之际，帮助他脱身的赤老温，另一位是蒙力克老人及其七个儿子。

蒙力克老人见到铁木真时面带愧色，他可是也速该托孤之人。当年也速该临死之际，蒙力克老人从弘吉剌部将铁木真接了回来，也速该非常信任他，托付他照顾自己的寡妻孤儿。但遗憾的是，蒙力克老人没有兑现承诺，一度离开铁木真母子，在铁木真和札木合分家之际，他却选择留在札木合身边。趋利避害，本乃人之本性。面对蒙力克一家的到来，铁木真不计前嫌，很大度地表示了欢迎，还专门设宴给他们接风。

宴会上大家敞开饮酒，纵情高歌，气氛很热烈欢快，但这种美好的氛围很快让人给破坏了。

也速该在世的时候，失乞兀儿就是主持乞颜部宴会的老仆人了，他经验丰富，工作认真，为人很勤恳。按照惯例，欢迎蒙力克一家的宴会也是由他来主持。

出席宴会的除了铁木真和乞颜部的贵族，还有其他各部族的贵族。主儿乞部的两位前头领遗孀豁里真和忽儿忽臣，自以为资格老，却没有得到应有的重视，心里产生了怨气。

宴会上斟酒，按照尊卑顺序，失乞兀儿给各位贵族依次斟酒，到了主儿乞部席位时，先给主儿乞部头领薛扯别乞斟酒后，再给薛扯别乞别妻额别该斟酒。

这下可惹恼了豁里真和忽儿忽臣，她们本来就为铁木真对蒙力克一家的殷勤态度心怀嫉妒，现在又见失乞兀儿先给额别该斟酒，不由得大为光火，妒火冲天之下，跳起来用拳头打失乞兀儿，根本不像个贵族，反而像两个撒泼的村妇。

失乞兀儿哪里受得了这种屈辱，他哭诉说，自己多年来没功劳也有苦劳，即使在老可汗也速该在世的时候，也没有人敢对他这样。这话传入铁木真耳中，心中不是滋味，俗话说打狗看主人，心想这两个老妇人如此肆无忌惮，分明是没把我放在眼里，欺我软弱好说话。

主儿乞部与铁木真同宗同源，都是合不勒汗的子孙。主儿乞氏出自合不勒汗长子莎儿合秃主儿乞，其地位比乞颜氏更高一等。薛扯别乞和泰出虽然宣誓效忠铁木真，尊他为汗，但他们自恃是合不勒汗长子之后，又不甘心，对汗位的觊觎野心犹在。正因为如此，薛扯别乞面对两位庶母的撒泼默不出声，静观其变，看铁木真如何处理。

对于主儿乞部的心思，铁木真心知肚明，不过出于照顾长辈的颜面，暂时保持了沉默和宽容。然而宴席上被搅得不安宁之际，场外也没消停。

贵族宴会，各部族都有不少马匹需要看管。铁木真的弟弟别勒古台负责看守乞颜部的马匹，主儿乞部则派不里孛阔看管自家马匹。没多久，别勒古台发现有个主儿乞人鬼鬼祟祟，形迹可疑，便暗中盯紧了他。果不出所料，他很快靠近了铁木真的马，企图偷华贵的马笼头。别勒古台果断上前制服了他。

谁料不里孛阔跳了出来，不但不惩治自己人，反而恶语相向。两人很快争执起来，不里孛阔仗着自己身高马大，竟然拔出剑来，砍伤了别勒古台的右肩，血顺着肩膀流了出来。别勒古台担心事情闹大，为了防止激化两部族的矛盾，只好选择了忍耐。

种种迹象说明，这是一场阴谋，就是要给刚刚登上汗位的铁木真一个难堪。如果这件事处理不好，铁木真的可汗权威将直接受到挑战，影响在族人心中的威信。作为可汗，单靠笼络和施恩远远不够，必要时必须立威。只有恩威并用，才能让别人心服口服。

当时宴会在一棵大树下举行，远处发生的一切，铁木真看得清清楚楚，他立刻抄起一个木棒，冲了过去，对别勒古台大声呵斥道："你为何如此委曲求全，忍受奇耻大辱？"

别勒古台知道铁木真的脾气，为了大局着想，只好一个劲地劝兄长："我不碍事，如今主儿乞部刚归顺我们不久，兄长切不可为了这等小事，坏了两家的和气。"

铁木真哪里听得进去，抡起木棒冲着主儿乞人一阵猛打，下令将豁里真和忽儿忽臣这两个惹事的老女人扣押起来。

薛扯别乞算是领教了铁木真的厉害，担心再闹下去，恐怕不可收场，而自己根本不是铁木真的对手，所以赶紧向铁木真道歉赔罪。

铁木真也不想在汗位尚未稳固的起步阶段，就出现内部四分五裂，既然主儿乞人服软了，便趁机就坡下驴，放了豁里真和忽儿忽臣。

这一场宴会风波后，从表面上看，两家都消除了误会，和好如初了，实际上，他们从此结下了梁子，主儿乞人对铁木真衔恨在心，只待机会，发动报复。

第四节

向塔塔儿人复仇

铁木真称汗后，首先想到的是如何找塔塔儿人报杀父之仇。但塔塔儿人非常强大，加上背后有金朝撑腰，贸然发动攻击，尚无多大胜算。

没想到，复仇的机会很快来临了。

塔塔儿人一直充当金朝的走狗角色，跟着金人在蒙古草原东征西讨，捞了不少好处。塔塔儿人狐假虎威，在草原上到处招惹，自然是四处树敌。塔塔儿人以金人的盟军自居，然而在金人眼中就是一条走狗。作为走狗，是没法和主人讨价还价的，主人高兴了就扔给一根骨头，要是惹恼了，随时宰了下锅。塔塔儿人自认为为金人立了不少大功，却所得甚少，心里愤愤不平，因分赃不均，两者之间已经出现了嫌隙。

当然，塔塔儿人愿意做走狗，并不代表所有人都愿意。合答斤（亦称合底忻）和山只昆（即撒勒只兀惕）是游牧于呼伦湖东岸的两大部落，他们拒绝向女真人称臣纳贡，还时不时滋扰金国的北部边境。

1195 年（金明昌六年），金廷派大将夹谷清臣率军北伐合答斤和山只昆，跟往常一样，塔塔儿部作为仆从军，被要求协助作战。

合答斤部和山只昆部哪里是金军的对手，很快被打得溃不成军，丢失了不少营地。金军斩获颇丰，缴获的战利品堆得像小山一样，塔塔儿人配合金军作战，却没有任何收获。

金人认为有本事上战场拼去，没有战利品怨不得旁人，所以战后押解着大量战利品往回走，而塔塔儿人只能在一旁干瞪眼。

塔塔儿人心中为自己叫屈，好歹我们出人出力，总不能让我们白忙活一场，就这样两手空空地回去。愤愤不平的塔塔儿人突然出手，发起了对金军的攻击。金人被杀了个措手不及，大量的战利品被抢走。夹谷清臣战败，率领残兵败将逃了回去。

走狗竟然从主子嘴里夺食，金朝方面岂能善罢甘休，此风一旦助长，女真人往后还如何号令蒙古草原上的诸部？金人对塔塔儿人提出，要求立马道歉，交出夺走的战利品，严惩肇事者。塔塔儿人毫不犹豫地拒绝了。女真人也是弓马娴熟的战斗民族，靠着剽悍的战斗力建立了强大的大金王朝，岂能容忍小小的塔塔儿部如此嚣张，于是决定要出手，狠狠教训一下这个不知死活的昔日小跟班。

1196年（金明昌七年），金朝丞相完颜襄亲自率军征讨塔塔儿部。塔塔儿人很快在大金铁骑面前一败涂地，四处逃散。完颜襄本着除恶务尽的精神，一路穷追猛打，紧咬不放，直追到怯绿涟河（即克鲁伦河）。

塔塔儿部头领蔑古真薛兀勒图知道再这样下去，迟早会被金人消灭干净，便决定化整为零，向怯绿涟河与斡难河之间的浯勒札河方向逃窜。

此时，两军交战的烽火已逼近了铁木真的营地。

金人对付草原诸部的一贯手段，就是不断挑起各部之间的矛盾，让他们相互残杀，然后自己扶持一个代理人，好坐收渔翁之利，一旦发现这个代理人不听话，就马上扶持另外一个取而代之。总之，要让草原诸部永远保持混乱的分离状态，这样，女真人就会永远处于不败之地。

铁木真作为蒙古草原上的一支新兴力量，早已引起了金廷的关注，完颜襄决定故伎重演，拉拢铁木真对付塔塔儿人。他向铁木真派出了使者，申明只要铁木真归附大金，协助消灭塔塔儿人，大部分战利品归铁木真，他还会向朝廷上书，给铁木真加官晋爵。

铁木真一直暗中关注金人和塔塔儿人之间的战斗，对于完颜襄分而治之的伎俩也是一清二楚。不过，此刻他首先想到的，就是借助金人的势力报仇。

塔塔儿人和金人都是铁木真的仇人，塔塔儿人在铁木真幼年之际毒死他的父亲也速该，还勾结金人出卖了他的远祖俺巴孩汗，致使俺巴孩汗被金人钉死在木驴上。此等深仇大恨，铁木真片刻未忘。如今两大仇敌交战，铁木真巴不得同时消灭他们两个，但理智告诉自己，金人如今依然很强大，暂时不能招惹，所以先顺势消灭了塔塔儿人，才是目前最明智的选择。

为了做到万无一失，铁木真派人去邀请克烈部的王罕和主儿乞部派兵，共同消灭塔塔儿人。

王罕接到铁木真的请求后，很痛快地派兵前来，倒是主儿乞部始终没有派一兵一卒。俺巴孩汗是乞颜部和主儿乞部共同的先祖，塔塔儿人是两家共同的仇人，主儿乞部执着于宴会上的小小恩怨，置部族大义于不顾，可谓是非颠倒，恩怨不分。

如果主儿乞部仅仅是对于讨伐塔塔儿部持旁观态度也就罢了，令人想不到的是其竟然趁铁木真征讨塔塔儿部之际，袭击了铁木真的营地，在铁木真背后插刀。

此刻，铁木真仍然不知道内情，他和王罕会师后，整整等了六天，仍不见主儿乞部的影子，只好出发征讨塔塔儿人去了。

相对于金人，铁木真占据天时地利。当两家联军突然出现在塔塔尔人营地外时，始料不及的篾古真薛兀勒图，来不及布兵排阵，只得仓促应战，最后战死在混战之中，塔塔儿人除了少数逃脱的漏网之鱼外，大多数被歼灭。铁木真缴获胜利品无数。

在清理战场之时，铁木真在死尸堆里发现了一个小男孩，孩子戴着金项环，穿貂皮金缎肚兜，一看就知道出身不凡。便把他送到母亲诃额仑身边，让她抚养，给他取名叫失吉忽秃忽。

等金人赶到时，战斗已经结束。完颜襄对铁木真和王罕的表现相当满意，代表朝廷封克烈部王罕为王（王罕本名脱斡邻勒，是克烈部的汗，金人封王后，便称王可汗，后世简称王罕），封铁木真为札兀惕忽里（类似“节度使”之意）。册封官职高低，并非战斗中的功劳大小，完全是按照两家的势力。那时，克烈部的势力远远大于铁木真，所以王罕的封赏自然比铁木真高。当然，铁木真此次出征，主要是为了复仇，目的已经达到，至于金人的封赏，并不是他所追求的，所以也不大在乎。

当铁木真带着胜利的喜悦，返回营地时，眼前的一幕让他愤怒不已，主儿乞人洗劫营地之时，杀害了十多名妇孺，不少人还被剥去了衣服，光着身子，屈辱地蹲在那里，不敢站起来。

铁木真本来念及与主儿乞部同宗，处处忍让，不忍下手，没想到他们背信弃义不说，还在背后落井下石，是可忍孰不可忍！铁木真马不歇鞍，立刻决定讨伐主儿乞人。

两部人马相遇于阔朵额阿剌勒附近的七道岭。主儿乞部哪里是铁木真的对手，一战即溃。薛扯别乞和泰出落荒而逃，躲入帖列秃山口，铁木真穷追不舍，最终主儿乞人全部被俘。

铁木真严斥他们背叛当初誓言的可耻行径，薛扯别乞和泰出自知理亏，沉默不语，只愿引颈就戮，铁木真下令将两人处死。

别勒古台当初被不里孛阔砍伤过，让他在众人面前蒙羞，铁木真决定，让弟弟亲自把丢掉的面子捡回来。让别勒古台和不里孛阔来一次决斗，不里孛阔眼看两位头领已被处死，心里早已发怵，哪敢真的全力以赴与别勒古台殊死一搏，只想败给别勒古台，或许铁木真心情一好，自己还有一线生机。抱着这种心态，两人你来我往两三回合后，不里孛阔就假意输给了别勒古台。别勒古台骑在不里孛阔身上，回头看铁木真，是死是活就等他发话，铁木真暗示别留活口，别勒古台遂用膝盖猛击不里孛阔的腰骨，使他折腰而死。不里孛阔临死前不甘心地说："我并非败在别勒古台手里，只不过惧怕可汗，以至于丢了性命。"

不里孛阔力大无穷，号称举国无双，但是主儿乞部都败了，单靠一人一身蛮力，又有什么用呢？

主儿乞人见大势已去，遂归降于铁木真。归降的人群中有个叫古温兀阿的人，他带着全家归降，其中有他的弟弟赤剌温孩亦赤、者卜客，还有两个儿子木华黎和不合来，其中木华黎后来成为铁木真帐下的一代名将。

者卜客捡了一个弃婴，交给诃额仑，取名博尔忽，他长大成人后，成为铁木真手下的得力干将，为"四杰"之一，在铁木真征战天下的过程中立下汗马功劳。

至此，铁木真打败塔塔儿人，报了祖先和先父之仇，受金朝的册封，降服了内部的贵族势力，从一个松散部落联盟的首领成为了强大部族的汗王。这一年，铁木真刚满35岁。

下一步，铁木真将目光投向整个蒙古草原，开始了统一草原诸部之战。

第四章

征战与复仇

第一节

以德报怨

铁木真平定主儿乞部，消除了内部的不稳定因素，权力得到进一步巩固，这时接到王罕的求助消息。原来王罕遇到了和铁木真同样的遭遇，当他率军与铁木真征战塔塔儿人之际，没想到有人趁机抄了他的老窝，下手的是自己人，他的亲弟弟额儿客合剌。

在蒙古草原上，每一次权力交接，无不伴随着腥风血雨，王罕也不例外。当初为了保证自己汗位的稳固，防止弟兄们挑战自己的权威，王罕对同胞们举起了屠刀，不少人成了刀下之鬼。在这场手足相残中，札合敢不和额儿客合剌由于跑得快，才没有成为王罕刀下的冤魂。札合敢不后来主动投诚，额儿客合剌则远走他乡，流落到了乃蛮部，被乃蛮部亦难赤汗收留。

乃蛮部属于突厥人后裔，生活在蒙古高原西部，居住地在杭爱山以西至阿尔泰山之间，东邻克烈部，西至也儿的石河（今额尔齐斯河）和阿雷撒剌思河（今鄂毕河上游支流），北与吉利吉思接壤，南面隔沙漠与畏兀儿为邻。

多年来，乃蛮部一直想东扩，进一步壮大势力。如今，额儿客合剌这名对克烈部知根知底的落难王子来投，自愿做带路党，乃蛮部自然求之不得，何况额儿客合剌本人能征善战，是一员猛将，亦难赤汗何乐而不为呢？从额儿客合剌的角度来说，自然是想借助乃蛮部的势力从王罕手中夺回汗位，两家合作，各取所需，很快一拍即合。

得知王罕出征塔塔儿人之后，他们觉得此时克烈部必然后方空虚，是难得的好时机，便趁机杀了过来，一举占领了王罕的汗廷，额儿客合剌自立为克烈部新汗王。

等王罕和弟弟札合敢不率领刚刚经历大战的疲惫之师，带着胜利的喜悦往回走，半道上，额儿客合剌突然带领伏兵杀出。蒙在鼓里的王罕被打了个措手不及，部下非死即降，伤亡惨重。混战之中，王罕和弟弟札合敢不兄弟二人也被冲散，各奔东西，狼狈逃窜。札合敢不向东，跑到金国边境；王罕马不歇鞍，一路狂奔，投奔西辽。

王罕在西辽惶惶不安地度过了一年，额儿客合剌得知后，向西辽施加外交压力，西辽那时也是穷途末路，内外交困，也不想为了王罕这样一个失势之人得罪克烈部，便下令将王罕驱逐出境。

可怜王罕只好骑着一匹瞎马，赶着五只母山羊和一头骆驼，到处流浪，最后流浪到古泄兀儿湖一带，在凄风冷雨中苦苦挣扎。

此时，他想起了向铁木真求救。

铁木真得到消息后，立马亲自去迎接王罕，并派人找到了札合敢不，帮王罕收拢四散的旧属。1198 年，王罕在铁木真的帮助下，杀回了黑林汗廷，从额儿客合剌手中夺回了克烈部可汗的宝座。

这一年来的遭遇让王罕刻骨铭心，他发誓要让乃蛮部付出代价。

1199 年，乃蛮部亦难赤汗死了，丢下一个漂亮的小寡妇，名叫古尔别速。按照当时草原上的寡妻继承制，老汗王去世后，他的妻妾由儿子们收继（生母除外）。亦难赤汗有两个儿子，长子古出古惕·不亦鲁黑，次子拜不花。拜不花继承了汗位，被称作太阳汗（又称作塔阳汗）。

古出古惕·不亦鲁黑心想老弟你得了江山，这美人就该让给我了吧，但很显然，太阳汗江山、美人都想要。古出古惕·不亦鲁黑冲冠一怒为红颜，索性另立山头，自称不亦鲁黑汗。

乃蛮部内讧，让王罕觉得可以趁机下手，一雪前耻。

鉴于乃蛮部的强大，王罕邀铁木真、札木合一起联合讨伐乃蛮部，札木合和铁木真都很痛快地答应下来。只是札木合和铁木真前不久有过十三翼之战，心中的疙瘩难以解开。

王罕试图通过并肩作战让两人冰释前嫌，但很快发现他的这种努力是徒劳的。为了避免尴尬，王罕和札木合一起安营扎寨，铁木真单独扎营。

经过对敌情的分析，三人觉得，如今乃蛮部一分为二，柿子捡软的捏，先拿弱小的不亦鲁黑汗下手，打他个措手不及。

王罕、札木合、铁木真率领大军翻越杭爱山，进入科布多湖泊地区，向不亦鲁黑汗的营地逼近。不亦鲁黑汗哪里是对手，很快战败，仓皇向兀鲁黑塔黑山（即阿尔泰山，位于科布多河上游）转移。王罕和铁木真穷追不舍，不亦鲁黑汗让部将也迪士卜鲁黑殿后应敌，自己率领主力继续向西转移。

也迪士卜鲁黑根本经不起王罕和铁木真的猛攻，没多久便成了俘虏。王罕和铁木真率领大军继续追击不亦鲁黑汗，在乞湿泐巴失湖（今乌伦古湖）附近追上不亦鲁黑汗。

不亦鲁黑汗眼看摆脱不了，只得硬着头皮交战，一场恶战后，乃蛮军主力被消灭殆尽。不亦鲁黑汗杀出重围，狼狈逃窜，一路狂奔至叶尼塞河上游谦谦州（今俄罗斯图瓦共和国唐努山地区）躲了起来。

王罕总算出了一口憋在心头的恶气，和札木合、铁木真商议一番后，便决定胜利回师。

在和不亦鲁黑汗作战的过程中，王罕和铁木真一直担心太阳汗会出兵救援，但在整个作战过程中，太阳汗自始至终没露面。王罕以为太阳汗胆怯不敢应战，故在回师途中放松了警惕。

其实，太阳汗并非像王罕想象的那样简单，虽然与不亦鲁黑汗有怨恨，但毕竟是自家兄弟，岂能容忍外人欺辱，得知王罕率领联军入侵后，便计划派兵救援，但没想到王罕和铁木真作战实在迅速，等他派兵赶到时，战斗早已结束。

太阳汗料定王罕率领的联军返回时必经杭爱山，遂命手下大将可克薛兀撒卜勒黑在杭爱山拜达里格河谷拦截。

如果乃蛮部在拜达里格河谷潜伏下来，来个突然伏击，必然会让王罕和铁木真防不胜防。不过，可克薛兀撒卜勒黑此人作战勇猛，一贯目中无人，自视甚高，不屑于这样做。他自恃兵强马壮，想堂堂正正两军对垒，一举击溃王罕和铁木真。

可克薛兀撒卜勒黑在拜达里格河谷前安营扎寨摆开阵势，坐等克烈部、札答阑部和乞颜部联军的到来。

至夕阳西下，薄暮冥冥之际，王罕、札木合和铁木真率领大军携带大量俘虏及牲畜等战利品缓缓而来。

可克薛兀撒卜勒黑麾下有两万多乃蛮部精兵强将，远远望去，军容整齐，在河谷口黑压压一片，列阵候敌。半途突然遭遇敌人拦截，颇让王罕和铁木真感到意外。

王罕和札木合、铁木真一番合计，觉得如今将士们经数次大战，又长途奔袭，已是疲惫之师，仓促应战，未必能讨得便宜，不如暂休整一晚，明天再作打算。

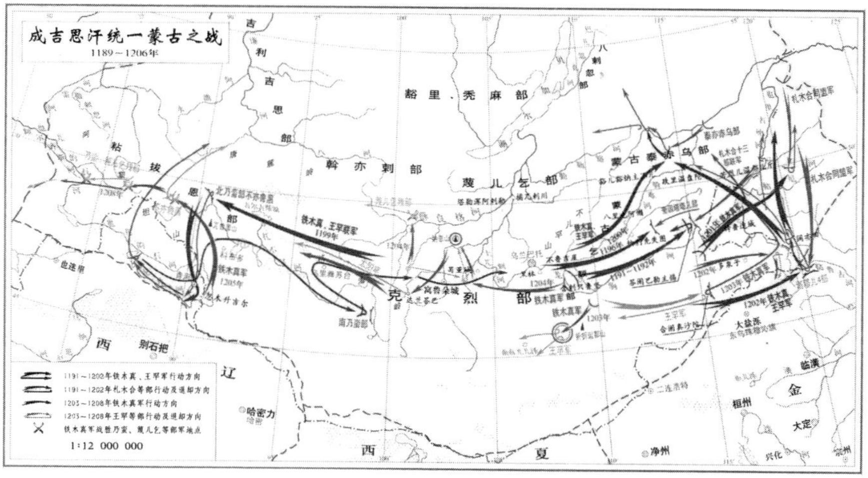

成吉思汗统一蒙古之战(1189－1206年)

王罕遂以天色已晚为由，向乃蛮部提出明日再战。可克薛兀撒卜勒黑自认为稳操胜算，便答应下来。

跟以往一样，当天夜里，铁木真单独安营扎寨，王罕和札木合另设一营。

夜幕降临后，王罕正要休息，札木合来访。札木合故作神秘地说："王罕安答，乃蛮人对我们的行军路线如此清楚，突然出现在面前，你不觉得有点蹊跷么？据我所知，铁木真有可能要投靠乃蛮人，借助乃蛮人对你我不利，不可不防啊！"王罕本来就是个猜忌心很强之人，再加上耳根子软，听了札木合这番话，顿时陷入了沉思，久久不说话。

札木合对十三翼之战一直没法释怀，只是对王罕和铁木真的关系有所忌惮，趁着难得的机会，想离间王罕和铁木真，然后借乃蛮人之手，除掉铁木真这个心头之患。

见王罕不说话，札木合知道他被打动了，便决定给王罕心头再添一把火，"王罕安答，别看铁木真现在表现乖巧，但内心咋想谁知道，不可不防，再说了，额儿客合剌的事你还没忘吧。"

王罕手下一名叫做古邻的部将看不惯札木合背后煽风使坏的嘴脸，出于义愤，大声说："你与铁木真是安答，怎么说这样的话呢？"

此刻，王罕却是另外一番心思。额儿客合剌勾结乃蛮部夺取汗位之事，是王罕心头挥之不去的痛。额儿客合剌是自家骨肉兄弟，尚能下手，铁木真虽然与自己情同父子，但毕竟是外人，这世间事，谁能说个准？何况此刻乃蛮大军就在不远处虎视眈眈，万一铁木真真跟他们勾结在一起，半夜里杀过来，必然会死无葬身之地。

王罕想到这里，不由打了个冷战，古邻的提醒哪里听得进去，临阵投敌这种事，宁可信其有，不可信其无，便决定和札木合一起，趁着夜色偷偷撤兵。

次日，天蒙蒙亮，铁木真赶来议事，谁知面前却是空荡荡的营地，只留下尚未燃尽的篝火。

友军撤走，仅凭一己之力肯定没法战胜乃蛮部两万大军。铁木真也只好趁着敌人尚未觉察之际，率领本部人马另择别处，安全撤离。

待到天大亮，红日初升，可克薛兀撒卜勒黑才发现敌人逃遁了。对王罕一伙胆小如鼠，怯战夜遁行为鄙视之余，可克薛兀撒卜勒黑觉得自己被愚弄了，愤怒之下，命令大军立即穿越杭爱山峡谷，追击王罕。

王罕回到土拉河营地没多久，可克薛兀撒卜勒黑率领大军赶到。面对来势汹汹的乃蛮大军，王罕命儿子桑昆应战，桑昆岂是可克薛兀撒卜勒黑的对手？没交战几个回合，便败下阵来，溃败之际，连妻儿都被乃蛮人俘虏了。

得知御敌失败后，王罕开始追悔当初不该听札木合的话，可事到如今，除了豁出这张老脸，向铁木真求救外，别无出路。王罕给儿子桑昆和弟弟札合敢不下死令，让他们重整旗鼓，组织人马，顶住乃蛮人的进攻，等待铁木真援军的到来。

接到王罕的求救信后，铁木真不计前嫌，派博尔术、木华黎、博尔忽、赤老温等四员猛将马不停蹄地率兵前来救援。

等铁木真援军赶到时，克烈部已是危如累卵。可克薛兀撒卜勒黑作战异常勇猛，骑在马上，手中一口大刀舞得像风车一般，在两军之间来回驰骋，犹入无人之境，王罕大将帖勤忽里和亦秃儿肯玉答忽都命丧在他的刀下。

乃蛮军愈战愈勇，克烈部渐渐不支，桑昆此时已是惊弓之鸟，眼瞅着形势不妙，便想调转马头逃跑，孰料就在此时，乃蛮人的箭矢雨点般射了过来，桑昆的马中箭受惊，将主人掀下马背。乃蛮军一拥而上，打算活捉桑昆。在这千钧一发之际，铁木真援军赶到。博尔术是神箭手，张弓引箭，箭无虚发，乃蛮军纷纷中箭倒地，桑昆趁机捡了一条性命。

援军的到来，使得克烈部士气大涨，两家兵合一处，发起反击，乃蛮部被突然杀出的铁木真军队打了个措手不及，渐渐不支，只好回撤。克烈部趁机夺回了被乃蛮人俘虏的族人和牲畜。

在危难之际，铁木真伸出了宝贵的援手，使得王罕父子和克烈部转危为安，王罕感动得不行，为了感谢博尔术的救命之恩，嘉奖他一件皮衣和十只金杯，父子俩还亲往铁木真营中致谢。

王罕满怀感激地说："当年我落魄之际，也速该帮助聚拢了克烈部的百姓，我才得以登上汗位，今天也速该的儿子铁木真又帮我抢回被敌人俘虏的百姓。这种恩德，我不知怎么才能报答，唯有日夜向长生天为他祈祷。"铁木真听后，赶紧说："我们情同父子，作为您的儿子，我所做的都是分内之事。只要我们齐心协力，整个草原上没有人敢为难我们。"

两家在一起敞怀饮酒，酒席间，王罕还让自己的儿子和铁木真论岁齿，让桑昆尊铁木真为兄长。

此时的铁木真和王罕父子背靠背，相互依存，潜在的分歧被融洽的气氛遮盖了。因为此刻，他们还要面对其他共同的敌人。

第二节

阔亦田之战

铁木真不会忘记泰赤乌人给他带来的苦难，如今已是羽翼丰满，自然会拿泰赤乌人开刀。1200年春，王罕、铁木真在萨里川（今克鲁伦河与土拉河上游之间）会师，征讨泰赤乌部。

泰赤乌部首领阿兀出把阿秃儿、塔儿忽台乞邻秃黑知道，铁木真已是今非昔比，单靠自己的力量肯定不是对手，便向蔑儿乞人求援。蔑儿乞人是铁木真的仇人，本着仇人的仇人就是朋友的精神，立刻派忽都、斡儿长率军前来救援。

很明显，就算是泰赤乌人和蔑儿乞人联手，也不是铁木真与王罕联军的对手。泰赤乌部很快被打得溃不成军，抱头鼠窜。

泰赤乌人犹如惊慌失措的羔羊，被撵得无路可逃，铁木真没有忘记，当初塔儿忽台乞邻秃黑是如何对待他们母子的，于是下令除恶务尽，绝不放过他，塔儿忽台乞邻秃黑劫数难逃，终被斩杀在战场。

泰赤乌人的下场引起了合答斤部、山只昆部族的关注，他们开始对铁木真势力的扩张产生警惕，担心自己成为下一个袭击的目标。

说起来，合答斤、山只昆本与乞颜部同出于一个远祖。铁木真称汗之时，曾派人去联络，不料他们根本看不起铁木真这个后起之秀，将羊血和脏器泼到铁木真派去使者的身上后，把他们撵了出来，这在蒙古人看来，是一种极端的羞辱。

铁木真本来对他们还保存一丝幻想，残酷的现实使他明白过来，想在草原上生存下去，血缘、亲情这些根本靠不住，一切都要靠实力。只有你足够强大，才能赢得别人的尊重。他暗自下决心，将来一定要让合答斤、山只昆人为他们的傲慢付出代价。

合答斤、山只昆有着蒙古人的彪悍勇猛，金人将其视若眼中钉、肉中刺，一直欲除之而后快。从1196年起，金人先后发动了三次北伐战争，除了讨伐塔塔儿人之外，合答斤、山只昆、弘吉剌部等也是金人重要的征讨对象。

1198年，完颜襄、完颜宗浩率领大军北征蒙古草原诸部，合答斤、山只昆、弘吉剌等都遭到重创，势力严重削弱，再无力对金朝构成威胁。不过数年征战，金朝自身消耗也很大，便主动实行战略收缩，将边防战线从草原后撤，这恰好为铁木真腾挪出了战略空间。

金人退出，意味着草原上再没有一股强大的力量进行压制，各部落之间新的厮杀又要出现，而这恰恰是金朝君臣最希望看到的。只要草原上诸部之间陷入无休止的仇杀，就无暇南下，这对金人最有利。

首先挑起战争的就是合答斤、山只昆两部，面对铁木真的崛起，他们不能无动于衷，与其等到铁木真完全强大起来后吃掉自己，还不如主动出击，将他消灭于将起未起之时。

合答斤、山只昆主动联合塔塔儿、朵儿边、翁吉剌等部，计划取道捕鱼儿海（今贝尔湖），袭击铁木真和王罕的营地。

联军尚未出发，铁木真已经得知了消息。铁木真的岳父，弘吉剌部的德薛禅提前派人通知了他（《史集》称是弘吉剌部首领迭夷通知了铁木真）。

铁木真、王罕决定将计就计，在捕鱼儿海设下埋伏，专等他们来送死。合答斤、山只昆等部尚且蒙在鼓中，浑然不知，大军大摇大摆地向捕鱼儿海挺进。等诸部联军抵达捕鱼儿海时，铁木真、王罕率军突然杀出，一时间，诸部联军被杀了个晕头转向，仓促之间，死伤无数，很快作鸟兽散了。

多年的战火洗礼，使得铁木真学会审时度势，绝不计较眼前的蝇头小利，每次战后，他都将战利品大多数让与王罕。表面上看，他吃了亏，实际上赢得了人心。反观王罕，为获得一些金银财物和人口牲畜沾沾自喜，一副贪得无厌的嘴脸。两人一比较，高下立现。

此时，札木合也没闲着，他觉得铁木真到处征战，四处树敌，恰恰是给自己团结草原诸部的机会，他想把所有铁木真的敌人和对手号召起来，纠集在自己周围，一举彻底消灭这位让他爱恨交加的安答。

蒙古草原的冬季漫长寂寥。大雪漫天，刺骨的风在呼啸，但严寒没有阻止住札木合，他频频派出使者，冒着风雪穿梭于草原诸部之间，展开游说攻势。经过一个冬天的游说，泰赤乌、乃蛮、蔑儿乞、塔塔儿、合答斤、山只昆、朵儿边、亦乞列思、弘吉剌、豁罗剌罗、古出兀惕、斡亦剌共十一部响应札木合。

1201 年，十一部首领齐聚额尔古纳河、根河与得尔木尔河三河汇合的忽兰也儿吉（意思是红色的河岸），推举札答阑部札木合为古儿汗（意为众汗之汗），为诸部盟军的最高统帅，然后杀骡马对天盟誓，宣誓齐心协力，一起征讨铁木真。此次会盟几乎囊括了整个漠北草原上所有的部落，声势浩大，前所未有。

由于上次泄密导致作战失利，此次会盟，特意强调任何人不得向铁木真走漏风声。为了表明心志，众人站在河岸边一起用脚踩踏河岸，河岸在众人齐力踩踏下，轰隆隆坍塌，坠入河水之中，又一起举刀砍伐树木，落叶纷纷坠地。众人齐誓，若背叛盟约，就跟岸土落叶一样，不得善终。

仪式搞得很隆重，大家都义愤填膺，同仇敌忾，表示与铁木真誓不两立，决一死战。草原上，两大泾渭分明的对立阵营形成，一方是以札木合为首的诸部联盟，另一方为铁木真和王罕，两者一比较，铁木真就显得势单力薄。

然而，所有这些，也仅仅是停留在表面而已。

实际上，各部落心中各怀鬼胎，无不指望别人去送死，自己坐收渔利。由于铁木真战无不胜的战绩，能否战胜他，大家心里都没底。豁罗剌罗部的豁里歹（《史集》称火力台，《圣武亲征录》称抄吾儿）思前想后，觉得不能把事情做绝，为了给自己留条后路，他偷偷给铁木真送去了情报。

铁木真此时驻扎在克鲁伦河上游的不儿罕山的古连勒古地区（今蒙古国肯特省臣赫尔河河源）。铁木真获得情报后，马上着手做战争准备，并立即通知王罕，让他速速派兵前来，联合御敌。

面对数倍于己的敌人，铁木真觉得不能被动防御，最好主动出击，出其不意打乱敌人的部署，也好摸清敌人底细。铁木真命阿勒坛、忽察儿、答里台三人为先锋统帅，王罕派桑昆、札合敢不、必勒格别乞担任先锋官，两家兵合一处，顺克鲁伦河一路向东挺进。尽管士气高涨，但铁木真仍然不敢轻敌，毕竟此次作战不同于以往，为了确保及时掌握敌军动向，他先派出哨兵侦察敌情，以便为作战掌握准确的情报。

此时，札木合也在调兵遣将，命泰赤乌部阿兀出把阿秃儿、乃蛮部不亦鲁黑汗、蔑儿乞部忽都、斡亦剌部忽都合别乞各率本部人马，兵分四路，沿额尔古纳河谷向铁木真营地扑来。

札木合的四路先锋部队行至赤忽儿忽山时，被铁木真的哨兵发现。哨兵立刻马不停蹄赶回去汇报，敌人马上就要来了。时值傍晚，铁木真决定赶在敌人之前抢占有利地形，于是命令部队快速行军。等札木合先锋部队抵达时，铁木真和王罕的联军已经占据了赤忽儿忽山、扯克彻儿山和阔亦田一带的阿阑塞，此处依山傍塞，居高临下，地势非常有利。

此时，薄暮冥冥，夜色降临，双方约定，待到次日天明再战。

第二天，开战前夕，或许是为了鼓舞士气，不亦鲁黑汗、忽都合别乞声称他们会“札答”之术（魔法之意），招来雨雪袭击铁木真和王罕联军。二人取来一盆清水，放入据称是取自牛马肚中的石头(大概牛黄之类的),然后装模作样,在那里手舞足蹈,念念有词,祈求长生天帮助。

说来也奇怪,也许是巧合,明明晴空万里,刹那间风云突变。天色变暗没多久,一场雨夹雪从天而降。众人瞠目结舌,还没回过神来,孰料忽然风向大变,狂风携带雨雪没有吹向铁木真和王罕,反而刮到札木合联军自己这边来。

札木合联军一方被风吹得睁不开眼,更加上冰冷刺骨的雨雪打在脸上,士兵们慌乱起来,顿时乱了阵脚。事已至此,岂能无故罢兵。札木合顾不了太多,下令冲锋,士兵们只好眯着眼,高一脚低一脚摸着向前爬。

铁木真和王罕军队居高临下,敌人完全暴露在他们脚下。面对乱成一锅粥,匍匐前行的札木合联军,铁木真沉着迎战,下令弓箭手张弓引箭,射向敌人。

札木合联军根本无法避防从天而降的箭雨,纷纷中箭倒地,本来就军心不稳,现在连对方影子都没看清就死了一大片,士卒们此时已无心恋战,掉转头争先恐后地逃命,奈何战场地势狭窄,大军拥挤到一起,根本疏散不开,相互踩踏死伤无数,不少人被挤下山崖,摔得尸骨无全。

铁木真见状,趁势下令出击。札木合临时拼凑起来的同盟军根本就是一群乌合之众,没有任何凝聚力。眼看形势不妙,众部落头领首先考虑的不是如何尽快稳住阵脚,而是着急撤出战场,保存自己的实力。

乃蛮部不亦鲁黑汗和斡亦剌部忽都合别乞眼看法术不灵,非但没有伤及铁木真和王罕军队,反而害得自己损兵折将,急忙下令撤离,带领自己人马,一个向西,一个向北,仓皇逃离,跑回各自驻地去了。

泰赤乌部阿兀出把阿秃儿发现两支盟军溜走,而扎木合的主力部队还连个影子都没有,觉得此时不走,更待何时,决不能被别人当枪使,便也带领自己的部众逃往斡难河下游。

蔑儿乞人和铁木真有深仇大恨,本抱着和铁木真血战到底的信念,可现在三支盟军都逃跑了,单靠自己的力量,哪里是铁木真和王罕联军的对手,万般无奈之下,也只好愤愤地撤兵,向薛凉格河方向撤退。

铁木真和王罕没有乘胜追击,他们在等待札木合的到来。

札木合此时率领联军主力还在不紧不慢地行军,他有自己的小算盘。泰赤乌部、乃蛮部、斡亦剌部多与铁木真有宿怨，让他们做前锋，肯定会拼命厮杀，等两家战斗到筋疲力尽，两败俱伤之际，再率领大军杀出，坐收胜利果实。相反，假如前锋作战失利，自己也可以全身而退，没有任何损失。由此可见，札木合只会玩阴谋诡计，毫无信义可言，没有一丝担当，终究难成大器，根本不配做盟军领袖。

札木合得知前方兵败，四路盟军各自狼狈逃窜，他的卑劣性就暴露出来了，非但不去支援救助，反而趁机打劫盟军的辎重物资，众部族一看，都一哄而散。狠狠抢了一把之后，札木合带着自己的人马向额尔古纳河的东北方向逃之夭夭了。

就这样，本来是一场生死之战，最终犹如一场闹剧般地结束了。

第三节

收服哲别

阔亦田之战后，铁木真和王罕兵分两路，分头追击。王罕在额尔古纳河一带追击到札木合和蔑儿乞人，走投无路的札木合只好向王罕投降，蔑儿乞人逃往巴尔忽真脱窟木地区（今俄罗斯贝加尔湖东面巴尔吉津河一带）。

泰赤乌部人在阔亦田兵败后，逃到斡难河下游苟延残喘。铁木真决定彻底消灭泰赤乌人，一雪前耻。

现在的铁木真今非昔比，他决定不再出兵奇袭，而是发动正面进攻。大军顺着斡难河河谷而下，两天后，抵达泰赤乌部人驻地附近，与之隔河相望。

数十年积累的仇恨，是时候作个了结了，泰赤乌人这次没有选择逃离，决定与铁木真死拼到底。

泰赤乌人据险而守，沿着斡难河摆开阵势，打算趁着铁木真渡河之际出击，杀他个措手不及。

铁木真知道，现在任何奇谋妙计都没有用，唯有强渡过河，直奔敌军老巢。他身先士卒，冒着泰赤乌人的箭矢，率领大军涉水渡河。在滔滔激流中，乞颜部众将士皆奋不顾身，很快冲破敌人防线，强渡成功。

登岸后，铁木真将大军分为十路，在博尔术、博尔忽、赤老温、木华黎等人的带领下分头出击，发起正面强攻，自己率领大军殿后。

两军厮杀很快陷入胶着状态，你来我往，攻防互有移位，从清晨战斗到傍晚，仍然难分胜负。双方将士俱已疲劳，战场上，到处是横七竖八的尸首。铁木真出征以来，首次遇到如此恶战。没料到，此次泰赤乌人的斗志如此强悍，远超出想象，看来想速战速决是不可能了。

当时，铁木真骑马站在高处，指挥作战。很快，铁木真的行迹被敌人发现了，泰赤乌部有一名神箭手，叫做只儿豁阿歹，他盯上了铁木真。从装束判断出是对方统帅，他心想，只要除掉他，便可扭转战局，成功解围。

只儿豁阿歹悄悄向铁木真靠近，拉开劲弓，一支利箭向铁木真射来。正在全神贯注指挥作战的铁木真，没有防到有人突然偷袭，急忙躲闪，但还是迟了一步，只儿豁阿歹射出的箭劲道很大，虽躲过了喉咙要害，但还是刮伤了铁木真颈部静脉，顿时血涌如注，坐立不稳，坠下马来。

众人一看，可汗受伤，便只好匆忙结束战斗，安营扎寨，整顿休息，泰赤乌人也趁机得以喘口气，暂时转危为安。

铁木真由于失血过多，陷入昏迷状态，众将担心，万一敌人箭镞有毒，那就麻烦大了。者勒蔑侍从铁木真多年，忠心耿耿，担心箭伤有毒，会扩散至全身，便不顾自身安危，伏下身子，吮吸铁木真伤口的瘀血。由于太着急，不少瘀血还不小心咽入腹中。

渐渐地，铁木真的血液从乌黑变成鲜红。者勒蔑听见陷入昏迷中的铁木真呓语称口渴。此次作战匆忙，军营中根本没有牛奶、马乳。

者勒蔑为人胆大，决定冒险去敌营偷取。为了不引起敌人注意，他脱去衣服，赤着上身，只身偷偷摸入泰赤乌人的营地。庆幸的是，战斗了一天的泰赤乌人早已人困马乏，根本没有发现有人溜了进来。者勒蔑在营地左拐右转，后来在一辆车上发现了一大桶干马酪，将它悄无声息地背了回来，将干马酪兑上清水，搅拌均匀，给铁木真喂了下去。

次日清晨，铁木真清醒过来，感觉好了许多，发现地上有污血血迹，看见者勒蔑一夜未眠，还没来得及穿衣服，光着膀子站在那里，便用责备的语气问怎么回事。

者勒蔑遂将昨夜前往敌营偷取干马酪之事复述了一遍，铁木真听完有些后怕，担心万一者勒蔑被敌人捉住，泰赤乌人掌握自己的伤情，趁机来袭，后果不堪设想。

者勒蔑看出来了铁木真有疑虑，便给他解释自己之所以光着上身前去，就是为了万一被敌人发现好做应对，可以称自己受到迫害，被剥夺了衣服，只好光着身子来投奔。取得敌人信任后，会乘机夺取马匹逃回来。

听完者勒蔑一番话，铁木真感动得不得了，饱含热泪，拉着者勒蔑的手说："想当年，我家遭遇蔑儿乞人偷袭，困于不儿罕山，你冒险外出打探消息。如今，又不顾安危救我，你前后两次救我性命，我绝不会遗忘你的忠心！"

就在这时，有人来报告，泰赤乌部军队已悄然撤走了，有些百姓来不及逃走，还留在营地。

经过多年征战，此时铁木真的思想已与以往有了很大区别，他开始意识到，如果想要称雄草原，单靠杀戮和抢劫是不行的，要设法争取民心，把部族贵族和普通牧民区分开来，只有这样，才会使得自己的力量得到进一步壮大。

铁木真将自己的想法告诉众人，诸将都表示赞同。于是，铁木真下令赤老温、木华黎、博尔术追击泰赤乌部贵族，要做到除恶务尽。同时，派人安抚泰赤乌部的普通百姓。

赤老温、木华黎和博尔术马不歇鞍地追击，三天后，终于追上了阿兀出把阿秃儿、豁敦斡儿长率领的泰赤乌残部。悄然之间，将他们包围在当中，决定聚而歼之，决不许有漏网之鱼。

赤老温、木华黎、博尔术带军突然杀出，早已是惊弓之鸟的泰赤乌人仓皇之际，来不及组织人马抵抗。阿兀出把阿秃儿、豁敦斡儿长等贵族家族无论妇孺，全部被杀。

剩余的普通百姓眼见贵族们皆战死，便纷纷投降。在乱糟糟之中，铁木真听见有个妇女哭喊他的名字，觉得纳闷，让赤老温循着声音去找。

赤老温很快在人群中找到了她，原来是合答安，在一起的还有她父亲锁儿罕失剌和弟弟沉白，大家久别重逢，喜出望外。合答安本希望铁木真救她丈夫一命，可惜赤老温赶到时，合答安丈夫已死于乱军之中。

赤老温、木华黎和博尔术带领新降的泰赤乌人返回斡难河营地。铁木真得知锁儿罕失剌一家同来，高兴至极，感谢锁儿罕失剌当年的救命之恩，并问道："你们何不早来投奔啊！"锁儿罕失剌说："有赤老温在为可汗效命，我就放心了，至于我老汉，一大家子人不好轻易离开，一不小心牵累族人，岂不是罪过大了，因故迟来一步。"

当看到合答安时，铁木真感慨万千。得知合答安丈夫已死，便提出要娶她做妃子。历经岁月沧桑，已难回从前，合答安婉言谢绝了铁木真的一片情意（《元史》称她为合答安皇后，有所出入）。不过，铁木真此后始终将她看作是家人。至于合答安弟弟沉白，也加入了卫队，留在铁木真身边。

铁木真对一个人牢记在心，他便是向自己射了一箭，差点要了自己性命的那位泰赤乌部勇士，铁木真遂向锁儿罕失剌询问。

此时，只儿豁阿歹就在投降的人群中，知道无法回避，便主动站出来承认。只儿豁阿歹觉得作为一名勇士，岂能毫无价值地去死，遂高声说："可汗现在处死我，不过是溅污一块巴掌般大小的地皮，但若有幸得到赦免不死，日后遇急流拦路，愿替可汗将它截断；如逢坚石当道，愿用脑袋将它撞碎。此后，愿做可汗腰间刀、背上弓，夜间为耳，白日为目。"

只儿豁阿歹的直率打动了铁木真，决定既往不咎，收他做自己的部下。铁木真给只儿豁阿歹取了一个新名字，叫做哲别（意为神箭手）。此后，哲别忠心耿耿，成为铁木真麾下独当一面的大将，被称为"四狗"之一。

及铁木真西征之际，哲别已立下战功赫赫，使得敌人闻风丧胆。他后来独率一支队伍，远征位于今天俄罗斯的钦察草原，死于回归途中，为蒙古帝国立下了不朽功勋。至于锁儿罕失剌，铁木真不忘旧恩，封为千户，锁氏一门俱为高官。

泰赤乌人首领塔儿忽台（即前文中的塔儿忽台乞邻秃黑）侥幸逃脱，成了漏网之鱼，隐藏在北部的密林中。塔儿忽台身边的侍从纳牙阿早就对他不满，眼看他大势已去，便拿下他作见面礼，去投靠铁木真。

塔儿忽台是个超级大胖子，一般马根本驮不动他，纳牙阿父子只好将他捆绑好，放在车上，押往铁木真营地。

草原上根本没有好走的路，车子行动迟缓，没走多远，塔儿忽台的家人追了上来，他们像一群发疯的饿狼，想把塔儿忽台夺回去。要是硬碰硬，纳牙阿父子肯定打不过他们，估摸过不了多久，就被撕成碎片。纳牙阿父亲失儿古额秃急中生智，用刀子抵着塔儿忽台脖子，大声喝道："你要是被抢回去，我们父子横竖一死，不如现在就把你宰了。"

塔儿忽台见状，立刻怂了，马上冲着自家人喊道："我曾对铁木真有恩，到他那里，或许念及旧恩，不会为难我，你们要是强夺，无疑是在给我收尸，又何用呢？暂且回去，切不可轻举妄动。"早年乞颜部和泰赤乌部还在放牧时，有次转移牧场，匆忙之间，年幼的铁木真被遗留在营地，是塔儿忽台给捡了回来。有这段往事，塔儿忽台觉得铁木真不会杀自己。

眼瞅着没法下手，塔儿忽台家人只好悻悻回去了。纳牙阿父子押着他继续前行。走着走着，纳牙阿总觉得有点不对劲，便对父亲失儿古额秃和兄长阿剌黑说："我们就这样把塔儿忽台送给铁木真，他必会认为我们是背恩叛主的势利小人，说不定不接纳我们父子不说，还会将我们处死，不如现在将塔儿忽台放了。"

失儿古额秃觉得有理，便将塔儿忽台放了，一家人径自去投奔铁木真，见面后，对铁木真叙述了前后经过。铁木真听后，觉得很满意，对他们做法表示赞同，并说："如果你们真的将塔儿忽台押来，我定会以犯上作乱的罪名将你们处死，你们不肯这样做，说明尚有忠心，以后安心在我帐中听命。"

早年部族的背离，让铁木真饱尝世间苦难，所以他非常痛恨卖主求荣之人，反而对那些在战场上堂堂正正交锋拼杀的勇士给予敬重。在铁木真看来，忠诚是一种美德，那些今天背叛旧主的人，难保明天不会背叛新主，这种人根本不值得信任。

纳牙阿后来成了铁木真手下一名大将，封为万户。

至此，泰赤乌部彻底退出了历史舞台。泰赤乌部与乞颜部同出于俺巴孩汗，泰赤乌部的消亡，使铁木真少了一个强有力的竞争对手，为他以后称霸草原奠定了基础。

第四节

塔塔儿人的末日

消灭泰赤乌部后，铁木真将征战目标锁定为塔塔儿部。塔塔儿部与乞颜部可谓世仇，塔塔儿人勾结金人，将铁木真远祖俺巴孩汗钉在木驴上致死，铁木真父亲也速该被塔塔儿人下毒暗害，如此大仇，岂能不报？鲜血必须要以同样之物偿还。

塔塔儿人，你们偿还血债的时候到了。

1202年春，铁木真决定攻打塔塔儿人，这一次，他决定永绝后患。塔塔儿人的强悍、狡诈，铁木真太了解了，万一让他们缓过神来，乞颜部此后绝无宁日。彻底铲除塔塔儿人，一方面可以洗刷前耻，保证此后东部边境的安宁；另一方面，相当于斩断了金人伸入草原的一只爪牙（尽管它有时候不听话，反噬主人）。

塔塔儿共分为阿亦里兀惕、备鲁兀惕、察阿安、阿勒赤、都塔兀惕、阿鲁孩六部。经过金人、王罕和铁木真的多次联合打击，塔塔儿人现已虚弱不堪，然而他们内部之间依然内讧不止。

草原上的雄鹰，总不能老活在别人的羽翼之下，此次出征，铁木真没再通知王罕，他决定单独行动。

以往草原上部族作战，有个现象：战况一旦有利，大家都一股脑儿往前冲；万一发现形势不对，就立刻掉头往回跑，主帅根本约束不住。等战争结束后，大家抢夺战利品，完全是靠抢夺的气力。说白了，大家玩命打仗，就是为了争夺金银、女人和牛羊。但是，这一次不同，铁木真觉得要立新规矩。

战前，铁木真召集诸将及各部族头领们开会，宣布此战必须服从统一指挥，任何人不得擅自进退，若首战受挫，待重新集结，再次发次冲击，决不能自行撤离战场。

同时特别强调，战利品不得自作主张掠夺，必须上缴后统一分配，若有人不服从军令，一律斩首。

此次会议具有划时代的意义。毫无疑问，铁木真通过颁布几条法令，进一步压缩了贵族议事会议的权力，可汗的权力进一步扩大。

铁木真对此次消灭塔塔儿之战作了周密部署，他决定兵分两路。铁木真率博尔术、木华黎、博尔忽、赤老温、者勒蔑、哲别等带领主力部队，攻打在答兰捏木儿格思一带，此处有塔塔儿人的察阿安、阿勒赤、都塔兀惕、阿鲁孩四部。另一路由铁木真的叔叔答里台为将，率忽察儿、阿勒坛、合撒儿、别勒古台带一支偏师攻打在兀儿失温河地区阿亦里兀惕、备鲁兀惕二部，设法阻止两地塔塔儿人会合一处。

很明显，按照铁木真的作战思路，答里台负责牵制住阿亦里兀惕、备鲁兀惕，自己率领主力全歼塔塔儿人的主要四部，然后回师，两路部队兵合一处，再剿灭塔塔儿剩余两部，争取一鼓作气，将塔塔儿人彻底铲除。

答兰捏木儿格思一带的塔塔儿四部被突然杀出的蒙古军打得晕头转向，仓皇应战，很快败下阵来，铁木真命令穷追不舍。至阿勒灰河和失鲁格勒只惕河流域，双方再次激战，最终塔塔儿人被歼。

再说答里台、阿勒坛、忽察儿一方面的战事，他们心中对铁木真的部署不满，觉得铁木真将肥肉留给自己，把没油水的差事扔给了他们。按理说，他们只要缠住阿亦里兀惕、备鲁兀惕二部，不让敌人脱身就算达到目的了，但由于心怀不满，所以不等铁木真赶来，他们就单独发起决战，战败敌人后，开始疯狂劫掠，将战利品据为己有。

答里台、阿勒坛是铁木真的叔辈，忽察儿是铁木真的堂兄，他们有恃无恐，自以为铁木真不能拿他们怎么着，根本没把命令当回事。

铁木真得知后，其震怒可想而知，命令刚刚公布，万万没想到自己的长辈带头违反，其风不可助长。虽然不能下令将他们斩首，但绝对不能纵容这种目无纪律的行为，遂命令哲别、忽必来前往，毫不客气地没收了三人的战利品，供大家分配。

事后，答里台、阿勒坛、忽察儿非但没有反省过错，反而愤愤不平，认为铁木真赏罚不公，觉得很没面子。恼羞成怒之下，他们索性偷偷离开，投奔王罕去了。

此战，塔塔儿人除了主力部队被歼灭外，还有大量俘虏。如何处理他们，无外乎两条路，杀了或者放了，没有第三条路。因为在草原上，根本没有设立战俘营的可能，想短期内将他们融为自己的族人，其难度恐怕和指望用双手捂化铁疙瘩差不多。

铁木真召集部族贵族，商讨如何处置塔塔儿人，会议决定将他们全部杀掉。世人皆知，塔塔儿人和乞颜部是世仇，一旦选择放回去，按照草原上血亲复仇的法则，多少年后，一旦塔塔儿人恢复元气，必会再次成为心腹大患。更何况，铁木真先父也速该有临终遗言，将来战败塔塔儿人，要一个不留，统统杀掉。

会议的最终结果是，放过妇孺，罚为奴婢，凡是高过车轮的男子全部杀掉。

不过，对于这种决定，并不是所有人都赞同，这么多活生生的生命一下子全部杀掉，毕竟于心不忍，更何况塔塔儿人和乞颜部里不少人还是姻亲，比如铁木真弟弟合撒儿娶了塔塔儿姑娘；铁木真本人在此次作战中也娶了一名塔塔儿美女——也速干。

会议结束后，大家分头散去，准备进行屠杀行动。别勒古台紧锁眉头走出大帐时，遇到了也速干的父亲也客扯连。也客扯连心中七上八下，不知道铁木真将如何对待塔塔儿人，便迎上去，向别勒古台打听。别勒古台不大赞同铁木真的决定，再加上他为人厚道，便一五一十地将结果告诉了他。也客扯连听完大惊失色，便急忙暗中通知了塔塔儿人，叫他们做好准备。

塔塔儿人得知后，觉得横竖一死，不如豁出去拼了。他们在袖中藏着利刃，然后利用一切障碍物隐藏起来，只等决一死战。

对于这一切，铁木真浑然不知，屠杀行动还是如期行动。当铁木真的军队进入塔塔儿人营地后，遭遇到了前所未有的抵抗。塔塔儿人以勇猛剽悍著称，如今身临绝境，已无活路，都抱着必死的决心。铁木真的部下万万没想到，塔塔儿人意志如此顽强，双方展开了殊死搏斗，铁木真这方伤亡惨重。

此次屠杀行动进行得并不彻底，相当一部分人得以逃脱。其中有些人是拼死杀出去的，也有一部分人是被有意放水逃出去的。比如铁木真给合撒儿分了1000人，但是合撒儿念在塔塔儿人妻子的面上，杀了一半，谎称全部杀光，却将另一部分人藏匿起来，铁木真知道后，勃然大怒。像合撒儿一样的人还有不少，因此相当多的塔塔儿人逃过了屠刀。

后来，铁木真得知是别勒古台走漏了风声，非常恼怒，便下令剥夺了他参会议事的资格。

第五章 父子恩仇

第一节

父子反目

当铁木真如日东升般崛起时，他和王罕的父子情谊也走到了尽头。当你弱小时，或许别人还会帮你，但一旦你的势力强大到让对方受到威胁时，那就是一种罪过，离双方摊牌的日子也就不远了。

王罕其人贪财好利，生性优柔寡断，耳根子软，反复无常，立场不坚定。以前，两人并肩作战，战后铁木真总把战利品的多数让给他，但王罕攻打蔑儿乞人时，却独占了所有的胜利品，没有留给铁木真丝毫。不过，铁木真还是大度地释然了，并没放在心上。

想要在草原上生存，得要心头扎得起刀子，只谈情感会伤人。

王罕和铁木真有过一段父子情深的日子，当初，铁木真孤儿寡母无依无靠，是王罕给了他力量。其后，克烈部发生内乱，铁木真也竭力帮助了王罕，使他重新登上汗位。

然而，这一切都是过去的事了。在以前，王罕和铁木真有共同的敌人，矛盾沉在水下，如今铁木真已经消灭了东方诸部，势力得到空前扩张，王罕开始有些坐立不安了。究其实质，维系克烈部和乞颜部关系的还是利益，一旦没有了共同利益，或者有了利益冲突，两家分道扬镳是早晚的事。

铁木真想继续维持和王罕的情义，或者尽量将摊牌的时间往后拖，因为他觉得以自己目前的势力，还不足以与王罕彻底撕破脸。优柔寡断的王罕一时半会也下不了吃掉乞颜部的决心。况且，王罕现在外有乃蛮部的威胁，内部有不少挑战他汗位的人，他还指望借助铁木真的力量维持汗位。

当初，战败乃蛮人之后，王罕与铁木真重申父子情谊，甚至表示自己的儿子桑昆不成器，弟弟札合敢不资质平庸，希望铁木真和桑昆一起做自己的继承人。或许这是王罕笼络人心的虚情假意，但引起了桑昆的严重不满，加上札木合从中挑拨离间，桑昆对铁木真愈加嫉恨。

对于王罕、桑昆父子的为人，铁木真非常了解。为了缓和双方关系，1202 年冬季，趁着两家在一处营地，铁木真向王罕提出，希望为长子术赤聘娶王罕的女儿察兀儿别乞，并表示愿将自己女儿豁真别乞嫁给桑昆之子秃撒合。

铁木真想通过联姻加强两家的关系，不料遭到桑昆的严词拒绝，他认为铁木真包藏祸心。在他看来，自己的儿子秃撒合将来一定会继承克烈部汗位，这样一来，铁木真可以通过女儿掌控乃至兼并克烈部。至于察兀儿别姬嫁过去，因为术赤血统存疑，不可能继承汗位，故而这桩换亲绝对不划算。

桑昆拒亲，让铁木真感到很不愉快，这件事使得王罕父子之间也出现了裂痕。桑昆随后离开王罕，独自到温都儿山北面的别儿客额列惕一带游牧（位于克鲁伦河入阔连湖之河口以南）。

阿勒坛、忽察儿在征讨塔塔儿人时违反军纪，受到责罚后，跑到克烈部，没多久便和札木合勾结在一起。1203 年春，札木合和阿勒坛、忽察儿一起跑来挑唆桑昆。

札木合对桑昆说："别看现在铁木真口口声声说与王罕情同父子，他早晚会对你们父子不利，如果现在还不动手，将来悔之晚矣。你要是出手，我会帮助你。"阿勒坛、忽察儿在一旁附和说，诃额仑的其他儿子就交给我们对付好了，除掉他们后，将尸体扔到荒野去。桑昆本来就对王罕与铁木真走得太近很不满，尤其是王罕宣布桑昆和铁木真都是他的继承人之后，更将铁木真视为死对头，现在加上札木合的一番煽风点火，哪里再按耐得住。桑昆随即捎信给王罕，希望王罕将铁木真营地和自己的营地交叉安置在一起，然后趁机偷袭铁木真。

王罕不同意桑昆的做法，觉得铁木真屡次帮助自己，现在纵容儿子在他背后下手，实在有点不厚道了，便带话给桑昆："你怎么能图谋我儿铁木真，他救过我性命，你怎么听别人那些中伤之词？我要是违背誓言，会受到天谴的，再说札木合此人朝三暮四，他的那些花言巧语根本不值得理睬。"

桑昆打发去的人遭到王罕的拒绝后，只好回去复命，如此来来去去三四回，王罕都不为所动，他太了解自己这个不成器的儿子，成事不足，败事有余。

桑昆自然不甘心，便亲自出马，跑去鼓动王罕说：“您活着的时候，铁木真已不把我放在眼里，万一哪一天您不在了，他还会容得下我吗？你忍心祖先创建的基业，就这样毁掉吗？”

不过，王罕依然下不了决心与铁木真刀剑相向，他对桑昆说：“我现在须发皆白，只想安度残年，过几天安分日子，希望你别再节外生枝了。”

桑昆见王罕死活不同意，气得摔门而出。毕竟是骨肉亲情，王罕见桑昆如此执着，最终还是动摇了，表示同意桑昆的做法，但临了不忘告诫他，如果执意与铁木真闹翻，引发的一切后果由他自己来承担。

在桑昆父子还在争执不下时，札木合已经迫不及待了，为了迫使桑昆早下决断，他暗中命人纵火焚烧了铁木真的草场。

与铁木真两军对阵，桑昆自知没有必胜的把握，便设下鸿门宴，让人带话给铁木真，假称现在已回心转意，决定同意两家联姻，希望铁木真早点前来，将婚事定下来。桑昆的谋划是，一旦铁木真前来，马上拿下，擒贼擒王，只要铁木真在手中，其他人不足为虑。

铁木真接到消息后，觉得峰回路转，事情出现意外转机，自然是再好不过了，便带上十名随从前去赴宴。走到半道上，路过蒙力克营地，铁木真打算先投宿一夜，次日再上路。

夜间闲聊时，铁木真谈到了此行的目的，蒙力克心思缜密，听后立马指出：“其中必有诈，要是桑昆同意婚事早就同意了，为何当初拒绝，现在又忽然同意了呢？如此蹊跷，不由得让人怀疑桑昆是否真诚，还是别去赴宴为妙，大可向他推辞称，现在正赶上春天，马很虚弱，等马坐膘了，再来商讨。”

铁木真听完，觉得很有道理，便取消了行程。桑昆左等右等，不见铁木真前来。后来，铁木真身边的两名亲随不合台和乞剌台前来，代替铁木真致歉。

桑昆反应过来了，自己的阴谋诡计被识破了。

事已至此，桑昆决定发动突袭，召集克烈部大小头目开行动会议。会后，阿勒坛弟弟也客扯连回到家中，对老婆阿剌黑亦惕谈起袭击铁木真的事来，称要是发现谁敢把消息透漏出去，必有重罚。阿剌黑亦惕一听，马上说：“你赶紧闭嘴吧，万一别人听见你说的话，不是给自己找麻烦吗？都会认为是你传递了消息。”

两人交谈时，没料到隔墙有耳，一名叫巴歹的牧马人恰好前来送马奶，在帐外将他们夫妻的谈话听得一清二楚。回去后，他告诉了同伴乞失里黑。乞失里黑听后，也去打探消息，只听见也客扯连的儿子纳邻客延一边磨箭一边自言自语说："谁要是敢把会上说的话走漏半点风声，我要立刻割掉他的舌头。"乞失里黑听后，吓得赶紧往回走，没多久，纳邻客延吩咐他准备两匹好马，称第二天要用。

或出于对桑昆的不满，或基于对铁木真的同情，两人一合计，决定赶紧将消息带给铁木真。当天夜里，他们杀了一只羊羔，烤熟供路上吃，然后趁着夜色快马加鞭，一路疾驰，赶到铁木真营地，将克烈部要来偷袭的消息告诉给铁木真。

铁木真听后，感到事态严重，立刻召集族人，下令扔掉一切不必要的东西，立马向东部转移营地。

第二节

哈兰真沙陀之战

铁木真率领族人匆忙转移，他命令者勒蔑率领一支队伍殿后，自己带领主力人马继续前行。次日中午，来到卯温都儿山之北哈兰真沙陀之地（内蒙古自治区乌珠穆沁旗北），已是人困马乏，便让大家在附近一处林地进餐，稍作休息。不知不觉，已是日近黄昏。

铁木真一行走得快，马群落在后面，铁木真侄儿阿勒赤歹的两名牧马人（分别名叫赤吉歹、牙的儿）负责看管马匹，他们边牧边走，速度不是很快，忽然发现身后扬尘四起，王罕的军队追了上来。两人随即快马加鞭，赶来向铁木真汇报。

铁木真此时手下的军队不过五千人，而王罕所率领的除了克烈部主力外，还有札木合的人马以及归降王罕的阿勒坛、忽察儿的部属，加起来总兵力远超过铁木真数倍都不止。

尽管人马远比铁木真多，不过王罕知道他这位义子不好惹，并没有必胜的把握，两军对垒之际，心里多少有些发怵。王罕想到札木合和铁木真在一起多年，对铁木真的底细肯定很了解，便问他，铁木真军队现在的战斗力咋样。

札木合指着铁木真的阵型说，站在队伍最前面黑旗、花旗底下的是兀鲁兀惕人与忙忽惕人，他们自幼作战，战斗力很强悍，面临大战进退自如，军纪井然有序，打起仗来不要命，实在不可小觑，一定要当心，当作重点来防守。

其实，这两部人马本来属于札木合，当初就是因为看不惯他的倒行逆施，才离他而去，投奔了铁木真。

王罕听后，便命令自己部队中的精锐之师——合答吉率领的只儿斤部落全力阻击兀鲁兀惕人与忙忽惕人，同时命阿赤黑失合率领土绵上别干部、斡孪董合亦惕部、豁里失列门率千人卫队相继发起冲击，最后由王罕率领主力发动总攻。

作完战争部署之后，王罕还是觉得有点底气不足，便对札木合说，要不札木合安答你来担任总指挥？但札木合立马推辞了。

有的史书说，札木合跟铁木真的数次战役，败多胜少，因此没有底气指挥跟铁木真的作战，同时，对王罕这种临阵发怂，没有担当的做法十分鄙视。但接下来奇怪的是，札木合竟然暗中将王罕的作战部署派人透露给了铁木真。

这看上去实在难以自圆其说，逻辑上说不通。札木合千方百计挑起王罕和铁木真的战争，王罕主动把指挥权交出来，按照常理，札木合应该大喜过望，然后立马接过军权，亲自痛击铁木真才对。或者觉得自己没有战胜的把握，也应该全力协助王罕才对。退一步说，就算置身其外，做个旁观者，也不该把己方的情报透露给铁木真！如果这样，他以前所做的种种努力，不就全白费了么？

或许有人说，札木合终究念在与铁木真的童年安答友谊，不忍心将其置之于死地。这种看法实在不值一驳，对政治人物来说，在发展个人权势方面，所谓友谊根本不足挂齿，更何况现在札木合与铁木真早已势同水火。

那么，札木合为何这样做？

其实答案很简单，札木合根本不愿意看到王罕全胜，要是铁木真被彻底消灭，王罕实力大增，必将全面扩张，届时他再没有任何利用价值，在草原上将无处容身。因此，对他来说，最好的结局是王罕和铁木真两败俱伤。铁木真被击败，王罕被削弱，这样他就好在夹缝中游刃有余，趁机壮大自己的势力。

此时，铁木真也在排兵布阵，考虑到敌我实力悬殊，他觉得必须打好第一仗，设法从气势上给敌人造成震慑，便命兀鲁兀惕部首领术赤台为先锋打头阵，术赤台还没来得及应答，忙忽惕部首领畏答儿抢先表示愿首场冲锋。畏答儿向铁木真发誓，他保证会把战旗插到克烈部人身后的高岗上，并提出万一自己命丧沙场，拜托铁木真照顾他的遗孤。畏答儿的一番话感染了术赤台，他慷慨表示，兀鲁兀惕部愿和忙忽惕部一起冲锋，与敌人血战到底。

两人说完，随即安排本部人马，做好应战准备，此时，王罕手下的只儿斤部已经杀了过来。双方奋力厮杀，最终只儿斤人战败往回撤。畏答儿和术赤台岂能就这样放过，便驰马追击。畏答儿艺高胆大，横冲直撞，穿过敌人队伍，一鼓作气，将战旗插到了敌人后方的阙奕坛山岗上，夕阳余晖映衬着军旗，看上去光彩夺目，畏答儿此举无疑大大鼓舞了士气。

畏答儿冲下山岗，再次杀入敌阵，阿赤黑失仑率领的土绵土别干人半道杀出，畏答儿猝然之间来不及躲闪，被阿赤黑失仑刺下马来。忙忽惕人见状，急忙冲上来，围住畏答儿，防止他落入敌手，就在此时，术赤台率领兀鲁兀惕人杀到，奋力将土绵土别干人击退。

术赤台越战越勇，接连挫败了斡孛董合亦惕部、豁里失列门率千人卫队发起的冲击。

眼看克烈部发起的数次冲锋皆被击退，桑昆再也沉不住气了。此次作战是他一手发动起来的，接二连三的失败使得克烈部上下倍受挫折，以数倍人马打不过铁木真，怎么都说不过去，而且目前是最佳战机，绝不能再这样耗下去。

气急败坏的桑昆没来得及向王罕请战，便径自带领一队人马冲了上去。就在此时，一支箭冲桑昆射了过来，桑昆躲闪不及，被射中腮帮，顿时血流不止，跌下马来。克烈部人急忙围住他，免得被对方生擒。

本来按照王罕的部署，前四次冲击结束后，由他下令主力部队发起总攻。虽然术赤台勇猛无比，但经过前四次的冲击以后，若再有大规模的攻击，很难再招架得住。但是没料到，桑昆凭空添乱，克烈部人自乱阵脚，冲击力自然就减弱了。

桑昆是王罕的独子，虽然父子俩因意见不合常常闹别扭，但毕竟父子天性，王罕舐犊情深，眼看桑昆中箭落马，心中早已乱了方寸，此时顾不了其他，只想把儿子抢回来，便下令众将发起冲锋，抢回桑昆。好在桑昆只是被射中腮帮，暂时性命无忧。

此时已是日暮时分，天色将晚。王罕手下阿赤黑失仑劝他道："现在铁木真已遭重创，不足为虑，重要的是先救桑昆。"爱子受伤，王罕心乱如麻，已无心再战，便下令撤退。

看着渐渐远去的克烈部人，铁木真终于长吁了一口气。虽然此战抗住了王罕父子的进攻，但铁木真也付出了惨痛的代价。

战争结束后，已是夜色正浓。为了防止王罕杀个回马枪，铁木真下令立即趁着夜色转移，走了很长一段路以后才下令就地休息。

《元史》和《蒙古秘史》皆称，哈兰真沙陀之战铁木真大胜王罕，其实这多少有为尊者讳的意思。其实此战，铁木真是以惨烈的牺牲为代价，保全了自己。

激烈的战争和长途的跋涉使得全部上下疲惫不堪，听到命令后，大家很快进入梦乡，由于尚未完全摆脱王罕的追击，夜间都不敢生火，至于此战到底牺牲了多少，铁木真心中也没底。

次日凌晨，铁木真命令统计战斗伤亡，结果发现三子窝阔台、爱将博尔术、博尔忽不见踪影。

回想起昨天惨烈的战争，他们是生是死，谁也说不准。一种不祥感笼罩在众人心头，但谁也不敢出声，唯有铁木真坚定地说："博尔术、博尔忽勇冠三军，他们与窝阔台必定会生死相依！"是的，从内心里，铁木真不愿意相信这几位至亲的人就这样离他而去。

天色渐渐发白，在晨曦里，有一人从远处骑马缓缓而来，待至近处，发现是博尔术。铁木真又惊又喜，问起昨日经过。博尔术称他和博尔忽护着窝阔台一起杀入敌阵，没想到自己的马中箭倒地，就在这千钧一发之际，恰好桑昆也中箭，克烈部人忙着救桑昆，没顾上捉拿他，于是趁机抢了一匹敌人的托运马匹，卸掉马背物品，飞身上马，冲杀出重围，不经意间迷失了方向。

就在和博尔术谈话之时，远处又来了一匹马，马上端坐一人，另有一人横搭在马背上。走近之后，发现是博尔忽，口角满是污血，窝阔台受了重伤，还在昏迷之中。

原来两军交战时，窝阔台颈部被敌人射中，幸亏博尔忽拼死相救，才得以突围，博尔忽帮助窝阔台吸干瘀血，休息一晚，终于赶上了主力部队。

劫后重逢，自然喜出望外，为了防止伤口化脓，铁木真亲自将烙铁烧红，替儿子烙伤口杀菌消毒，给他喂了些马奶，经过一阵调养，窝阔台渐渐得以恢复。

尽管从博尔忽口中得知，王罕率领的克烈部已沿着卯温都儿山南撤离，但铁木真依然不敢大意。他知道王罕此人耳根软，变化无常，于是稍作休整以后，继续向东转移。

一路东行，最后到达答兰捏木儿格思草原，此地位于捕鱼儿湖（即贝尔湖）南的讷墨尔根河流域，已经快要濒临大兴安岭西坡，这里水草肥美，而且靠近密林，可牧可猎。铁木真已经退到了蒙古最东部的边界了，再往东就要进入金朝东北的国界了，便决定在这里休养生息，等待东山再起。

就在铁木真处于人生低潮之时，塔儿兀惕部的合答安答勒都儿罕抛下妻儿，从王罕处来投奔。合答安答勒都儿罕本早投靠了铁木真，在乞颜部和王罕合营之时，就和部分族众转到了王罕帐下，如今他看到王罕背信弃义，心中不耻，便率众来投。合答安答勒都儿罕详细介绍了王罕军中的情况，铁木真得知克烈部无意再攻击他，心头一直紧绷的弦总算放松下来。

然而，形势依然很严峻。哈兰真沙陀一战损失惨重，加上迁徙途中不断有族人走失，铁木真现在只剩下 2600 人了。为了使族人们生存下去，铁木真号召大家一起去打猎，找到一切可以吃的东西，现在生存是压倒一切的首要任务。

为了减小压力，他将队伍分成两部分，各自单独去狩猎。畏答儿在哈兰真沙陀之战中受重伤，尚未痊愈，但他生性要强，不愿坐享其成，硬要和大家一起去围猎，结果在打猎中伤口崩裂，最终没有抢救过来，铁木真将他安葬于哈拉哈河畔之斡顺帆山山坡之上。铁木真后来追封畏答儿千户，子孙世袭不绝。

在休整期间，铁木真派术赤台前去招降位于哈拉哈河入捕鱼儿湖河口地区的弘吉剌部。这部分族人在两名叫帖儿格、阿蔑勒头领的带领下在此游牧。

弘吉剌部以出美女在蒙古草原上享有盛誉，其本身战斗力很弱，唯有靠和各部联姻在夹缝中生存，他们很快投降了铁木真。

经过一段时间的休养生息，铁木真渐渐恢复了元气。

第三节

王罕之死

为了麻痹敌人，避免与克烈部过早摊牌，也给自己争取发展时间，铁木真派以能言善辩著称的阿儿孩合撒儿和速格该者温为使，到克烈部做说客。

阿儿孩合撒儿和速格该者温出发前，铁木真给他们交代了要略，此行的目的很简单，不指望和王罕父子冰消前嫌，只要克烈部内部的裂痕进一步扩大，让他们相互猜疑，无法集中精力对付自己就行。

阿儿孩合撒儿和速格该者温抵达克烈部汗廷后，按照铁木真交代的方略与王罕展开交涉，重点是两个方面：一是回顾也速该、铁木真父子二人与王罕的情义，历数他们多次帮助王罕，使他转危为安，恢复汗位；二是诉述铁木真心中的委屈，巧妙替王罕解脱，指出王罕与铁木真冲突肯定不是出自他的本意，必然是受了小人的挑拨。

王罕本来柔肠寡断，生性多变，听完二人一席话，自知理亏，心生惭愧，当即表示，攻打铁木真不是他的本意，完全是别人从中作梗，谗言离间他和铁木真的父子之情，表示同意和铁木真言和。

札木合、桑昆得知王罕愿与铁木真言和，表示坚决反对。王罕只得打发阿儿孩合撒儿和速格该者温先去回复铁木真。速格该者温因家眷在克烈部，只好留下来，阿儿孩合撒儿一人回去复命。

使者临走前，王罕当着他的面，用刀割破小指，将血滴入一个桦皮小袋中，交给他，并起誓说："我要是以后再做对不起我儿铁木真的事，犹如此出血。"

王罕的做法引起札木合、桑昆的强烈不满。札木合、阿勒坛、忽察儿本来背弃了铁木真，一旦克烈部和铁木真言和，他们将无法在王罕处容身。于是三人便暗中策划干掉王罕，取而代之，将克烈部掌握在自己手中，没想到计划还没实施，密谋泄露，三人只好连夜遁逃，投奔西方乃蛮部太阳汗去了。

桑昆根本听不进王罕的劝告，执意要发动对铁木真的攻击。

铁木真得知后，为了避敌锋芒，决定向班朱尼小湖（即浑浊的水塘之意，《史集》称巴勒注纳，《圣武亲征录》称班朱尼河，在今呼伦湖西南）转移。

在转移途中，又有不少部众离铁木真而去，但铁木真钢铁般的意志支撑着他，没有露出丝毫的颓唐。此时，当初在遭王罕追击之时，半道上走散的哈撒儿（《史集》称他为拙赤哈撒儿）也找到了铁木真，兄弟二人重逢非常高兴。

在遭到王罕追击之时，哈撒儿一家落在了后面，妻儿家眷被王罕掳走（《元史》称哈撒儿当时与铁木真分居，驻牧于哈剌浑山，被王罕劫虏走妻儿），哈撒儿和小儿子脱虎二人逃脱。一路上，没有任何吃食，爷俩靠掏鸟蛋维持生命，终于赶上了铁木真。

短暂的欢乐之后，众人心头依然愁云密布，因为铁木真也早已粮绝。就在此时，远处有一匹野马疾驰而过，哈撒儿见状，立刻上马去追，弯弓如满月，一箭射去，野马中箭倒地。

铁木真命人取水煮食野马肉，众人吃毕，铁木真高举手中浑浊的班朱尼湖水，以水代酒，与众人起誓，将来成就大业，定当与在场诸位同甘共苦。若违背誓言，当如这浑浊之水。诸将十分感动，皆将浑水一饮而尽，表示誓死不会背离铁木真。

班朱尼湖共饮盟誓的有十九人，其中有远道投奔铁木真的札八儿火者（又名阿刺浅，阿拉伯裔），回族人玉速阿剌（元朝散曲大家玉元鼎之祖）和哈散纳（又称作阿三，或称作哈撒哈只）等，这些人后来都成为蒙古帝国的开国元勋，备受铁木真及其子孙之荣宠。

患难之际见真情，正是由于有了这些不离不弃的忠诚勇士们，铁木真在多次人生沉浮后，依然能够卷土重来，终成大业。

这十九名人中，既有蒙古人，也有契丹人、畏吾儿人、回回人，可以看出，铁木真周围汇聚着来自四海的人才，显示出了他海纳百川、唯才是用的宽阔胸襟。

在这里需要重点介绍一下哈散纳，他本是花剌子模商人，四海经商。铁木真在班朱尼湖陷入困境之际，哈散纳正骑着一匹白骆驼，驱赶着上千只羯羊，自汪古部（游牧于长城北境一带的部落）沿额尔古纳河而来，打算前往外贝加尔湖泰加森林边缘地区，用羊换取貂皮和松鼠皮等皮货。当他路过班朱尼湖时，被铁木真刚毅的精神所打动，当即决定放弃经商，加入铁木真的队伍，并将自己的羊群贡献给铁木真。

哈散纳的资助使得铁木真摆脱了困境，哈散纳后来对铁木真忠心耿耿，立下汗马功劳。后来在西征之时，充当使者，遭到杀害。

在这期间，豁鲁剌思部斡思察罕率部来投奔铁木真。与其同时，当初和扎木合、阿勒坛和忽察儿一起投奔王罕的答里台，因为不想追随札木合逃往乃蛮部，返了回来，要求重归乞颜部。答里台在离开的这段日子里，没有做对不起铁木真的事，故而铁木真原谅并重新接纳了他。

至1203年秋，许多以前的族人又陆续返了回来，投奔到铁木真麾下，铁木真的势力得到了快速恢复和壮大。

1203年，对铁木真来说是生死攸关的一年，在这一年中，他经历大起大落，但最终还是挺了过来。接下来，他将面临如何应对克烈部人。

铁木真觉得，他和王罕父子间这些年的恩恩怨怨是时候该作个了断了。克烈部由于内部分裂，遭到削弱，乞颜部也有所壮大，不过要是正面交锋，铁木真觉得还是没有多少胜算，所以他打算对克烈部进行智取。和弟弟合撒儿商议后，铁木真决定让他去诈降，然后趁王罕放松警惕之际，出其不意地杀出，一举歼灭克烈部。

一切按照计划进行，王罕接见了合撒儿派来的两位使者——合里兀答儿和察忽儿罕，二人声称合撒儿找不到铁木真，已经走投无路。现在听说自己妻小在王罕处，恳请王罕能够慷慨收留他。

王罕也自认为如今铁木真穷途末路，所以对哈撒儿的投诚没有产生怀疑。他热情招待了两位使者，让他们带话给哈撒儿，要他思想上不要有任何顾虑，克烈部的大门永远为他敞开，欢迎他来投奔。为了表示自己的诚意，王罕命亦秃儿坚为使，代表自己去迎接哈撒儿。

行走在半道上，亦秃儿坚发现了铁木真军队的踪迹，立刻觉得不对劲，马上调转马头，想跑回去报告王罕，可惜为时已晚，他遭到拦截后被处死。

军贵神速，为了防止王罕提前觉察，铁木真下令大军全速前进。克烈部当时驻扎在者折额儿温都儿山附近的折儿合卜赤孩峡口。蒙古军突然杀出，克烈人只好仓促应战。

不过克烈部毕竟是称霸草原的大部族，短暂慌乱之后，很快进入了战斗状态，拼死抵抗。战争整整进行了三天三夜，最终克烈部不敌战败，只好投降。铁木真下令清点人数时，发现王罕父子趁着两军混战之际，早已溜之大吉了。

铁木真没有忘记在遭到克烈部偷袭之时，是巴歹和乞失里黑提供了关键情报，他才得以逃脱。战争结束后，铁木真对他们进行了重赏，将王罕帐内的金银器物以及仆人都赏给了他们。铁木真动情地说："巴歹和乞失里黑对我有救命之恩，我的后世子孙永远不会忘记他们立下的功劳。"铁木真从来不吝啬对部下的封赏，赏罚分明，这是他能够获得众人拥戴并最终取得成功的秘诀之一。

在此次战斗中，王罕手下的骁将合答黑作战非常勇敢，正是他的护送，王罕父子才得以从铁木真手中逃脱。战斗到最后，合答黑也被俘虏，他坦然承认，是他放走了王罕父子。铁木真很欣赏合答黑这种忠诚于君主的品质，他非但没处死这位给自己军队造成重创的敌军将军，反而下令赦免了他，并授予百户职位。

对于归降的克烈部人，铁木真将他们封赏给有功将士，让他们尽力融入到乞颜部当中。相比塔塔儿部遭灭族的悲惨命运，克烈部无疑是幸运多了。

王罕仓皇出逃之后，一路往西，狼狈不堪，东躲西藏，心中又悔又恼，既为听信儿子桑昆的谗言袭击铁木真而悔恨，又为残烛之年无家可归而忧愁。本来他拥有草原上强大的部族，只因桑昆，这个成事不足、败事有余的儿子，害得自己现在一无所有。想到这里，王罕气不打一处来，不由得抱怨起桑昆来。

桑昆自然不会承认是自己的错，反而怪王罕瞻前顾后、优柔寡断，才落得目前的局面。在桑昆看来，要是王罕早点听自己的话，果断出手，说不定铁木真早就被消灭了，哪会沦落到今天的地步。

父子俩就这样一路相互埋怨，抵达涅坤河河畔，此处是克烈部和乃蛮部的交界处。口干舌燥的王罕顾不了王者风范，看见水流湍急的涅坤河就想喝水。

乃蛮部的边哨很快发现了王罕，以为他是奸细，将他抓了起来。王罕辩解自己是克烈部的汗，乃蛮部守将叫豁里速别赤，他看了看眼前这个头发蓬乱、污垢满面的糟老头子，哪里会相信他就是王罕，便懒得和他废话，一刀结果了王罕的性命。

可怜王罕这位曾经叱咤草原的一代风云人物，就这样稀里糊涂地死在了一个不知名的小人物手里。

王罕被杀的风言风语传到了乃蛮部太阳汗的耳中，他本来懒得理会，可是他的王后古儿别速（本是太阳汗父亲的侧妃，太阳汗即位后，将她收为己有）好奇心强，想弄个明白，太阳汗只好让豁里速别赤将首级带到汗廷来。

乃蛮部和克烈部之间常有使节往来，所以不乏有认出王罕的人。确认死者确实是王罕后，太阳汗觉得手下人办事太鲁莽，像王罕这样一位大部落可汗，就这样不明不白地死了，太过于窝囊了。太阳汗和古儿别速便为王罕举行了一场隆重的追悼典礼。

在悼念会上，王罕的脑袋被镶上银子，安置到太阳汗本人的宝座上，供臣下们悼念。王罕追悼会在非常肃穆的氛围中进行，乃蛮部的文武百官面向王罕脑袋行礼如仪，一切有序地进行着。或许是太阳汗一时老眼昏花，猛地觉得王罕似乎在冲着他冷笑。一瞬间，太阳汗被吓得出了一身冷汗，如此诡异的事让他不得安宁，索性命人将王罕脑袋取下来，使劲将它踩碎。

再说桑昆，因为不愿听王罕唠叨，在乃蛮边境与父亲分道扬镳，到处流浪，经常半饥半饱，过着跟野人差不多的生活，但还不忘端着克烈部汗位继承人的架子。他手下的牧马人阔客出实在受不了这种生活，便和妻子商议，打算投奔铁木真，不过其妻并不赞同，他便劫持了桑昆的马，独自去投奔铁木真。

铁木真素来痛恨背主行为，下令将阔客出拖出去斩首。

没有了马的桑昆，只好靠两条腿了，先逃到西夏边境，靠打家劫舍混饭吃，但没过多久，便遭到西夏的驱逐，只好转移去了西部畏吾儿地界，继续在那里靠抢劫活命，没过多久就命丧畏吾儿人之手，死在大漠绿洲。

就这样，克烈部这支曾经不可一世的草原大部落的王系传承中断了。随着王罕父子的相继死去，他们与铁木真的恩怨情仇也彻底烟消云散了。

不过克烈部人的故事并没有完，克烈部不少人后来在蒙古帝国担任要职。王罕的弟弟札合敢不与铁木真曾经有过一段不错的交往，他有两个女儿，一个叫做亦巴合别乞，嫁给了术赤台（她先嫁给铁木真，铁木真因梦觉得不祥，将她改嫁给了术赤台），另一个嫁给了铁木真的幼子拖雷，她便是蒙古帝国历史上赫赫有名的唆鲁禾帖尼太后。

唆鲁禾帖尼与拖雷先后生下了四个儿子，分别是蒙哥、忽必烈、旭烈兀、阿里不哥，其中蒙哥、忽必烈、阿里不哥先后成为蒙古帝国的大汗（忽必烈和阿里不哥曾经对峙称汗，阿里不哥后被忽必烈击败），忽必烈和旭烈兀各自创立了大元帝国和伊利汗国。

唆鲁禾帖尼的四子称王，这样的事在中国史乃至世界史上都比较罕见，她对蒙古帝国的走向产生了深远的影响。

第六章
称汗、伐金

第一节

讨伐乃蛮

克烈部的灭亡，意味着铁木真已经据有了蒙古草原的东部和中部地区，现在剩下的对手就只有盘踞在西部的乃蛮部。与乃蛮一战，看来在所难免。

乃蛮部偏安西部一隅，很少参与到蒙古草原诸部的斗争。太阳汗本人生于深宫之中，长于妇人之手，根本没经过什么征战，完全是靠祖宗打下的一片基业，只知坐享其成。与英武有为的其父亦难赤必勒格相比，太阳汗完全是个酒囊饭袋，但他还不自知，狂妄自大。

假如在铁木真与克烈部相争之际，太阳汗果断出手，参与其中，与克烈部兵合一处，其时天下局势未定，胜负难料，或许历史将是另外一种结局。可惜他根本没有这个魄力，只是眼睁睁看着铁木真把草原上的部落一个个吃掉，却无动于衷。

那些在与铁木真斗争中失败的诸部族头领或贵族们，都不约而同地跑到了乃蛮部，太阳汗收留了他们。这些人无不希望借助太阳汗的力量，重新夺回他们失去的权力和土地。他们中有札答阑部的札木合、蔑儿乞部的脱黑脱阿父子、克烈部的阿邻太师、斡亦剌惕部首领忽都合别乞，还有塔塔儿、合答斤、山只昆等部的遗民。

有了这些残兵败将的加入，太阳汗自以为兵强马壮，根本不把铁木真放在眼里。老将可克薛兀撒卜剌黑劝太阳汗切不可轻敌，不要无故挑起战端。

只有经历过战争的人，才知道战争的残酷和可怕，但太阳汗根本听不进去。王后古儿别速和太阳汗是同类人，她用轻蔑的语气说：“乞颜部的人满身污垢，浑身散发着膻味，打败他们后，分给我做奴隶，我可不要，最多就是选几个眉清目秀的女孩子，洗净了手，给我挤牛奶和羊奶去。”

太阳汗听完古儿别速的一番话，男人的自尊心被激发出来了，他信心满满地说："我要亲自率兵攻打乞颜部，将他们的箭筒、弓矢全部夺回来！"

太阳汗决定先派人到汪古部寻求联合，两家一起攻打铁木真。汪古部与乃蛮部有姻亲关系，他自认为汪古部一定会帮助自己。汪古部与乃蛮部同属突厥裔，两家都信仰景教，关系一直非常密切。汪古部长期以来驻牧于长城北一带，依附于金人，替金朝守护北部边疆，不过汪古部的势力比较弱小。

太阳汗派了一名叫做脱儿必塔失的使者到汪古部，对其首领阿剌忽石帖勤忽里称："天上只有一个太阳，地上不能有两个汗王，听说东边出了个新王（指铁木真）。你跟我一起出征，夺掉他的箭筒，剥夺他的称号。"

阿剌忽石帖勤忽里不像太阳汗那样狂妄无知，他做事头脑很冷静，对铁木真这些年东征西战的战绩有所耳闻，经过一番分析，他认为太阳汗不是铁木真的对手。阿剌忽石帖勤忽里觉得与其跟着愚蠢的太阳汗和铁木真结怨，还不如趁机与乞颜部交好。一不做二不休，汪古人派了名为月忽难的使者去通报铁木真，告诉他做好准备，乃蛮人准备来袭。

时在1204年初春，铁木真正在帖蔑延之野（意为"骆驼草原"）狩猎，得到汪古部捎来的消息，立刻下令停止打猎，召集众将领商议如何应对乃蛮人。不少人提出现在正值春季，马匹羸弱，而乃蛮人在数千里之外，不适合远征，不如等到秋后，那时马儿膘肥，再行征讨乃蛮，也不算晚。

虽然这种意见符合客观事实，不过在冠冕堂皇的理由背后隐含着另外一层意思：乃蛮人兵强马壮，不可劳师远征，不如避其锋芒，另做打算。

当然铁木真也听出其中的潜台词了，他还没来得及表态，弟弟别勒古台和帖木格站出来说道："与其被动等敌人上门，还不如立即出击，远征乃蛮人。"两位弟弟说出了铁木真的心声，遂下令立刻着手准备远征乃蛮部。

出征前夕，铁木真对以往的军事机制进行了改制。他以组建十户、百户、千户，又按级别相应地设立了十户官、百户官、千户官，同时从百户官、千户官子弟中选拔优秀者组建了怯薛军（即侍卫部队）。

通过制度和机构的完善，铁木真将以往以部族为单位的松散军事机制强化成一支战斗纪律严明的部队，弱化了各部族头领的权力，进一步强化了自身的权力。

1204年夏初，铁木真举行完祭旗仪式，正式宣布西征乃蛮。铁木真任命哲别和忽必来为先锋官，沿克鲁伦河而上，至土拉河流域，紧接着进入鄂尔浑河流域和杭爱山东部，抵达撒阿里之野（意为“驴背草原”）。蒙古大军从鄂尔多斯草原出发，至乃蛮驻地直线距离有三千多里，道路行程难免往复曲折，因此路途距离应不少于五千里。如此遥远的距离，大军只能边游牧边前行，行军速度肯定快不了，抵达撒阿里草原时，已是当年秋季。

此时，太阳汗也已率领乃蛮大军越过金山（今阿尔泰山），驻扎在杭爱山附近的哈瑞河畔，两军遥望在即。乃蛮人捕获了一匹从乞颜部那里逃脱走失的马，发现它非常瘦弱，遂觉得乞颜部实力羸弱，没什么了不起。确实，铁木真的大军从遥远的东方一路跋山涉水而来，历经艰险，马匹瘦弱本不出意外。客观地说，乃蛮部无论从哪个方面都占据优势，主场作战，以逸待劳，而且人数远多于乞颜部。对铁木真来说，形势非常严峻。

太阳汗洋洋自得，自以为胜券在握，大有灭掉铁木真之意。

大将朵歹扯儿必向铁木真建议说：“敌众我寡，加上我们远道而来，人马皆疲惫不堪，且不能急于与敌人速战，先让士卒们做好休整，然后再与敌人作战也不迟。同时，为了迷惑敌人，多制作一些假人散布在军营之中，晚间让每个战士放五堆火，让他们误以为我们人多势众，不敢轻易攻击我们。等战马吃饱，战士体力恢复后，直接攻打敌人哨所，故意任其溃逃。他们跑回乃蛮军营，一定会动摇敌人军心，产生慌乱，我们趁机杀出，必能大获全胜。”铁木真听后非常赞同，传令下去，一切按照朵歹扯儿必的计谋进行。

夜幕降临之时，在杭爱山高处的乃蛮人哨所卫兵发现整个原野上一望无际的都是篝火，犹如天上的繁星，心中开始发怵，不知乞颜部到底来了多少兵马。

哨兵赶紧跑回去汇报侦查到的军情，太阳汗听后，立即召集众人商议对策，并向大家宣布了自己的应敌方案。按照太阳汗的规划，应该采用诱敌深入的策略，先带领大军翻越金山，然后在运动中逐渐消耗敌人力量，最后给予敌人致命一击。

客观地说，太阳汗的作战计划有可取之处。铁木真大军远道而来，已是疲惫不堪，而且地形不熟，乃蛮部完全可以采用拖延战略，利用有利地形，不求一战解决，而用逐渐削弱的方式将乞颜部消灭。这对于主场作战的乃蛮人来说，无疑是有利的。

但是太阳汗的提议很快遭到了部下们的反对，尤其是将作战方案传达给太子屈出律时，血气方刚的屈出律公然嘲笑父亲怯懦，称他最远没去过孕妇撒尿的地方，连牛犊吃草的草场是何样子都没见过，敌人的样子都没看清，就开始吓得想撤退了。

太阳汗听说后，气得没办法，但作为乃蛮部的可汗，临阵撤兵并不是什么光彩的事，只好气呼呼地说："但愿他在两军交锋的时候，作战本领也像他的嘴皮子一样厉害，别只顾逞口舌之快。"

其实岂止屈出律嘲讽和反对，乃蛮部有些将领也牢骚满腹。大将豁里速别赤当着太阳汗的面说："你的父亲，乃蛮的先汗王亦难赤必勒格从未将他的士兵的后背和战马的屁股丢给敌人（意思是逃跑），现在你当家作主了，还没开战，就胆怯成这样，还不如让古儿别速妃来统领大军算了。可惜可克薛兀撒卜剌黑已老了，乃蛮军中无人啊！"豁里速别赤说完，看都不看太阳汗，径自上马走了。

凡是一个正常男人，岂能受得了儿子和部下的轮番羞辱，太阳汗好歹也是一国之君，事已至此，只能硬着头皮下令大军拔营。军队渡鄂尔浑河，一路向前，抵达纳忽山东坡（大概是哈剌和林和豁润才旦以北的纳莫合山或附近的山崖）前的察乞儿马兀惕之地。

蒙古侦查哨兵觉察到了敌情，立刻返回通报。

铁木真获悉后，立刻着手排兵布阵，自任前锋迎敌，哈撒儿为中军，帖木格殿后。

因为两军属于初次交锋，对彼此不太了解，所以刚开始是小规模的试探性冲突，并没有展开大规模的战斗。

初战，乃蛮人并不顺利，太阳汗下令放弃察乞儿马兀惕之地，大军暂退至纳忽崖扎营。太阳汗隐隐约约觉得不安，心中涌起一种不祥之感。此时札木合就站在太阳汗身边，他便向札木合打听铁木真的底细。

于是出现了戏剧性的一幕，札木合以极其夸张的语言，形容了铁木真军队之勇猛，彻底瓦解了太阳汗好不容易鼓起来的一点勇气。

太阳汗从高处望去，但见对方军营中杀出四员猛将，一路勇不可当，犹如狼入羊群一般，直杀得乃蛮人无还手之力，看得胆战心惊，便问札木合他们是谁。

札木合回答道："他们是我安答铁木真手下赫赫有名的'四狗'。他们的额头犹如铜铸、牙齿似凿子、舌头若利锥、心肠比铁石，喝露水就能活命，走起路来快如疾风，上阵厮杀时喜欢吃人肉。如今他们身上的铁锁链已经被解开，闻见人肉味道，正流着口水冲上了战场。他们四个的名字分别是：哲别、忽必来、者勒蔑、速不台。"

目睹了“四狗”的勇猛，再加上札木合富有煽动性的说辞，太阳汗早已被吓得六神无主，哪里还有心情去仔细分辨札木合话语的真假，他可不想沦为“四狗”的盘中餐，忙下令军队往高处转移。

等到铁木真及其弟弟哈撒儿、帖木格轮流发起冲锋时，太阳汗已经不住札木合语言的恐吓，唯有下令大军一步步向山巅后撤，自以为居高临下会比较安全，殊不知当地山峰多是悬崖峭壁，他越往上爬，就意味着自己的后路越窄。

太阳汗的太子屈出律一看形势不妙，竟然完全不顾父汗的死活，径自杀出重围，逃了出去。

札木合看到太阳汗败局已定，便带上几个身边的人溜之大吉了，顺便没忘了派人给铁木真捎话，将自己如何恐吓太阳汗，导致乃蛮人自乱阵脚的事告诉了他，称太阳汗已是必败无疑，剩下的事，安答你好自努力吧。

札木合为何一次次煽动别人与铁木真为敌，临阵却又帮助铁木真瓦解对手斗志，这种看似很矛盾的做法，其实不难理解。札木合不甘心铁木真做大，想和铁木真一较高下，证明自己也是草原上堂堂的英雄，只可惜，札木合遇到的盟友全都是王罕、太阳汗这种无能之辈，与这类人为伍，实在是一种耻辱，还不如成就昔日的安答。札木合在后期一直处于这种矛盾的心理状态之下。

夜幕降临之后，太阳汗想趁着夜色突围。由于对地形不熟，乃蛮士兵在黑夜中根本分辨不清方向，许多人不小心跌下山崖，摔得粉身碎骨，慌乱之中相互踩踏，使得不少人枉自送了性命。

次日天亮，乞颜部发起冲锋，陷于绝境的乃蛮人拼命抵抗。混战中，太阳汗也中箭，伤势严重，奄奄一息。大将豁里速别赤想劝他起来鼓舞士气，但此时太阳汗根本无力站起来。

豁里速别赤想刺激一下王罕，便大声说：“古儿别速王后正打扮得漂漂亮亮，等着你凯旋呢，铁木真还等着与你一较高下！”

但一切都没用，豁里速别赤发现，就算用再激烈的语言，太阳汗还是躺在那里一动不动，只好对将士们大声说：“他（指太阳汗）已经无法站立起来了，在他咽气之前，我们应该与敌人拼死一战，也让他好好看看，我们是为他英勇战死的！”

豁里速别赤说完，便率领将士们杀向蒙古军，铁木真向来敬重忠贞之士，对这些乃蛮勇士们产生了怜惜之情，想赦免他们，但这些人全都视死如归，最终全部壮烈战死，无一人投降。

至于那些投奔太阳汗的札答阑部、合答斤、山只昆、泰赤乌等部众，眼看败局已定，便纷纷归降了铁木真。铁木真乘胜追击，扫荡乃蛮部残众，那位高傲的乃蛮部王后古儿别速也被俘虏。铁木真当面讥讽她："你不是嘲笑我们身上有膻味么，今天还不是沦为我们的降俘！"古儿别速无言以对，不过，铁木真最终没有处死她，而是将这位美貌的乃蛮王后据为己有。

在俘虏的队伍中，铁木真发现了一个特殊人物——太阳汗掌玺大臣塔塔统阿。塔塔统阿出身畏吾儿人，博学多才，铁木真让诸子和宗亲贵族子弟拜他为师，学习文化。塔塔统阿后来奉铁木真之命，参考畏吾儿文，创立了蒙古文字，为蒙古文化的发展和传承做出了很大的贡献。

第二节

斡难河称汗

乃蛮部覆灭了，但是太阳汗的不少盟友还是逃脱了，除了札木合之外，蔑儿乞部的脱黑脱阿父子在纳忽崖之战临近结束之时，提前从战场逃脱，与太阳汗之子屈出律一起前往投靠不亦鲁黑汗（太阳汗之弟）。

脱黑脱阿父子带了几个亲信，只顾自己逃命，将族人全都丢在了战场，蔑儿乞人只好都投降了。脱黑脱阿的儿子忽都的两个妃子也在慌乱中被丢弃，裹挟在人群之中，她们一个叫做秃该，另一个叫做脱列哥那。铁木真将脱列哥那赐予三子窝阔台，他们后来一起生下四个儿子，长子贵由后来成了蒙古帝国的第三任大汗。窝阔台死后，脱列哥那摄政，掌握蒙古帝国最高权力长达数年，呼风唤雨，风光无限。

蔑儿乞部中有一支叫做兀洼思篾儿乞惕部，其头领答亦儿兀孙实在不愿意再这样像狗一般被人撵得四处逃命，打算不再追随脱黑脱阿父子了。

答亦儿兀孙有个女儿名叫忽兰，貌美无比，他将女儿献给了铁木真，以此换取了铁木真的宽恕，忽兰后来十分受到铁木真宠幸，地位仅次于孛儿帖。

至于那些归降的蔑儿乞人，最初，铁木真还是让他们和自己的族人在一起，回到故土贝加尔湖南岸下色楞格河流域生活，不料他们不甘心失败，后来再次发动叛乱。叛乱很快被铁木真派去的大将沉白（锁儿罕失刺之子）平定，为了防止死灰复燃，铁木真下令将蔑儿乞人分解，划分给诸将，自此后，蔑儿乞人逐渐融于蒙古，不复存在。

在沉白平定蔑儿乞叛乱之时，铁木真亲自带兵追击脱黑脱阿父子。1205 年春，铁木真率领大军翻越金山，及兀鲁黑塔黑之地（今蒙古国科布多西北一带），得知脱黑脱阿父子、屈出律与不亦鲁黑汗在莎合水（今蒙古国科布多河上游索果克河）围猎，便发起突袭，不亦鲁黑汗兵败被俘，屈出律和脱黑脱阿父子得以逃脱。

铁木真的军队穷追不舍，至不黑都儿麻河（今俄罗斯哈萨克额尔齐斯河）再次交战，彻底消灭了乃蛮和蔑儿乞残部，脱黑脱阿来不及逃窜，中箭身亡，他的俩儿子根本无暇为父亲入殓，只好割下父亲脑袋，携带上后匆忙逃命，屈出律则远遁哈刺契丹(即西辽帝国)。

脱黑脱阿之子忽都、赤刺温此后就像无根浮萍一样到处流浪，起先跑到畏吾儿地界，企图占领别失八里、吐鲁番、库车等绿洲，但没有得逞，只好流浪到西北的巴尔喀什湖草原，在这里度过了近十年的苦难生涯。

但就算他们如此穷途末路，铁木真依然不会放过他们。蔑儿乞人留给铁木真刻骨铭心的耻辱和仇恨，只有彻底消灭干净他们，才能抚平他心灵的伤痛。1217 年，铁木真命大将速不台远征，在巴尔喀什湖草原将忽都、赤刺温杀死。有一位小王子忽勒突罕蔑儿干被俘后带到军中，他是个出色的弓箭手，术赤很喜爱他，便求铁木真，希望赦免他，铁木真本来就怀疑术赤是蔑儿乞血统，术赤的求情使他更加嫉恨，最终毫不留情地杀死了这位末代小王子。至此，除了少数逃到钦察草原的人以外，蔑儿乞人彻底被消灭。

再说札木合，这位昔日草原上不可一世的古儿汗，如今沦落到像丧家狗一样，到处东躲西藏，经常饿着肚子，连一顿饱饭都很难吃上。就算这样，札木合还驴死不倒架，处处对仅剩下的追随他的五名随从端着主子的架子，动辄呵斥大骂，众人对他敢怒不敢言。

终于有一天，为了一顿烤羊肉，正当札木合大快朵颐之际，早已忍无可忍的随从们扑上来，将他捆住，然后押解到铁木真处。

本来铁木真念在昔日安答的情分，想让札木合保留最后一点王者的尊严，特意下令不许追拿他。但还是没想到，有人把札木合绑着送上门来。铁木真生平最痛恨的就是叛主行为，下令将这五人连同他们的家人全部处死。

铁木真本不愿处死札木合，想与他重归于好，但是这两位昔日的安答，经过多年相互厮杀，再也无法回到当初童真无邪的年代。如果札木合继续活着，就等于在时时刻刻提醒铁木真他们之间那段相互交恶的岁月以及札木合所做的那些龌龊往事。对于这一点，札木合心里清楚，铁木真也明白。

札木合此人尽管有一大堆毛病，但自始至终对铁木真多少还念着昔日的情谊，无论世人怎么看他，他始终是个顶天立地的英雄。多年来，他就是因为对铁木真不服气，所以一直跟他较量，想分出个胜负。但最终还是他败了，输得一无所有。札木合明白，如果他想苟活下去，铁木真绝对会答应，但是大丈夫在世，要活就要活得堂堂正正，岂能像虱子一样，整日爬附在铁木真的领口，给他添堵。如此活着，还不如痛痛快快地去死！

札木合平静地提出，如果铁木真你还念及往日的兄弟情分，那么就让我死得体面一些，让我在死前保持最后的尊严。

经过一番心理斗争之后，铁木真冷静下来，他满足了札木合的要求，下令按照蒙古人的观念，让他以不流血的方式去死，据说这样死后可以灵魂不散，升入天堂。

札木合最终被处以绞刑，临死前，他仰望苍穹，俯视草原，说出了最后一句话："安答，死后把我埋葬在高山之巅吧！我会庇佑你和你的子孙，战无不胜！"

此时，铁木真脑海中浮现的是，两位相爱相恨的兄弟间过往的一幕幕，他们一起战斗，一起把酒狂歌，一起去蔑儿乞人那里抢夺被掳走的爱妻孛儿帖。再往后，两人明争暗斗，生死相搏，但最终还是割舍不了兄弟情义。

所有的这一切，将随着札木合的死，化为清风，飘散在草原的上空。从此以后，你上天堂，俯瞰大地，而草原上，只剩下一个汗王，那就是我，铁木真！

1206 年春，铁木真回到斡难河。

从 1200 年起，铁木真从这里出发，历时近七年，东征西讨，大起大落，数次险象环生，九死一生，最终平定草原诸部。现在整个广袤的蒙古草原，都归他一人。

草原上诸部头领都汇聚斡难河，召开忽里台大会，在铁木真大帐前竖起九脚白旄纛，举行盛大仪式，共尊铁木真为成吉思汗。自此，统一的蒙古汗国（蒙古语称"也客－忙豁勒－兀鲁思"）出现，蒙古成为草原诸部共同的名字，也作为一个统一的民族登上历史舞台，铁木真也以成吉思汗之名名垂史册。

关于成吉思汗这个称号，其含义为何，历来有种种说法。不同的史书，有不同的解释，概括起来，有以下几种说法：一，天命之汗，众汗之汗；二，强盛之汗、坚定之汗；三，拥有四海之汗。

对于这三种说法，笔者觉得天命之汗的说法更接近原意。

因为在这以前，铁木真已经称汗，与上次不同的是，这次是通过通天巫阔阔出（蒙力克的儿子）宣布他为"成吉思汗"，有君权天授之意，这意味着铁木真不再是以前乞颜部的可汗，而是整个蒙古草原之君。"成吉思汗"者，乃"赖长生天之力而为汗者"也。在此之后，成吉思汗在汉文诏书、诏牌中皆称作"成吉思皇帝"。

成吉思汗即位仪式结束后，将汗国分为九十五个千户，对宗室、诸将、功臣进行册封。按照以往功劳大小，共封了七十八位功臣，加上十位驸马，合计八十八，即为蒙古开国八十八功臣。

在封赏之际，成吉思汗一一回顾了诸位功臣的功劳。蒙力克作为也速该的托孤之人，多次帮助成吉思汗母子脱离险境，成吉思汗对他感念至深，因此封蒙力克为第一千户，并特许在汗帐为蒙力克设一座席，参与商议军国大事。

博尔术、木华黎、豁儿赤、术赤台等与成吉思汗多年出生入死，立下了赫赫战功，君臣之间患难与共。他们都得到了重赏，皆被封为千户官。

博尔术是成吉思汗自幼年起的搭档，多次陪他共同涉险，救过成吉思汗的性命，可谓是生死之交。博尔术除了被封为第二千户外，还被册封为右手万户，管理从汗廷直到阿尔泰山的百姓，享有九罪而不罚的特权。

木华黎作为成吉思汗手下的一员猛将，与博尔术、博尔忽、赤老温齐名，称为"四杰"。他一门英烈，其父为救成吉思汗献出生命，在成吉思汗的建国大业中，功勋卓著，被封为第三千户，并为左手万户，管理从汗廷到东部大兴安岭的百姓。

当年，成吉思汗与札木合分家，处于低谷之时，豁儿赤毅然抛弃札木合来投奔成吉思汗，并宣布预言——铁木真将来必能成为草原之主，为稳定人心起了很大作用。成吉思汗兑现了当初他对豁儿赤的诺言，封他为万户，管理自西伯利亚泰加森林地区直至上额尔齐斯河流域一带的各部落，并允许他在收服北方林中百姓后，可以自选三十个美女。

至于术赤台，成吉思汗没有忘记，当初在哈兰真沙陀之战时，面对克烈部数倍于己的敌人，他力挽狂澜，顶住了王罕父子的进攻，射伤桑昆，导致克烈部军心不稳而撤退，成吉思汗军队才得以避免灭顶之灾，有了后来的东山再起。成吉思汗封术赤台为第六千户，并独自统领四千兀鲁惕人，还将原本自娶的克烈部札合敢不女儿亦巴合别乞公主赏赐于他。

接下来，成吉思汗封赏了被称作"四狗"的忽必来、者勒蔑、哲别和速不台。狗在蒙古语境中象征着勇猛和忠诚，这四人对成吉思汗忠心耿耿，作战勇猛，所向披靡，战功累累，分别封为千户。

"四狗"中，忽必来是乞颜部孛儿只斤氏远亲，速不台是奴隶出身，还有哲别这样的原本是死敌之人，由此可见，成吉思汗用人不疑，唯才是举，不问出身，这也是他能赢得众人拥戴，最终取得成功的根本原因。

对母亲诃额仑的四位义子失吉忽秃忽、博尔忽、曲出和阔阔出，成吉思汗俱封为千户。其中失吉忽秃忽被任命为最高判事官，主管蒙古汗国的刑狱诉讼判决。

随后，对于战争功臣的遗孤，成吉思汗也进行了封赏，畏答儿因在哈兰真沙陀之战中负伤去世，他的子孙被封为世袭千户。

锁儿罕失剌老人在成吉思汗沦为泰赤乌人阶下囚之时，曾帮助他逃离险境，对成吉思汗有救命之恩；锁儿罕失剌的儿子赤老温是成吉思汗帐下的猛将，名列"四杰"，战功无数；他的女儿合答安是成吉思汗的情人。一家人对成吉思汗有情有义，因此，成吉思汗觉得对他怎么封赏都不为过。

成吉思汗向锁儿罕失剌老人表示，你们一家子的功劳，我从未忘记，要什么尽管开口，我都会满足你。锁儿罕失剌表示，希望将原来属于蔑儿乞部的色楞格河流域赏给他，免交赋税。成吉思汗立刻表示同意，并且授予锁儿罕失剌儿子赤老温、沉白免缴猎物及战利品的特权（拥有这种特权的人被称作答剌罕）。

此外，忠心护主的纳牙阿被授予中军万户，统率成吉思汗的贴身卫队怯薛军。

蒙古草原上以前处理有关争议时，采用的是长期以来形成的自然法，由于没有文字，这种法令条款只能靠口授相传，简略粗疏。在成吉思汗宣布建立大蒙古国之后，塔塔统阿根据成吉思汗之命，参照畏吾儿文，创立了蒙古文字。有了文字后，成吉思汗命令失吉忽秃忽负责编纂蒙古汗国的法律汇编，即札撒令。这项工作前后共耗时十余年，直到成吉思汗西征前夕才完成。

蒙古文字的发明，在蒙古历史上是一件具有划时代意义的大事，此后蒙古的历史文化告别口头流传，进入文明时代，也有了蒙古历史上第一部史书《蒙古秘史》，通过这本书，后人得以了解成吉思汗的兴起过程。

在以后的发展过程中，蒙古帝国先后创立了多种文字，其中比较著名的，除了塔塔统阿创建的畏吾儿蒙古文以外，还有忽必烈时期西藏萨迦派高僧八思巴根据藏文创制的八思巴蒙古文，但这种文字在元朝灭亡后很快被废弃。畏吾儿蒙古文一直流传下来，至今还在广泛使用（外蒙古独立后，采用的是斯拉夫字母拼写的新蒙文），显示了强大的生命力。此外，它还对后来满文的创建产生了深刻的影响。

蒙古草原的北部边境地带与西伯利亚接壤，那里有一眼望不到边的原始森林。与草原上的游牧部落不一样，这里生活着许多以狩猎为生的部落，他们在人种上与草原游牧部落一样，都属于蒙古人种，被称作林中百姓。

想要蒙古汗国壮大，就必须保持后院的稳定。成吉思汗分别采用招抚和武力征剿两种手段，很快将林中百姓全部收服。

收服林中百姓没多久，成吉思汗遇到了他称汗以来的首次挑战——神权对汗权的挑战。

在草原上，自古以来，无论贵族还是平民都信奉萨满，萨满巫师无论在政治还是日常生活中，都拥有很大的话语权，备受人们尊崇。

成吉思汗即位前，为了营造君权神授的舆论，借助萨满之力，蒙力克的四子阔阔出出了大力，因而名前被冠以"帖卜腾格理（即通天之意）"。他以长生天在人间的代言人自居，自认为是开国功臣，态度非常傲慢，别说平常百姓，就是王室宗亲，他都敢公然凌辱。

利用萨满巫术，本身就是双刃剑，既可利用它来营造意识形态，制造舆论，但同时一旦纵容其壮大，它就会侵蚀君权，这恰恰是成吉思汗所不能容忍的。

通天巫阔阔出自认为他们一家人为成吉思汗立下大功，所得封赏与他们的功劳不相称，心中很不满。蒙力克有七个儿子，个个膀大腰圆，他们渐渐形成了一股强大的政治势力，后来发展到公然挑战成吉思汗至高无上的权力。

成吉思汗鉴于通天巫在信徒中巨大的影响力，同时出于感念蒙力克往日的功劳，起先对通天巫飞扬跋扈的作风还保持着容忍。但谁想到，他们后来发展到肆无忌惮的地步，公然挑拨成吉思汗和弟弟哈撒儿的手足之情，使得成吉思汗在不明真相的情况下，还狠狠地责罚了哈撒儿。

随着时间的推移，成吉思汗再也无法容忍通天巫的嚣张气焰，便设计除掉了他。通天巫一死，蒙力克一家的势力也是一落千丈，此后再也无人敢挑战成吉思汗的权威。

第三节

伐金复仇

成吉思汗称汗之时，南方的中原也发生了翻天覆地的变化。当时占据中原的大国是女真人建立的金朝。金兴起于辽东，灭辽侵宋，逼得宋室南渡，遂占据中原，自认为正朔所在，以天朝上国自居，迫使草原诸部对它称臣纳贡。

成吉思汗的先祖俺巴孩汗被金人钉死在木驴上，自此，蒙古与金结下仇怨，成为世仇。只是蒙古自身弱小，草原上诸部又在金人的挑拨之下相互攻占不休，根本无力发起对金朝的挑战。

统一大漠之后，整个蒙古草原令出一门，成吉思汗决定对金复仇，只是顾忌到金体量庞大、根基雄厚，不敢贸然出手。

此时，金章宗完颜璟在位，金朝立国已是七十余年，他继承金世宗开创的盛世，国家处于鼎盛之期，文化繁荣，社会富足。然而像历朝历代一样，金朝亦盛极而衰。章宗晚期，天灾不断，腐败横行，他生活奢侈，宠爱妃子李师儿，重用外戚，朝政一片乌烟瘴气。

金章宗终其一生，没有子嗣，害怕宗室亲王夺权，凡是有能耐的亲王都被他罢黜处死，只留下一个软弱无能的卫王完颜永济。

为了防止草原诸部对金构成威胁，金章宗采用分而治之手段，扶持一部，打压一部，实行减丁法，让蒙古诸部之间相互攻杀，使之无法对金构成威胁，这种做法也加深了蒙古与金的仇恨。

1208 年，金章宗去世，按照惯例，金朝派使节到蒙古草原宣布皇帝丧事及新君即位事宜。蒙古为金朝的藩属，使者要求成吉思汗跪下接旨，成吉思汗询问如今新君是谁，得到答案是卫王永济。

成吉思汗听后哈哈大笑，他以前曾去净州（故址在今内蒙古四子王旗西北城卜子村）进贡，见过卫王永济，知道他是个什么样的货色，便当场说："我以为中原天子都是天上的人物坐的，原来是个庸夫。"说完朝南狠狠吐了一口唾沫，丢下目瞪口呆的金人使者，上马扬长而去。

如此一来，蒙古和金朝全面决裂。

南下伐金，是成吉思汗人生中最重大的一次决定。这说明他不甘心做一个草原的汗王，而要争取做天下之主。为先祖复仇，只是外交说辞，根本目的还是要掠夺中原财物，争夺天下。

金朝占据中原和辽东，国土多为富庶之地，人口超过四千万，兵力超过百万，几乎要抵得上蒙古的总人口，蒙古全部兵力加起来，充其量也不过十万。金人无论是国力还是人口都在蒙古数十倍之上，对如此庞然大物发起挑战，其风险可想而知。

成吉思汗决定，要用倾国之力伐金。1211 年，蒙古誓师起兵，从克鲁伦河出发，穿越大漠，抵达长城塞外的汪古部。

汪古部本是替金人守卫北疆屏障的部族，然而，它多年前已投靠了蒙古。为了拉拢汪古部，成吉思汗将汪古部首领阿剌忽石帖勤忽里封为八十八功臣之一，并结为儿女亲家，将女儿阿剌合别乞许配给阿剌忽石帖勤忽里之子。此后，两家互为姻亲，数世不绝。

就这样，本来是金人的边防堡垒，在神不知鬼不觉之间，却成了蒙古人的前哨，然而金人却蒙在鼓里，浑然不知。

成吉思汗抵达汪古部地盘以后，让兵马在此休整，等养精蓄锐之后，再发起对金人的攻击。一来二去，时间已过去数月，直到当年 4 月，金廷才得知汪古部投降蒙古的消息，急急忙忙下令召集军队应战。

1211 年 7 月，成吉思汗命哲别和耶律阿海为先锋，发起对金之战，很快占领了乌沙堡。紧接着，蒙古大军兵分两路，分头出击，相继攻克了金人沿边诸多要塞，占领昌州、桓州、云内、东胜、宣州、宁州等地。与其同时，金人要塞西京大同也失守，落入蒙古人之手。

面对接二连三的失败，金廷上下大惊失色，方才明白过来，如今的蒙古已今非昔比，赶紧调兵遣将，任命完颜九斤（有的史书称纥石烈九斤）为帅、完颜万奴为监军，集中兵力五十万（也有三十万、四十万种种说法）在野狐岭（位于北京与张家口之间）摆阵布防，想通过集中优势兵力，一举全歼蒙古人。

大战一触即发之时，金军主帅完颜九斤还幻想用外交手段解决，派石抹明安（契丹人）前去责问成吉思汗，为何无故侵犯边疆，成吉思汗根本懒得理睬，直接下令将石抹明安关起来，然后命令正在吃饭的将士们倒掉锅里的饭，立刻进入战斗状态。

木华黎向成吉思汗建议，如今金军势众，切不可与之全面对阵，莫若集中兵力，攻打其一部，只要将士拼命，撕开一条口子，势必引发金军全面溃败。

成吉思汗非常赞同，依计而行，果然打败金军。金人虽然人多，但一旦战败，立刻犹如无头苍蝇，到处乱撞，失去军纪的溃军与一群待宰的绵羊没什么区别。蒙古军一路追杀，金人尸体遍布原野，长达百里，血腥气上冲九霄，金帅完颜九斤也死于混战之中。

金人前线战败之时，后方尚有纥石烈胡沙虎统领的十几万接应部队，如果他此时按住阵脚，聚集前方溃兵，占据有利地势，与蒙古人决一死战，以逸待劳，应对已是疲惫之师的蒙古军，胜负尚未可知。然而，胆小如鼠的纥石烈胡沙虎得知前方溃败，根本不管将士们死活，只身一人骑马逃离了战场。

野狐岭一战，金人精锐皆失，元气大伤，此后再也无力组织大规模作战，处于被动挨打的局面。

蒙古军进入居庸关，金朝中都燕京完全暴露在蒙古人面前，金主卫王永济惶恐不安，只想早点逃往汴京，碍于大臣们苦谏，一时脱不了身，只好暂时作罢。

蒙古军攻打中都，遭到金人守军的誓死抵抗，损失惨重，只好放弃，转攻金国境内其他地方。截至当年年底，金朝丢失城池无数，卫王永济急得团团转。谁都看得出来，蒙古人一旦将燕京四周城池占领完毕，势必合围中都，如此，金朝君臣将沦为瓮中之鳖，再也插翅难逃。

就在这危急时刻，上京留守徒单镒率领两万大军前来救驾，卫王永济大喜过望，便拜他为尚书右丞相。徒单镒为契丹人，曾中进士，为人聪慧绝伦，颇有见识，他对当前的局势有着深刻独到的见解。徒单镒提议，延边昌州、桓州、抚州三地比较富庶，可将居民内迁，既可保全当地民众，免遭生灵涂炭，又可保财富不落于敌手，卫王永济不听。后来，徒单镒又建议，设立辽东行省，加强防守，称只要保住辽东不丢，大金就不会伤筋动骨，可是昏聩的卫王永济依然充耳不闻。

随后局势的发展完全如徒单镒所料，卫王永济此时才醒悟，捶胸顿足，追悔不已，为时晚矣。

1212 年秋，成吉思汗在交战中中箭受伤，只好北返养伤。次年 7 月，成吉思汗再次领兵南下攻入金朝腹地。

金朝内部由于蒙古入侵引发内讧，群臣意见不合，互相争执不下。纥石烈胡沙虎趁机发动兵变，迫使卫王永济退位，永济旋即被杀，胡沙虎改立完颜珣为帝，是为金宣宗。没多久，中都再次发生兵变，纥石烈胡沙虎被术虎高琪杀死。外敌大兵压境之际，金朝内部两次政变，使得本来已经虚弱的国势进一步被削弱。

蒙古人入侵不久，便夺取了金人的马场，将马匹掠之一空，金人单靠步兵，无力对抗蒙古铁骑。金宣宗本打算从西夏买马，但由于此前与西夏多次交战，两国交恶已久，西夏根本不愿卖马。

金廷此时完全被术虎高琪把持。他本是个无能之辈，根本没有治国才干，唯有大肆培养自己的党羽，保住自己权势，而根本拿不出任何改变当前内外交困局面的方略来。

蒙古大军兵临中都城下，却不急于攻城，其用意就是让金人自己内耗。蒙古骑兵往来奔驰如风，在河北、山东一带攻城略地，烧杀抢掠，许多昔日繁华之地转瞬沦为废墟，金朝廷自顾不暇，根本无力保护各地民众。

万般无奈之下，金朝于 1214 年 3 月派完颜承晖为使者，到蒙古大营，向成吉思汗求和。成吉思汗知道，目前想一举灭掉金朝尚无可能，便同意议和。

蒙古西征及征服金国与西夏的路线

金朝献上大量金银玉帛、五百童男女、战马三千匹，并将卫绍王女儿岐国公主献给成吉思汗，由完颜承晖护送出居庸关，至抚州野麻池才返回。

据《多桑蒙古史》记载，成吉思汗在北返途中，除了携带掠夺的财富、马匹外，将大量的男女俘虏全部处死，一个不留，因为在他看来，这些人到了草原也是毫无用处。

金宣宗君臣被蒙古人吓破了胆，好不容易将成吉思汗送出关外，再也不想在蒙古人眼皮底下过担惊受怕的日子，说不定哪天成吉思汗心情不好，重新杀到中都城下，恐怕想逃生都很难了。

金宣宗决定离开蒙古人的视野，迁都汴京（今河南开封），尽管遭到不少大臣的反对，但他还是溜之大吉了。

金的灭亡，已是早晚的事情了，只是偶然的一件事，引发了成吉思汗长达近七年的西征，金朝侥幸又苟延残喘了许多年。

那是因为成吉思汗得到一个消息，乃蛮部太阳汗的太子屈出律潜逃到了遥远的西辽。只要是仇敌，成吉思汗向来除恶务尽、斩草除根，哪怕你跑到天涯海角，也要把你除掉。于是，他决定派兵远征西辽，追击屈出律。

第七章

西征！西征！

第一节

西辽的结局

在唐末五代之际，中原大乱，契丹人在东北崛起，占领了中国北部广大地区，建立了强大的辽帝国（国号屡次变更，时称辽，时称契丹）。

辽的铁骑曾一度踏入中原腹地，占领开封，后晋高祖石敬瑭向辽太宗耶律德光称儿皇帝（耶律德光比石敬瑭小许多），割让燕云十六州。宋朝成立后，曾试图夺回燕云失地，但屡战屡败，最后只好签订澶渊之盟，此后宋辽和平共处百余年。

然而，曾经强大无比的辽帝国，至晚期腐朽无比，最终被女真人建立的金所灭。辽灭亡前夕，有一位皇族宗室耶律大石出走，远赴西域，于 1131 年在离故土数千里之外的叶迷立（今新疆额敏）重建大辽，称菊儿汗（或称作古儿汗），汉式尊号天佑皇帝，建元延庆，史称西辽，又称作哈剌契丹。

西辽以惊人的速度扩张，很快称霸中亚，周围的高昌回鹘、东喀剌汗国、西喀剌汗国、花剌子模诸国纷纷向它称臣纳贡。

至蒙古人兴起之时，西辽已历三世，耶律大石之孙耶律直鲁古在位。成吉思汗战败乃蛮部后，太阳汗被杀，其子屈出律逃出，一路狂奔，抵达西域，算是捡了一条命。屈出律东躲西藏，流亡的日子实在难熬，最后决定去西辽碰碰运气。

1208 年冬天，西辽皇帝耶律直鲁古接到手下人报告，说乃蛮部落难王子屈出律来投奔，就在宫门外候着。耶律直鲁古为人古道热肠，非常热情地接待了他，但是总觉得此人怎么看都不像个王子。原来屈出律为人多疑，他摸不清西辽皇帝的底细，为了谨慎起见，他和马夫互换身份，让马夫进宫先探探口风，自己则装扮成马夫站在外面，一旦觉得形势不对，好提前开溜。

还是西辽皇后眼光老辣，一眼就看出了门道，传话让宫门口的屈出律进去。屈出律觉察出皇帝夫妇态度和善，便自报身份。也该屈出律走运，他当场得到西辽公主浑忽垂爱，很快从一名落难王子成为西辽驸马。

浑忽是个个性很强的女人，嫁给了屈出律，但绝不屈从丈夫，而要求他生活中的一切都要按照契丹人的习惯，而不是乃蛮人的习俗。乃蛮人信仰景教，契丹人信仰佛教，为了讨好公主，屈出律改信佛教。

一个落难王子和公主的童话故事，一切看上去都是那样的浪漫美妙，然而很快他们就会发现这是引狼入室。

耶律直鲁古当时年事已高，对朝政倦怠，只想过安逸的晚年生活。屈出律野心勃勃，觉得有机可乘，想将老丈人的江山据为己有。

乃蛮人被成吉思汗打败后，四处星散，屈出律打算将昔日的族人集中起来，作为自己篡位的班底人马。耶律直鲁古自然不知个中底细，还以为女婿在帮助自己，便支持他去召集自己的旧部。

很快，许多四散的乃蛮人聚集在屈出律周围，势力日渐壮大。为了达到篡夺皇位的目的，屈出律私下跟花剌子模的算端（即苏丹，伊斯兰世界君主称号）摩诃末约定，一起起兵，事成之后，共同瓜分西辽的疆土。

花剌子模是当时中亚的一个大国，它的领土涵盖了从东北锡尔河至西北阿塞拜疆的范围，东南抵达印度河，北部至咸海、里海，西部到巴格达，国土广袤，人口众多，主要居民有阿拉伯人、波斯人、突厥人等，摩诃末出自突厥血统。

花剌子模地区先被阿拉伯帝国征服，后又臣服于萨曼王朝。至 11 世纪塞尔柱帝国兴起后，具有突厥血统的护都不定摩诃末被任命为花剌子模地区的长官，花剌子模王国自此开始。

待到西辽对外扩张，剑指河中（即阿姆河和锡尔河中间的广大区域），击败了塞尔柱王朝，花剌子模一看风向有变，便抛弃故主，投入西辽怀抱，向契丹人称臣纳贡，与此同时，还往老东家塞尔柱人背后捅刀子，占领了本属于塞尔柱帝国的呼罗珊（波斯东部阿姆河南岸地区）以西地区。

有了新主子撑腰后，花剌子模肆无忌惮，四处出击，最终取代了塞尔柱算端，占领了其国土。紧接着，花剌子模又击败了古尔王国，占领了阿富汗西部赫拉特、马扎里沙里夫等广大地区，向北占领了俄罗斯南部不少地方，从一个不起眼的小王国，一跃成为中亚地区一等一的强国。

花剌子模有农业和牧业，商业也异常发达，花剌子模的商人行走在中西方国家之间，赚得了大量的利润。

如今，花剌子模翅膀硬了，再也不甘心臣服于西辽。

1209 年，当时护都不定摩诃末已死，新王阿拉·阿德丁·摩诃末算端在位（摩诃末是穆罕默德的古译），他被称为西方世界的征服者，周围的诸小国都非常畏惧他。

摩诃末雄心勃勃，决定摆脱西辽的控制，遂处死了西辽的使者，与西辽公开翻脸，随即出兵打败西辽军队，占据撒马尔干，自此完全脱离了西辽。这无疑是对西辽帝国的重大打击，西辽内部也开始出现混乱。

1211 年秋，屈出律夺取了西辽政权，鉴于境内契丹人的势力还很强大，他没敢杀害直鲁古，而将他尊为太上皇，作为笼络人心的招牌，自己大权在握，以西辽帝国继承人自居，从此，西辽王朝政权从契丹人转到乃蛮人手里。两年后，直鲁古死去，屈出律宣布自己为西辽皇帝。

屈出律称帝后，境内的乃蛮人毕竟屈指可数，想要维持统治，还是必须依靠契丹人，所以他大力推广佛教。当时在中亚一带，从阿拉伯人入侵算起，已经历了数百年，多数人都信奉伊斯兰教。屈出律为了争取契丹人的支持，便在境内大力推行佛教，强迫穆斯林改宗佛教，这样一来，反而激起了许多人的强烈不满。

为了防止民众闹事，屈出律下令每户居民家留宿一名士兵，监督百姓的日常生活。许多伊斯兰经学院被关闭，信徒礼拜活动被禁止。有个叫做阿拉丁·马合谋·胡炭亦的教长站出来，与屈出律进行辩论。马合谋口才奇佳，引经据典，势如长河，屈出律被辩得哑口无言。屈出律觉得自己说不过你，就让你闭嘴，于是下令将马合谋钉死在十字架上。

为了迫使民众改变信仰，屈出律派兵焚烧庄稼。老百姓眼巴巴看着辛苦一年的劳动成果顷刻间化为乌有，只能屈服。不过，屈服只是表象。屈出律倒行逆施，尚不知已坐在百姓愤怒的火山口上。

屈出律有个梦想，是恢复昔日乃蛮人的荣光，收复已被蒙古人占领的乃蛮人土地，于是他派人去联系蔑儿乞人，计划发动对蒙古人的反击。

当时，成吉思汗听到屈出律在西辽篡位自立的消息，觉得此人不除，就是个祸患，决定暂且放弃攻打金朝，出兵讨伐屈出律，由其引发了长达数年的西征。

1218 年，成吉思汗命大将哲别率两万骑兵远征西辽。

此时，屈出律已攻下阿里麻里（今新疆伊犁霍城县东北），阿里麻里的斡匝儿汗已被他处死。得知成吉思汗派兵而来，早已被蒙古兵吓破了胆的屈出律急忙西撤，逃往可失哈儿（今新疆喀什）。

哲别进入西辽境内后，为了争取民心，立刻宣布宗教自由，不干预老百姓信教，得到了伊斯兰教徒支持，他们杀掉了屈出律的士兵，迎接蒙古军队。

哲别大军犹入无人之境，兵临楚河，占领了前西辽都城八剌沙衮（今吉尔吉斯斯坦托克马克东南）。次年，哲别率领大军进入天山南部，屈出律打算在可失哈儿组织一次决战，可惜他早已人心丧尽，军队士气低落，许多穆斯林士兵拒绝作战。

穷途末路的屈出律只好再次踏上逃亡之路，惶惶似丧家之犬，身边只剩下几个随从，沿途百姓皆不给他们提供饮食。

走投无路的屈出律逃进了大山，慌不择路，进入一条死胡同山谷，迷了路的屈出律犹如没头苍蝇般到处乱撞，正在寻找出路时，被当地猎人发现，捉住后交给了蒙古人。

哲别下令处死屈出律，然后传首西辽各地，众人见大势已去，纷纷投降。

第二节

讹答剌的罪恶

西辽灭亡后，蒙古开始与花剌子模接壤。花剌子模境内的向心力不强，不少城市刚刚被征服，还没来得及消化吸纳，有些地方还发生了零星的抵抗事件。总的来说，花剌子模目前还是个帝国雏形，框架已搭建起来，但行政架构管理还没完全充实，人心也涣散，各方只是迫于武力暂时屈服，维持着表面的平静。

由于长期征战，取得了一系列的胜利，花剌子模算端摩诃末很骄傲，他继承了塞尔柱帝国“算端辛札儿”的尊号，以伊斯兰世界最高统治者和穆斯林的保护者自居。花剌子模和蒙古两国相距遥远，至于对方的势力究竟如何，彼此了解不多，双方都小心谨慎，以免误判。

成吉思汗的主要敌人还是金国，他无意在西方与花剌子模再起战端，以免陷入两线作战的境地。

至于花剌子模算端摩诃末，他也有一大堆问题需要解决，首先需要解决的是宗教问题。自公元七世纪初穆罕默德创立伊斯兰教起，就实行政教合一的制度，最高领袖被称作哈里发（意为穆罕默德的继承者）。摩诃末曾派人到报达（即今天伊拉克境内的巴格达）寻求阿拔斯王朝哈里发的承认，希望册封他为算端。不料却遭到拒绝，原因是摩诃末信奉的伊斯兰教派与哈里发不一致，恼羞成怒的摩诃末率领大军攻打哈里发的两个属国，后来由于天寒地冻、大雪封路才作罢，至此花剌子模与阿拔斯王朝结下梁子。

居于报达城（今伊拉克巴格达）的哈里发纳斯尔决定采用远交近攻的策略，派使者到蒙古，表示愿意和成吉思汗结盟，共同对付花剌子模，不过成吉思汗拒绝了。

成吉思汗之所以这样做，有多方面的考虑。

首先，两国相距遥远，对彼此的实际情况了解不多，他隐隐知道，花剌子模是个实力强大的大国，不是轻易能够征服的；其次，经过这些年不断的对外征战，成吉思汗已经征服了大半个中国的疆土，暂时没有迫切对外扩张的意愿。更何况以前无论是对塔塔儿人、蔑儿乞人、乃蛮人还是对金作战，都有复仇的因素在里面，对花剌子模显然没有这种动力。

成吉思汗觉得两国还是保持和平往来为好，于是，他决定派一个三人使团出使花剌子模。有趣的是，奉命出使的这三个人并不是蒙古人，而是三个往来于中亚和蒙古之间的商人，为首的是一名叫做马合木（即艾哈茂德汉译）的花剌子模人。

三人团给摩诃末带来成吉思汗的礼品和书信，成吉思汗在信中说道：“我了解到你实力很强，国家很大，我抱着友好情谊，希望我们友好往来，我视你如爱子。或许你也亦得知，我已征服中国（主要指金国），降服了北方诸突厥民族，我国战士多得像地上的蚂蚁，地下的财宝多得数不清、用不完，我们实在没有必要眼红别人的领土。故希望我们两国百姓，能够通商贸易，互通有无。”

成吉思汗的信中表达了四层意思：第一，尊重对方实力，照顾摩诃末的面子；第二，展示实力，显示底气和自信；第三、表明自己没有侵略的动机，让对方放心；第四，表达了相互友好共存、发展贸易的愿望。

然而，后来事情的发展很明显与成吉思汗良好的初衷背道而驰。摩诃末很明显误读了成吉思汗的信，进而作出了误判。多年来，摩诃末东征西讨，战绩辉煌，以西方世界的征服者自称，信心满满。

在摩诃末看来，无论是成吉思汗强调蒙古的强大，还是表达与花剌子模和平共处的愿望，都是在掩饰胆怯，他不相信在遥远的东方草原，还会有与自己旗鼓相当的国家，当年的塞尔柱帝国，还有后来的西辽帝国，不都是不可一世么？现在安在哉！我花剌子模傲然称雄于西方，一个不知从哪里冒出来的蒙古国，竟然想和我平等相待，这不是笑话么？

更让摩诃末生气的是，成吉思汗竟然在书信中公然称呼他为爱子，这不是赤裸裸的挑衅么？是可忍孰不可忍！摩诃末按捺不住内心的愤怒，断然不顾外交礼节，气冲冲地对三人使团喝道："我的国家有多强大，你也看到了，竟然还敢称我为儿子，那家伙（指成吉思汗）是何方神圣，到底有多少兵马？"

眼看摩诃末这架势，马合木不敢逞口舌之快，如果把他惹恼了，恐怕自己的脑袋不保，于是赶紧服软："我们兵力不多，哪敢跟强大的花剌子模争高低呢！"

摩诃末见状，气也消了一半，身边群臣见状，赶紧上前打圆场。谁都吃不准这个东方国家到底是什么样子，为了谨慎起见，最好还是别彻底闹翻。毕竟是老江湖了，摩诃末表面上虚张声势，但内心很冷静，便顺势表示，可以考虑和成吉思汗签署和平协议。

当天夜里，马合木接到摩诃末的邀请，在王宫中单独约见他。马合木在忐忑不安中赴会，没想到，摩诃末好像变了一个人似的，态度非常热情，摆下盛宴招待马合木。席间，摩诃末笑意盈盈，不停地劝酒，还给马合木馈赠了珍贵礼物。

对摩诃末态度的大转变，马合木一时吃不准他到底葫芦里卖的什么药。渐渐地，他明白过来，摩诃末想趁着酒后摸底细，以确认他白天到底是说真话还是假话。

在经过一番旁敲侧击之后，摩诃末终于确认，马合木没有说假话。心中虽然不快，但摩诃末立马想出一条计策来，决定拉拢马合木，让他做自己的间谍，以便及时掌握成吉思汗的动向，马合木表示同意。至于这是被成功策反，还是虚与委蛇，就不得而知了。

花剌子模地处中亚，扼守中西方贸易交流的丝绸之路，其境内的许多地方，比如撒马尔干，是自古以来丝路贸易的重镇，其国内有着悠久的经商传统，大量商团游走于东西方之间，赚得了巨额利润。

而蒙古草原上，生产力低下，物产很贫瘠，除了畜牧业和皮革制品外，所有生活用品都要从外地引进，因此由中亚商人们带来的各种商品，深受上至贵族下至普通牧民的广泛欢迎。

商人们有着天然的嗅觉，花剌子模的商人们很快觉察到了其中巨大的商机。尽管两国之间关系尚未明朗，处于暧昧的状态，但高额利润引诱着商人们蠢蠢欲动，况且他们听说，成吉思汗颁布圣旨，凡是进入蒙古境内的商人，一律颁发给营业执照，保证合法收入，官民不得干扰其商业活动。

自古富贵险中求，有三个花剌子模商人在高利润的驱使下，带了一大批货物，赶着驼队，翻山越岭，一路跋涉，向蒙古草原赶来。

货物中有大量出自花剌子模的金线丝织衣服、彩色印花棉布等，这些可都是蒙古草原上的紧俏货。三人做着发财美梦来到了蒙古边境，没想到实际情况比想象中的还要好。

原来成吉思汗规定，当商人携带货物入境时，由哨卡守卫检查货物，一方面看是否有违禁物品，另一方面主要看是否有稀罕奢侈品，最好的首先要推荐给成吉思汗本人采购。

三个花剌子模商队很走运，他们的商品被边境货物检查员哈剌赤看中，决定带领他们去见成吉思汗。

这三人一听，乐得两眼放光，觉得发横财的机会到了。三人中有一个叫做巴勒乞黑，此人贪婪无比，觉得成吉思汗不过是个草原上的土包子，以为他没见过来自花剌子模的货物，肯定不懂行情，决定狠狠敲一笔竹杠。

成吉思汗看完货物后，不动声色地问道："东西不错，价值几何？"巴勒乞黑回答了价格，报价超过了物品原价的足足二十倍！

报完价后，巴勒乞黑美滋滋地等数钱呢，谁料成吉思汗勃然大怒。作为富有四海的大汗，根本不会在乎那点钱，只是他从巴勒乞黑眼神中读出了狡诈嘲弄，立刻下令将他带到大汗物品储藏室。

储藏室的门打开了，巴勒乞黑立刻傻眼了。各种各样的物品应有尽有，其中就有大量巴勒乞黑带去的货物，他立刻明白了，自己漫天要价的诡计被看穿了，不觉得双腿一软。

成吉思汗以欺瞒罪名下令将巴勒乞黑关押起来，他的货物全部没收。

此时，巴勒乞黑的另外俩伙伴还在外面候着，他们很快得知了内情。等轮到他们觐见的时候，成吉思汗同样询问价格。这俩人脑子飞快地转了起来，如果价格报高了，肯定会与巴勒乞黑落得同样下场；如果如实报价，不就等于坐实了同伴的罪名。

没经过太多思索，他们马上转变口径，声称我们花剌子模国王听到大汗您的威名，仰慕已久，所以不远万里，委托我们送点薄礼给您，聊表寸心，哪敢向您要钱呢！

成吉思汗一听，非常高兴，便说心意我领了，但你们的东西我不白要，你们还是报个价吧。但无论成吉思汗怎么问，他俩就一口咬定，绝不要价。

如此一来，成吉思汗就把他们当成花剌子模的使节了，心情一好，就给他们非常高的赏金，相当于还是以高价买下了他们的货物，顺便把巴勒乞黑也给放了，摆下盛宴招待他们，尔后又让人带着他们到草原各处转转。

过了一段时间，三人离家日久，动了思乡之情，便向成吉思汗辞行。

成吉思汗想这三人对路途熟悉，便打算组建一支商队，让他们带队到花剌子模去做生意。消息传开，各王公贵族乃至后妃纷纷派出自己人，最后组成了一支由450人和500峰骆驼构成的庞大商队。

巴勒乞黑等三人当初来到蒙古草原的时候，不过是一支小小的商队，如今回程却要带上如此庞大的队伍，自然感到得意洋洋，心想这次回到老家可算风光无限了。

临行前，成吉思汗特意让他们给花剌子模算端摩诃末捎封信，在信中，成吉思汗再次表达了希望两国友好往来、维护自由贸易的意愿。

一切看上去如此美好，世人们都觉得东西方这两位伟大的君主都很理智，和平交往，远离征战，和气生财。无论成吉思汗还是摩诃末都经历了多年的战争，开始有点厌倦征战，双方皆不愿意迈出战争的步伐。

但是历史总是出现意外，偶然的一件事，彻底改变了历史的走向，千百万人的命运就此改变。在以后数年的一场战争中，花剌子模城市变为废墟，田园荒芜；繁盛的河中地区，变成了荒无人烟的不毛之地。导致这一切发生的直接原因，是有人洗劫了成吉思汗派出的商队。

干下这桩蠢事的人叫做亦纳勒术，他是花剌子模边境城市讹答剌（位于哈萨克斯坦奇姆肯特市阿雷思河和锡尔河交汇处）的长官，他的正式封爵叫做海儿汗（突厥语，强大的汗之意）。

花剌子模境内的突厥人势力颇为强大，其重要原因是摩诃末母亲秃儿罕哈敦（哈敦，即太后之意）具有突厥血统，她非常依赖突厥人，围绕着她形成了一支势力强大的突厥政治势力，摩诃末对她也颇为忌惮。

关于亦纳勒术的身份，史书的记载有差异，《世界征服者史》称他出自秃儿罕哈敦家族，而按照《史集》记载，他有可能是摩诃末的同父异母弟弟。

不管哪一种说法，他都是依仗秃儿罕哈敦撑腰，一贯作威作福，吃拿卡要，贪婪无比，对他这种做法，摩诃末也唯有睁一只眼闭一只眼的份儿。

讹答剌的地理位置非常重要，是丝绸之路上的交通枢纽城市，从这里可北上俄罗斯钦察草原，西进通往罗马帝国。南来北往的客商多在这里歇脚，休息补给一番，然后再各奔目的地。

公元1217年，成吉思汗的庞大商队来到了讹答剌城，亦纳勒术接待了他们。商队携带的大量财物，引来亦纳勒术的垂涎。成吉思汗向来用人不拘一格，从不在乎他的出生地、民族和信仰等，这次派出商队成员中同样有来自各地的人，其中有一个印度人，他以前多次来过讹答剌城，与亦纳勒术也算是老相识了。

或许是在酒席间喝多了，这名印度人开始没大没小，大呼小叫，直接呼叫亦纳勒术名讳，而且滔滔不绝地炫耀成吉思汗如何如何强大，颇有扯起虎皮做大旗的意思，惹得亦纳勒术勃然大怒，下令将商队相关人员统统关入监牢，并打算以此为借口独吞商队的财物。

亦纳勒术虽然贪心，但头脑还是很冷静，毕竟事关两国外交，这种事还是有必要向摩诃末汇报一下，万一出了事，自己也好撇干净。在给摩诃末报告中，亦纳勒术添油加醋了一番，声称逮捕了一支来自遥远东方的蒙古人商团，据观察，他们有间谍嫌疑，特向算端请示怎么处理。摩诃末很快回了处理意见，批示道："人统统处死，财物充公。"

这是大多数史书中的记载，但也有不同说法，比如《多桑蒙古史》中写道：摩诃末命令亦纳勒术暂且将他们收监看押，不过，亦纳勒术擅做主张，将商队人员处死。

不过看上去，是由于亦纳勒术贪财，杀人劫财的可能性比较大一些。

但不管是谁最终下的命令，事情无可挽回地发生了。

这些怀揣发财梦的商人们做梦也没料到会命丧异国他乡，落得人财两空。亦纳勒术自以为做得干净利索，没有留下任何蛛丝马迹，迫不及待地清理商队遗留下的财物。

他万万没想到，还会有漏网之鱼。

有一个赶骆驼的小伙计，不知用什么手段，竟然躲过了亦纳勒术的屠刀，顺利逃了出来，回到蒙古，将经过原原本本报告给了成吉思汗。

本来是抱着美好的愿望派人前往，没想到带回来的却是噩耗。

成吉思汗的悲愤可想而知，按照蒙古人复仇的传统，他绝不会咽下这口气。成吉思汗这些年来东征西战，无往不胜，敌人听见他的名字无不吓得发抖，如今自己的尊严竟然在遥远的花剌子模受到了挑战，众人一致要求，希望成吉思汗立刻出兵，教训一下不知死活的花剌子模人，让他们血债血偿。

愤怒过后，成吉思汗很快冷静下来，面对花剌子模这样一个遥远的陌生国家，轻易发动战争，谁也不知道接下来会发生什么。他头脑中的第一个念头，是希望能够和平外交解决，不到万不得已，尽量不要打开战争的阀门，与新兴大国花剌子模开战，胜算几何，实在很难说。

经过一番斟酌后，成吉思汗决定再次向花剌子模派出使团，做外交交涉。使团由一名叫做伊本哈副剌兹的花剌子模人和两名塔塔儿人组成。从中可以看出成吉思汗的胸襟气度，与花剌子模马上就要面临交战，而塔塔儿人是他的仇敌，但他却敢于任命这两类人代表他出使。

使团抵达花剌子模后，向摩诃末递交了成吉思汗的信，信文内容很简单，表达了两层意思：如果是别人违背了摩诃末的意愿，擅自处死了我的商队，那么请把他交给我处置；但如果是你自己的主张，下命令处死了我的商队，那么请做好战争准备。

摩诃末接到成吉思汗的信后，不管他的真实想法如何，面对如此强硬威胁的外交措辞，他已无路可退。他下令先将伊本哈副剌兹这个吃里扒外的花剌子模人处死，然后将另外两个塔塔儿人割掉胡须后驱逐出境。

当两名下巴光秃秃的塔塔儿人出现在成吉思汗面前时，成吉思汗彻底暴怒了。

在古代，男人被割胡须是莫大的羞辱，割了塔塔儿人的胡须，打的是成吉思汗的脸，何况还有一名使节被杀。

好吧，既然如此，剩下的事，就用弯刀来说话吧！

第三节

储位之争

成吉思汗独自一人走上高山之巅，向苍穹厚土隆重跪下，将腰带解下，搭在肩上，将脸伏向大地，绝食三日，祈祷神灵保佑他西征花剌子模获胜。

成吉思汗如此隆重的祈祷仪式，上一次要追溯到他被泰赤乌人围困在不儿罕山，当他走出大山时，以这种方式感谢神灵保佑。由此可见，对于这次出征，他自己也是没有绝对把握的。

陌生的国度，遥远的征途，未来会如何，大家都心里没谱。众人忧心忡忡，因为成吉思汗也是肉体凡胎，战争中刀剑无眼，难免有个意外。此时成吉思汗已经57岁，年届花甲，对于一个饱经战争风霜的老人来说，谁也说不准会不会出个闪失。

在古代社会，君王的传承问题一直是困扰帝国的难题，如果处理不当，轻则发生宫廷斗争和血腥政变，重则导致国家分崩离析。

当年亚历山大大帝不可一世，四处出击，帝国国土横跨亚、非、欧三大洲，可谓亘古罕有。不料，亚历山大暴死于远征途中，结果由于帝位继承问题，引发内斗，庞大的帝国很快四分五裂，沦为昙花一现。类似例子，在中外历史上比比皆是。

古来帝王相当忌讳立储君，因为一旦确立了继承人，很容易形成一个围绕储君的新政治团伙，势必会对帝王君权进行侵蚀，有些人为了抢先接班上位，王室之内发生血拼的伦理惨剧数不胜数。所以关于立储的事，谁也不敢在成吉思汗面前提及。

公元1219年春，成吉思汗远征在即。出发前，他召开御前会议，就远征事宜作出相关部署。会议即将结束之时，也遂夫人站了出来，她对成吉思汗说："大汗此次万里远征，一路跋山涉水，平定西域诸国，但路途遥远，凶险难料，万一您伟岸的身躯有个不测，您身后的百姓将怎么办？您有四个英雄的儿子（指孛儿帖所生的嫡出四子，分别是术赤、察合台、窝阔台、拖雷。），您看托付给谁最合适？"

也遂夫人的这番话说得很及时，众人都看着成吉思汗，同时为她捏把汗，担心会招来成吉思汗的雷霆之怒。

这番话要是出自别人之口，肯定会引来成吉思汗的猜忌，怀疑他是否勾结新君，为自己身后事和家族人谋利益，但也遂不会，她是塔塔儿人，族人基本被屠杀殆尽，已没有任何政治根基。正因为如此，她的话才会让人觉得，她完全是为成吉思汗着想，为蒙古汗国考虑。

果然，成吉思汗听后点点头，用赞赏的语气说："也遂虽是妇道人家，说得很对，我的弟弟们、儿子们，博尔术、木华黎谁也没有向我提起这件事。我不是继承祖先的汗位，所以没有考虑到接班人的问题。万一我发生了不测，没有来得及交代身后事，可怎么办！"

成吉思汗环视了在场人一圈，将目光落在术赤身上，说："术赤，你作为长子，先说说你的看法。"

与汉地嫡长子继承制不同，蒙古有着幼子守灶的传统，所以成吉思汗的询问是例行公事，在继承人资格方面，术赤并不占据优势。

术赤正在考虑如何回答，没想到却被二弟察合台抢先一步，抢了话题。

"父汗询问术赤，难不成想将大汗位置传给他？他可是蔑儿乞人的野种，我可绝对不听他的管束！"察合台嚷嚷起来。

当年，孛儿帖被蔑儿乞人掳走，在回来途中生下术赤，关于术赤究竟是谁的孩子的问题，一直困扰着成吉思汗，是他挥之不去的痛，此段经历也是孛儿帖终生难以抹去的耻辱。对此，蒙古上下忌讳若深，谁都不敢揭这块伤疤。

没想到，察合台竟然冒冒失失在大庭广众之下说了出来，帐内气氛顿时凝重起来，无人敢接话茬，成吉思汗铁青着脸，气得一言不发。

术赤哪里受得了这般羞辱，立马跳了起来，一把扭住了察合台，大声喝道："父汗都从来没有如此说过我，你凭什么这样说我？有何证据说我是外人？除了牛脾气外，射箭、摔跤，你哪点比我强？不服我们可以比试，要是输给你，我自剁拇指，倒在地上不敢再站起来。请父汗为我们圣裁！”

察合台冷笑道：“理由？我这样说，还需有理由吗？这件事全蒙古上下谁人不知？”

术赤又羞又气，脸色一阵白，一阵红，扭住察合台，两人就在成吉思汗面前撕打起来。

面对突然发生的这一切，众人都一脸愕然，不知该说什么好，因为这涉及成吉思汗的家庭隐私，外人岂敢随便插嘴。一时间，汗帐内的气氛尴尬到了极点。

长期以来，无论是跟随成吉思汗作战，还是管理部族事务方面，术赤都尽到了长子的本分，他的勇敢和能力也是被众人看在眼里的，赢得了大家的一致称赞，成吉思汗也从来没有在待遇和亲情方面将他另眼看待，而是与众子一样平等相待。但在内心深处，术赤的血统一直是他心头解不开的结。

如今，察合台当众揭伤疤，戳脓疮，成吉思汗心中气愤、耻辱、痛恨交织在一起，都不知道说什么。

察合台表面上看很鲁莽，其实内心中很精明，他有自己的小算盘。身为次子，无论是嫡长子继承，还是幼子守灶继承，都与他无缘，他和术赤一直不和，因此他下定决心，自己得不到，也决不让术赤得到。

察合台对成吉思汗的内心世界很了解，知道父亲是不情愿将汗位传给身份不清不楚的术赤，因此他胆敢跳出来搅场。成吉思汗的沉默，让察合台觉得自己进一步验证了父亲的真实想法。

眼看着术赤和察合台撕扯，众将都觉得再闹下去实在不成体统，便纷纷站出来劝阻，木华黎和博尔术趁机将两人拉开，而哥俩还气咻咻的，挣扎着试图挣开扑向对方。

此时，察合台的老师阔阔溯斯站了出来，对察合台说道：“察合台，你怎能这样说话，还在你没出生之前，你母亲被蔑儿乞人掳走，那是她自愿的吗？你的这番话，对得起你善良慈爱的母亲吗？术赤和你同出一个娘胎，难道你们不是同胞兄弟吗？你怎么可以埋怨你的母亲？孛儿帖夫人她的心就像天上太阳一样明亮，胸襟就像大海一样宽广，你的父亲和母亲，含辛茹苦将你们养大，你不想着怎么与兄弟一起为大汗建功立业，反而在母亲的伤口上撒盐！”

阔阔溯斯一番话，驳得察合台哑口无言，是的，他可以贬低哥哥术赤，但绝对不敢诽怨母亲。

阔阔溯斯的话字字千钧，击打在在场每个人的心上。成吉思汗知道自己再也不能沉默下去了，便开口说："察合台！你怎么可以如此说你的兄长？术赤是我的长子，今后不要再提及此事！"

成吉思汗这是在公开场合宣布了术赤就是自己的儿子，堵住了众说纷纭的嘴，无疑对术赤有利。

察合台马上回答说："术赤也不用和我比试了，我和他是弟兄中年长的，我愿意推荐窝阔台为继承人，窝阔台为人品性敦厚，我愿意服从他的管束。"

成吉思汗听后，便回过头问术赤："术赤，说说你的看法。"事已至此，术赤知道自己已经与汗位无缘了，便说："我愿和察合台一起辅佐窝阔台做大汗！"

成吉思汗明白，术赤和察合台虽然嘴上和好，但以后很难在一起共处了，便说："天下之大，无边无际，你们没必要挤在一起，可以自由去扩展，各自守好自己的土地就行了，愿你们说话算数，不要再做出让人耻笑的事情来。"

说完，成吉思汗又对窝阔台道："窝阔台，你有什么想法？"

按理说，长子术赤和幼子拖雷是最有力的竞争对手，窝阔台没想到最终花落自家，心中自然高兴，但此时也不能表现得过于兴奋，便摆出一副忧心忡忡的样子说："父汗既然降恩于我，我怎敢退却，一定全力以赴担起重任，就怕我后代中出现'用饲料包裹连牛都不吃，用油脂包裹连狗都不吃'的不肖子孙。"

窝阔台看似不动声色，其实深谋远虑，一开始就已考虑让汗位在自己这一脉传下去。

窝阔台言毕，成吉思汗又征求拖雷的想法。

如今大局已定，形势明朗，拖雷或许心有不甘，但已无力回天，还不如索性做个人情，便说："我愿在兄长之侧，提醒他忘记的事情，叫醒酣睡中的他，服从他的命令，为他出征，替他征战厮杀！"

听完诸子的表态，成吉思汗觉得很欣慰，便又说："我的三个弟弟家，各推荐一个人上来，将来如果窝阔台家出了'用饲料包裹连牛都不吃，用油脂包裹连狗都不吃'的不肖子孙。你们这么多人，难道我子孙中就不会出一个可以继承大汗的英雄吗？"

成吉思汗这话是给窝阔台敲警钟，别以为定了继承人身份后，就可以坐等接班，如果不努力，同样有人可以替换掉你。

关于继承人的纷争总算平息下来，但也留下了许多隐患，那就是成吉思汗没有为后世子孙留下一套科学的继承制度，这也为后世家族内部纷争不断，导致蒙古帝国分裂埋下了伏笔。

或许，在成吉思汗确定继承人时，恐怕没想到自己和自己的子孙会扩张出一个空前绝后的庞大帝国来。

在本次谈话中，隐约透露出一层意思来，那就是成吉思汗西征花刺子模，并非如相关蒙古史书中记载的那样简单，绝非是成吉思汗在商人被杀害后，做出的被动反击。恰恰相反，这有可能是他蓄谋已久的扩张计划，他早就打算为子孙打下一片旷古未有的天下来，然后让他们分头去统治。

无论是《蒙古秘史》，还是《史集》《世界征服者史》等出自东西方不同史学家之手的史书，在撰写过程中毫无意外地要站在蒙古人的角度去记述，所以对成吉思汗要曲意维护，百般粉饰。

处于丝绸之路要道上的花刺子模地理位置非常重要，河中地区异常富庶，当代中外研究蒙古史的史学家中，相当多的人都认为，正是这些因素刺激了成吉思汗，对花刺子模产生觊觎之心。所谓的商团被杀，只是为成吉思汗提供了一个攻打花刺子模的借口而已；甚至有人认为，派出商团本身就是一个阴谋，就是要引诱花刺子模人落入自己的陷阱，在商团中难保真的就有化装成商人的间谍。

然而，所有这一切都不重要了，成吉思汗的铁骑即将踏上漫漫征程，一场改变中西方历史的战争即将拉开帷幕。

第八章

征战花刺子模

第一节

剑指讹答剌

1219 年阴历四月，蒙古克鲁伦河畔。

远远望去，营帐一座挨着一座，仿佛要绵延到天边，人欢马嘶，勇士们的铠甲和武器在太阳下闪耀着光芒，大批人马源源不断地从各地赶来。

为了远征花剌子模，成吉思汗做了充分准备，将各部人马都调动起来，要求各个与蒙古结盟的部落、国家都派出军队参战。

蒙古人过着游牧生活，平常逐水草而居，四处零散在自己的牧场，平常没有成建制的军队，一旦遇到对外战争，就从四面八方汇聚到大汗驻地，组建军队，然后出战。

畏兀儿是唐朝时期回鹘人的后裔，即今维吾尔族的祖先。回鹘汗国灭亡后，有一部分回鹘人西迁西域，建立高昌回鹘，领土东起伊州（今哈密），西至龟兹（今新疆库车），北至准噶尔盆地，与乃蛮部为邻，南起鄯阐（今罗布泊附近），与吐蕃部相接，以高昌为都城。

高昌回鹘本为西辽藩属国，乃蛮部被成吉思汗消灭后，见识了蒙古人的强大，高昌回鹘国王巴而术阿而忒的斤决定改换门庭。

1209 年，高昌回鹘将西辽驻该国的少监处死，派人到蒙古，表示愿意臣服于成吉思汗。两年后，高昌回鹘国王巴而术阿而忒的斤带着大量珍宝亲自来朝见成吉思汗，成吉思汗让他与自己的儿子术赤等结为兄弟，同时将女儿也立安敦嫁给他。

哈剌鲁部本为突厥裔，是唐朝葛逻禄之后，生活在伊犁河和楚河流域，原本也是西辽的藩属。1211 年，哈剌鲁部马木笃汗在蒙古大军压境之际，杀死西辽少监，向蒙古投降，并亲自拜见成吉思汗。成吉思汗与马木笃汗结为姻亲，将女儿阿勒合别乞嫁给马木笃汗的儿子也先不花。

阿力麻里斡匝儿汗眼看形势不妙，识趣地主动向蒙古臣服，成吉思汗也同他结为姻亲，将术赤的女儿嫁给斡匝儿汗的儿子昔格纳黑的斤。

如今，成吉思汗西征，畏兀儿、哈剌鲁、阿力麻里等接到成吉思汗的命令后，全都派出部队参战。

唯有西夏例外，它拒绝服从成吉思汗的命令。

西夏此时已与蒙古结盟，成为蒙古的属国，有义务出兵，但是西夏人错判了形势。党项人建立的西夏，以彪悍善战著称，有着相当骄傲的传统，臣服蒙古，其实不过是权宜之计，实际心有不甘。当成吉思汗派出使节抵达兴庆府，要求出兵时，他们一口回绝了。

西夏非但拒绝了成吉思汗出兵的要求，还对来使嘲弄了一番，西夏大臣阿沙敢不嘲讽道："既然你们觉得出征兵力不足，还称什么汗呢，干脆取消算了。"

西夏之所以敢拒绝成吉思汗的命令，一方面因为当时西夏国内，皇帝已被权臣阿沙敢不架空；另一方面，他们认定蒙古西征在即，根本无力分兵报复。何况万里远征，蒙古人究竟胜算几何，只有天知道。因此，他们胆敢公然挑衅成吉思汗的权威。后来，西夏人为他们的鲁莽决定付出了惨重的代价。

得知西夏拒绝出兵后，蒙古上下非常气愤，有些人建议成吉思汗立刻出兵，教训一下不知天高地厚的党项人。

成吉思汗在愤怒之后，很快冷静下来，如今花剌子模是主要敌人，一旦征服花剌子模，西夏自然而然会屈服；如果因一时冲动，先征讨西夏，无疑给了花剌子模人备战的宝贵时机，以逸待劳，肯定对劳师远征的蒙古大军不利。

经综合考虑后，成吉思汗决定先将西夏放在一边，全力以赴远征花剌子模，他当众宣布："如果长生天庇佑，容我先灭回回（指花剌子模国），再和唐兀特人（指西夏）做个了断！"

西征大军由蒙古人、汉人（主要来自金国）、畏兀儿人、契丹人、女真人等组成联军，共计二十余万人，为了虚张声势，号称六十万大军。

大军出发之际旌旗蔽日，人欢马嘶，浩浩荡荡，一路向西，至1219年阴历五月，抵达乃蛮部旧地，遂翻越金山（即今天新疆阿尔泰山，山中盛产黄金，故名）。时在夏季，金山之中，冰雪融化为涓涓细流，在山间流淌。远远望去，山尖尚为白雪覆盖，在山腰却已是树木葱茏，山花烂漫。眼前景象，让长期生活在草原上的蒙古人感到好奇又新鲜。随大军出征的耶律楚材，用如花妙笔真实记录了蒙古大军翻越金山时遇到的奇异自然景观。

金山的景色虽然美丽，但路途却不好走，山中根本没有供大军行走的道路，成吉思汗只好命令士卒们开凿道路，大军在有惊无险中翻过了金山。

翻过金山后，便进入了传统意义上的西域。1219 年 6 月，大军抵达也儿的石河（今新疆阿勒泰额尔齐斯河）。耶律楚材感慨万千，顿生悠悠怀古之情，当即赋诗一首：

天兵饮马西河上，
欲使西戎献驯象。
旌旗蔽空尘涨天，
壮士如虹气千丈。
秦皇汉武称兵穷，
拍手一笑儿戏同。

在耶律楚材看来，跟成吉思汗此次西征相比，当年秦皇汉武的武功也不过小儿科罢了。

蒙古大军在也儿的石河举行盛大的祭旗仪式，不料在隆重的仪式举行过程中，朗朗晴天转瞬之间天色大变，纷纷扬扬地下起大雪来，足足下了三尺厚。

这在当地是很常见的自然现象，但对长期生活在蒙古草原的成吉思汗来说，在盛夏季节下雪是件不可思议的事，他认为这是长生天在警告他，为此心里很是忧惧。

还是耶律楚材聪明，他看到成吉思汗犯愁，便说：“天降瑞雪，这是预示我们一定会战胜敌人，是取得胜利的好兆头啊。”

听长胡子这么一解释，成吉思汗疑虑顿消，便下令大军继续前进，沿途遇到一些小部落，无不闻风而降，根本没遇到像样的抵抗。随后，成吉思汗率领西征大军翻越天山，天山山势险峻，根本没有任何像样的道路可供人马前行，每前进一步都很困难。

等大军攀登至天山山顶，发现有一处天池（即今天的赛里木湖），湖水清澈，宛如仙境，但接下来路更难走了。成吉思汗下令大军暂时绕湖安营扎寨，命令察合台开山修路搭桥。

趁着察合台修路之际，其余人马在这天地胜景中暂且得到休息，准备迎接接下来的恶战。

等道路修通之后，成吉思汗率领大军从一个被称作果子沟的山谷中走出天山，西域名城阿力麻里距离这里已经不远了。当时斡匝儿汗已死，他的儿子昔格纳黑的斤继位，昔格纳黑的斤娶了术赤的女儿，按辈分是成吉思汗的孙女婿，他早早就带人迎接蒙古大军的到来。

成吉思汗对孙女婿的表现很满意，让大军在阿力麻里暂作休整，然后带领人马渡过伊犁河，一路向西，再渡楚河，进入今天的中亚地界，随即进入西辽故都八剌沙衮。

西辽早已是蒙古的囊中之物，一路上除了鞍马劳顿外，基本上一帆风顺，没遇到什么挫折。此时，离花剌子模边境已不远了。蒙古大军剑锋直指导致此次远征的诱因之地——花剌子模边境城市讹答剌。

1219 年阴历九月某日，讹答剌城的居民一觉醒来后，突然发现城市被包围了，从城头远望，军旗翻飞，战马嘶鸣，刀枪如林，人头攒动，犹如怒海波涛，一眼望不到头。

没有人知道他们是什么时候出现的，犹如从天而降。自从和成吉思汗交恶后，花剌子模算端摩诃末就开始做准备，迎接即将到来的战争。

摩诃末集结了四十万大军，将两万人交给讹答剌海儿汗亦纳勒术，让他在边境御敌，其余军队部署在呼罗珊和河中地区。

摩诃末这样做有他的道理，蒙古大军远道而来，劳师远征，花剌子模人要做的就是充分利用本土作战的优势，以逸待劳。河中地区属于花剌子模的富庶之地，自然要重兵把守，可用诱敌深入的策略将蒙古大军聚而歼之。

但是，这样安排的缺点就是分散了兵力，分兵把守导致没法集中兵力和蒙古大军决战，给了成吉思汗逐个击破的机会，这也是花剌子模最后失败的主因。

蒙古大军虽然号称六十万，但充其量也就是十五万到二十万之间，而花剌子模军队有四十万之众。就兵力而言，花剌子模占优势。

此外，花剌子模人在本土作战，对作战地形很熟悉，补给很容易。花剌子模士兵大多是突厥族裔，体格相对于蒙古人而言比较高大健壮，单兵作战能力强。在此前，花剌子模可谓打遍天下无敌手，军队士气很高涨。

但在战争还没开始之前，究竟鹿死谁手，尚未可知。

亦纳勒术得知城市被围，登上城墙瞭望，但见城外一望无垠的蒙古大军，旗帜足以遮住太阳的光辉，感觉大地在呐喊声和战鼓声中颤抖。

蒙古军攻打花剌子模

亦纳勒术一直抱着侥幸心理，根本没想到，蒙古大军来得如此迅速，让他吃惊不已，一时间失态，下意识地用嘴咬住了自己的手背。

或许那一刻，他开始为自己当初的贪婪产生悔意，但为时晚矣！事已至此，只有抓紧布防，做好城市防御。好在讹答剌城高池深，易守难攻，为今之计，唯有拼死抵住蒙古人的进攻，如果久攻不下，或许自己还有一丝转机。

与亦纳勒术考虑相反，成吉思汗根本没打算集中全部兵力攻打讹答剌。且不说那样一来，蒙古大军会付出很多不必要的牺牲，而且逐个攻城略地，以花剌子模国家的体量，估计战争还没结束，蒙古大军就要全部命丧异国他乡，如此正中摩诃末下怀。

经过深思熟虑，成吉思汗决定兵分三路，命察合台、窝阔台继续围攻讹答剌，不急于攻下城池，只要吸引敌人的注意力就行。另外一路，命长子术赤带兵攻打讹答刺周边的小城，剪除外围，彻底切断外援，让讹答刺沦为一座孤城。成吉思汗则带幼子拖雷亲率一军，泅渡锡尔河，取道西南沙漠，奇袭不花刺城。

第二节 奇袭不花刺

成吉思汗之所以亲率大军攻打不花刺（即今天乌兹别克斯坦布哈刺，地处阿姆河畔）是有原因的，因为该城的地理位置太重要了，可以毫不夸张地说，得不花刺者得花刺子模。

不花刺位于花刺子模新都撒马尔干和旧都玉龙杰赤之间，一旦拿下不花刺，相当于在花刺子模的腹心插了一刀，切断了两都之间的联系，使之首尾不能兼顾，将摩诃末部署完全打乱，势必会极大地震撼花刺子模军民。

在奔袭不花刺途中，蒙古大军遇到一座小城匝儿讷黑。成吉思汗觉得，如果直接绕过它前行，一旦被当地居民察觉，走漏风声，会直接打乱奇袭计划，还不如索性顺道将它拿下。

正值黎明时分，匝儿讷黑城的居民惊奇地发现，明明刚才天色将亮，但突然又暗了下来，紧接着，从天际传来铺天盖地的马蹄声，原来是蒙古大军踏起的尘土弥漫在天空，使得天色变暗。

匝儿讷黑的守军急忙关闭城门，满怀忐忑，不知将要发生什么事，一切看起来像一场噩梦。

为了不战而胜，减少前进道路上的阻力，成吉思汗决定先遣使者（是一名伊斯兰教徒）进城劝降。蒙古使者进入匝儿讷黑后，对众人宣布，只要投降，成吉思汗保证不会杀害他们；如果顽固抵抗，将会寸草不留。

明眼人都能看出来，就凭城内这点防守力量，根本不是成吉思汗的对手，想要抵抗，无疑是螳臂当车，自寻死路，但蒙古人的话究竟有几分可信，谁能保证他们会遵守诺言，而不会翻脸不认人呢！

城内众说纷纭，有人建议马上投降，或许还有一条活路；有人说一定要抵抗到底，如果贸然投降了成吉思汗，难道不怕将来算端摩诃末秋后算账？还有人说，先暂且不给回话，设法拖着，等过一阵子，蒙古人说不定就自行撤退，也未可知。

人一多，情绪会很容易受到别人言语的煽动，在大家的七嘴八舌中，号召抵抗到底的言论逐渐占了上风，有人开始呼吁杀掉使者，向成吉思汗表明阖城百姓死战到底的决心。

成吉思汗派去的这名使者叫做答失蛮哈只卜，是一名学识渊博的伊斯兰教长老，非常机智。他看见众人向他涌来，情绪非常激动，如果赶紧不说服，说不定场面马上失控，这些人扑上来，一人一脚就会将自己踩死。

在这危急时刻，答失蛮哈只卜大声呼吁众人冷静，并说明自己并不是蒙古人，而是和大家有着共同的信仰，是一名虔诚的穆斯林。

众人听后，变得沉寂下来，开始听答失蛮哈只卜说话。

答失蛮哈只卜趁机说："我受安拉启示，奉成吉思汗之命，拯救你们于水火，如果大家听我的话，向成吉思汗投降，你们的家庭、生命将得到保全；如果执意抵抗，那么这座城市将化为尘土，你们的鲜血将染红大地！"

匝儿讷黑的居民被答失蛮哈只卜的一番话所慑服，被热血冲昏了的头脑也开始冷静下来。双方的势力悬殊，如果开战，其结局是可想而知的，必败无疑，众人陷入沉思。

为了打消众人的顾虑，答失蛮哈只卜誓称倘若匝儿讷黑人向成吉思汗投降后，若有一个人受害，自己将承担全部罪责，情愿接受真主的惩罚。

匝儿讷黑人终于打消了顾虑，决定向成吉思汗投降。答失蛮哈只卜靠一人之力，使得匝儿讷黑免除了灭城之危。

此时，在城外的蒙古大营中，成吉思汗见答失蛮哈只卜久久不归，开始变得焦躁不安，耐心正一点点消失。

当匝儿讷黑城派来的使者出现在大帐时，成吉思汗正在发脾气，他觉得城内的头面人物没有出现，仅仅派几个代表，根本没有显示出诚意来。

使者只好灰头土脸地往回赶，向城内权势人物和豪绅们转达了成吉思汗的意思。众人听完，只好硬着头皮，惴惴不安地来到蒙古大营亲自拜见成吉思汗。

出乎意料的是，这一次，成吉思汗热情地接见了他们，并温言安抚大家，这些人早已犹如惊弓之鸟，唯唯诺诺，但内心稍安。

就这样，成吉思汗没费一兵一卒，就顺利进入了匝儿讷黑城，并遵守诺言，没有杀害城中任何人。

不过，成吉思汗仅仅答应不杀人，但没承诺不要财物。很快，城中居民接到蒙古人的命令，阖城百姓，无论男女老幼，全部撵出城。

接着，蒙古人开始了毁城行动，匝儿讷黑城被彻底夷为平地。然后，蒙古人从居民中挑选青壮男丁，征为"哈沙儿"军(即蒙古军的仆从军)，跟随蒙古大军一起征讨不花剌，余者自由遣散。

没有一矢之遗，便轻而易举地占领了匝儿讷黑，成吉思汗觉得这是个好兆头，便将匝儿讷黑城易名为"忽都鲁一八里"(即"幸福城"之意)。

为了加快行程，成吉思汗选用当地一名熟悉道路的突厥蛮做向导抄近路，如此一来，节省了不少路程。很快，大军逼近通往不花剌的小城讷儿城(今乌兹别克斯坦撒马尔罕省努腊塔城)。

大军行进途中，蒙古士兵们砍伐了路边的一些树木，制作成梯子慢悠悠地向讷儿城进发，讷儿城守军已是多年未打仗，不知刀兵已久，思想上难免松懈，远远看见一群人扛着梯子走，觉得很奇怪，等他们反应过来时，蒙古人已经抵达城下，便慌忙关闭城门。

成吉思汗依然先派人到城里劝降，宣布世界征服者成吉思汗已经驾临城外，要大家早作决断。讷儿城的军民心情很矛盾，他们既对摩诃末没好感，同时对成吉思汗也不太了解。有人主张归降，有人主张抵抗，谁都说服不了谁。

最终，大家决定先和蒙古人谈判，再作决定。经过讨价还价，双方达成协议，讷儿城居民向成吉思汗投降，并为蒙古大军提供粮草补给；作为回报，蒙古人不得进入城中。

讷儿城居民派使者带上大量贵重礼物去拜见成吉思汗，没有经过任何征战便归顺，出现这种局面自然是再好不过了。

成吉思汗命令大将速不台处理讷儿城的善后事宜，自己则带领大军继续前进。速不台代表成吉思汗接受了讷儿城的投降，答应为城中居民保留日常生活的必需品以及牛羊等从事农耕的必需之物，但不进城的要求遭到拒绝，下令将居民们全迁到城外，由蒙古人在城中大肆劫掠。

蒙古人劫掠完，心满意足地离开。临行前，又从讷儿人中选出了六十人跟随蒙古军队去攻打不花剌。

匝儿讷黑城和讷儿城两地不战而降，并贡献了大量的财物，使得蒙古军队不但没遭到削弱，反而进一步增强了战斗力。

1220 年阴历三月，成吉思汗率领大军出现在不花剌城下。

不花剌在《元史》中称作蒲华城，位于阿姆河东岸，它是一座历史文化名城，不花剌本意就是学术中心，城中有辉煌雄伟的清真寺，汇聚了中亚各地的学者。

不花剌城的城中守军约有两万人，主要将领有阔克汗、哈谜的布尔、舍云治汗、怯失力汗等。阔克汗来自蒙古草原，对于他的身份，史书中的记载有很大出入，有的史书，如巴尔托德的《突厥史》传讹他就是札木合，很显然这是不可能的，因为札木合此时已死，不过他很有可能是一名从蒙古草原逃出来的落魄贵族。

哈谜的布尔是一名哈剌契丹（即西辽）人，估计是投靠花剌子模的原西辽将领。怯失力汗本是摩诃末的马夫，因备受宠信，一路提拔，直到成为一名将领。

成吉思汗下令将不花剌城四面合围，然后命令骑士们围着城池纵马奔驰，踏起漫天扬尘。不花剌城的守军从城头远望，只见蒙古大军如海啸一般涌来，简直比蚂蚁、蝗虫还要多，还没开战，已是胆战心惊，心中发怵。

就在此时，不花剌城城内流传着一条所谓真主预言，声称“在呼罗珊有条乌浒水（即阿姆河），在此东，有座城将被征服，城曰不花剌”，这条预言像长了翅膀，很快在不花剌城城内的大街小巷疯传，很快全城人都知道了，全城军民被这条预言搞得人心惶惶。这条预言很有可能是成吉思汗利用中亚一带崇信宗教的心理而散布的一条谣言，目的就是瓦解敌人的斗志。

很快，不花剌城守军将士的心理防线被攻破，大家都没有心思守城，一门心思想着如何逃跑。

蒙古大军进攻数日后，不花剌城守军的军心普遍动摇。

成吉思汗觉得像不花剌城这样一座重镇不可能轻而易举地攻下，便命令大军稍作休整，待养精蓄锐后再做攻城打算。

一日凌晨，天色尚未完全大亮，蒙古将士还在沉睡，只听见马蹄声响起，不花剌城守军从城里跑了出来。

刚开始，蒙古人以为是敌人来偷袭了，急忙穿戴盔甲，抄起战刀，准备迎战。谁想到他们并没有奔向蒙古大营，而是冲出城后，一溜烟跑向阿姆河，原来是他们想趁着蒙古人松懈之际，溜之大吉。

蒙古人反应过来，关键时期，岂能放虎归山，便驰马紧追，将这些逃兵全部斩杀殆尽。至此，不花剌城守军的主力部队基本被歼灭。见大势已去，仍不甘心失败的剩余守军撤退到内城死守，打算作困兽斗，殊死一搏。

城内一些乡绅觉得再这样下去，只能是做无谓的牺牲，不如趁早向成吉思汗投降，于是打开城门，迎接蒙古大军入城。

成吉思汗和幼子拖雷率领大军进入城中，在市中心，他看见一座非常华丽的宫殿，便问不花剌的带路党，此处是不是算端的王宫？

此人忙回答："不是，这里是真主的庙堂。"

成吉思汗闻言便下马，健步登上清真寺的祭坛，居高临下地对不花剌人说："现在外面原野上没了野草，但我的战马要进食，希望你们打开仓库，搬出粮食，喂好我的马。"

随后，蒙古人将清真寺里用来存放《古兰经》的箱子全部搬出来，将里面的《古兰经》倒在地上，任人肆意践踏，用箱子作为马槽喂马。

这些被当地信众视为神圣之物的典籍，对于成吉思汗来说一文不值。当然，成吉思汗心中并没有有意羞辱伊斯兰教徒的意思，因为他根本不知道这些书籍的神圣，所以也谈不上刻意为之。

成吉思汗及其子孙从来没有偏袒任何一种宗教，对诸宗教一视同仁。在后来的岁月中，任何宗教都可以在蒙古帝国境内自由传播，统治阶层并不过问。

随后，成吉思汗和将士们在清真寺内敞怀开饮，城中的歌姬用曼妙的舞姿助兴，酒喝到尽兴时，众将士也开始引颈高歌，苍凉的蒙古长调在殿宇上空回荡。

蒙古人酒足饭饱之后离开了清真寺，留下满地狼藉，众多《古兰经》被踩踏成碎片。一位博学的伊斯兰学者目睹眼前景象，不由仰天叹息。

旁边另一位学者担心他祸从口出，引火烧身，便劝他说："别出声，这正是真主吹动的万能之风，而我们无权发言。"

成吉思汗出城，来到一处广场，将不花剌的居民召集起来，站在高台上对他们发表演说。

成吉思汗用眼角横扫了一圈底下黑压压的人群，以征服者的高傲姿态大声说："大家都知道，发生这种灾祸，罪魁祸首就是你们的君王，你们都是有罪之人！在我面前颤抖吧！如果你们问我，我说这话有何理由，我的回答是，是上帝派我来惩罚你们的！如果你们不曾犯下大罪，上帝是不会派我将灾祸降给你们的！"

台下鸦雀无声，不花剌居民们默默地听着。因为此前城中流传的预言，他们都以为这是"真主吹动的万能之风"，所以打定主意默默顺从。

演讲完毕，成吉思汗任命两名蒙古人、突厥人担任不花剌的八思哈（镇守官）之职。

紧接着，成吉思汗让居民们指认城中富人，共指认出 280 名富人，其中 190 人是本城人，余者为外乡人。

成吉思汗让他们站到前面来，然后面无表情地对他们说："地面上的财物你们就不必说了，讲讲你们藏匿在底下的那些财物吧！"

这些有钱人平常把钱看得比命还贵重，但如今早被成吉思汗的气势吓破了胆，哪敢再有丝毫隐瞒，只好如实交代，让管家带领蒙古士兵去找藏在地窖等隐蔽地方的金银宝贝。

在此后日子里，每天都可以看到一大批当地富豪被带到成吉思汗的住处，然后带领士兵们去寻宝，源源不断的财物如山般堆积在蒙古大营，成吉思汗用它们来奖励征战的将士们。

此时，还有一小股不花剌守军退守内城，企图负隅顽抗。成吉思汗决定采用先礼后兵的手段，先派当地绅士代表去招降，谁知遭到严词拒绝。既然如此，只好武力强攻了。

当时内城不花剌的军队约摸有 400 人，人数并不多，但蒙古人向来强于野战，短于巷战，就算有千军万马，在市区中心，也没法施展开来。

眼看不断增长的伤亡数据，成吉思汗一怒之下决定火攻，下令将市区内的建筑点燃。当地民居大多是木质结构，一碰到火星，立马燃烧起来，很快整个不花剌都化为一片火海。

数日后，除清真寺和宫殿这些用砖和石头建造的建筑幸存外，不花剌被烧成了一片废墟，然而熊熊烈火并没有摧垮内城守军的意志，目睹了蒙古军的残暴后，反而更加激发了他们的斗志，守城的决心也更加坚定了。

成吉思汗气急败坏，强征不花剌当地人攻打内城。

为了震慑城内守军，蒙古大军竖起高大的抛石机，磨盘大的巨石不断地被发射出去，从空中呼啸而下，砸向内城，被它击中的人立刻变成肉饼，惨不忍睹。与此同时，从箭楼射出的箭矢犹如疾雨般飞向内城。

然而，内城的不花剌守军并没有被吓到。他们手中的武器比蒙古军更先进，他们不停地点燃弩炮向外发射，同时燃起火油筒（中亚一带盛产石油），不停往外喷火。这种热兵器的杀伤力惊人，不断有进攻的人倒下，死尸越垒越高，填满了城前的护城河，最后几乎跟城墙一样高了。

厮杀声、炮声、哭喊声响彻天地，震耳欲聋，燃烧的火焰染红了苍穹，死尸发出的恶臭几乎令人窒息。

日子一天天过去了，双方都在煎熬中度过，都在拼意志，看谁能熬到最后。很显然，时间不站在内城守军这一边。

战斗进行到最后，双方都筋疲力尽，但双方死伤者多是不花剌自己人，手足相残，亲人互搏，时间一久，任你钢铁意志，也会崩溃。

十二天后，内城守军终于支撑不下去了，城前一处斜坡被蒙古人占领，他们借此放火焚烧城门，内城终于被攻破。

不得不承认不花剌的这些勇士们，以区区 400 人的兵力，竟然和成吉思汗率领的蒙古大军抵抗了近半个月，他们创造了一个奇迹，这也是成吉思汗西征以来第一次遇到的大挫折。

为了泄愤，成吉思汗下令将城中凡是比马鞭高的男性全部屠杀，近三万多人被杀，剩下的妇孺儿童全被罚为奴隶。

不花剌人被成群结队地赶到城外，要求除了身上衣物，不准携带任何东西，然后蒙古军纵马入城，再次大肆抢掠，等他们心满意足之后，成吉思汗下令将不花剌城墙拆除。不花剌，这座古老的文明之城，在战火中被彻底毁灭。

然而屈辱并未结束，据伊本·阿西尔的《全史》记载，当时，不花剌的妇孺在深秋寒风中瑟缩，目睹家园被毁，亲人惨遭不幸，大家都抱头痛哭，这时蒙古兵们骑马赶来，当着其丈夫及亲人的面蹂躏侮辱当地女性，多数人唯有嘤嘤哭泣，不敢反抗。有一名伊斯兰教长鲁克那丁和他的儿子实在忍受不了这种屈辱，站起来与蒙古人抵抗，惨遭杀害。

有一人从不花剌战火中侥幸逃离出来，一路狂奔，跌跌撞撞跑到了呼罗珊地区。由于目睹了不花剌地狱一般的惨状，他的精神世界已经彻底崩溃，当别人问起他的时候，他一脸死灰，嘴里只是不停地反复说着一句话：

"他们到来，他们破坏，他们焚烧，他们杀戮，他们抢劫，然后他们离开。"

第三节

贪婪者的下场

就在成吉思汗一路过关斩将，节节胜利，攻下不花剌之际，讹答剌城的攻城并不顺利。海儿汗亦纳勒术自从处死蒙古商队劫财以后，就有一种预感，蒙古人迟早会来算账，所以他做了充足的备战工作，在城内储备了大量粮食和物资，做好了打持久战的准备。

亦纳勒术打定主意不主动出城与蒙古人作战，凭借讹答剌城坚固的城墙，据险而守，以为蒙古人久攻不下，只要日子一长，便会因后勤给养不足而离去。

蒙古大军攻打讹答剌的行动进行了整整五个月，但城池依然牢牢掌握在花剌子模人手里。察合台是个急性子，气得暴跳如雷，但也无可奈何，窝阔台一向善谋沉稳，但数月时光也使得他再也沉不住气了。

察合台和窝阔台兄弟俩被牢牢套在讹答剌城下，而其他两路大军捷报频传，实在觉得没面子。

不过好在讹答剌周围有的是草场，所以蒙古人不需为战马的草料发愁，双方就这么耗着对峙。

数月之后，讹答剌城内开始人心浮动。一座城市一旦被切断外部联系，任你有再多的物资储备，都有消耗完的一天。况且，大家都认为亦纳勒术是罪魁祸首，没必要做他的替死鬼。

察合台和窝阔台带领的蒙古大军加大了攻城力度。早在与金朝、西夏等作战的时期，蒙古人就逐渐掌握了许多攻城器械的制作和使用方法，在过去数月，许多随军工匠忙着赶制各种攻城工具。在接下来的时间里，这些攻城器械发挥了很大作用，其中有床弩等强大的杀伤武器，也有轒辒车、火车和钩撞车等攻城器械。

在与金朝作战时期，蒙古军开始掌握了火药。蒺藜火球、霹雳炮、震天雷等新式武器是花剌子模人以前从没见过的，轰隆隆的爆炸声对讹答剌城的守军造成了很大震慑，不少人被吓得肝胆俱裂。

在强大攻势的掩护之下，蒙古军将轒辒车、火车和钩撞车推到城下，城门被点燃，在反复撞击之下被攻破。蒙古军蜂拥而入，攻入讹答剌，亦纳勒术被迫撤入内城。

眼看大势已去，城内有一位被摩诃末派来的援军将领哈喇察觉得再这么死扛下去，最终还是死路一条，不如趁早向蒙古人投降，于是他劝亦纳勒术早作打算。

任何人都可以有这种想法，唯独亦纳勒术不行，因为他深知本次战端就是因他而起，成吉思汗是绝对不会饶过他的，为今之计，唯有死战到底。因此，他断然拒绝了哈喇察的建议。

哈喇察见亦纳勒术不为所动，便趁人不注意，带了几个亲信随从，偷偷潜出城来，想溜之大吉，不料被蒙古巡逻兵发现，捆绑带到察合台和窝阔台面前，交给两位王子处理。

两人对哈喇察进行了盘问，哈喇察哪敢隐瞒，如实交代了城内的防守情况，并向蒙古军乞降。察合台最看不起这种软骨头、卖主求荣的人，便说："像你这种出卖主子的人，我岂能相信你会忠于我。"便下令处死了哈喇察。

蒙古人将讹答剌城内的居民全部撵出城外，历经五个多月的战火，讹答剌人早已疲惫不堪，只想早点解脱，面对蒙古人的刀枪，他们表现得像绵羊一样温顺，只是默默地走出城去。

腾空居民后，蒙古军开始对讹答剌城进行大规模的洗劫。以后这种方式，蒙古人在攻城过程中运用得得心应手，屡试不爽。具体操作，就是先派人劝降，劝降不成便攻城，攻下城后，将居民撵出城，然后抢劫，这样一来，最大限度地避免了蒙古人在抢劫之时，由于敌人的抵抗所造成的伤亡。

亦纳勒术此时还带领着两万人马盘踞在内城，抱着与城池共存亡的决心，与蒙古人做殊死抵抗。而蒙古人一旦遇到城市内部巷战，就暴露出短板来。

亦纳勒术决定化整为零，每次派五十人出来冲刺。蒙古兵虽然在数量上占优势，但在市区内，就算有再多的人也无法展开攻势，就算这五十人每次冲出来全都被消灭，也对蒙古人造成了很大创伤。

蒙古人想强攻，但也根本冲不进去。于是大规模的攻防战争演变成旷日持久的零星冲突战，这样又足足持续了一个月，才把亦纳勒术手下的两万兵丁完全消灭掉，蒙古人终于冲进了内城。

此时，亦纳勒术身边只剩下两个护卫兵，他决定战斗到最后，只要尚有一丝气息，决不投降。两名卫兵很快被干掉，就剩下亦纳勒术一人，他且战且退，最后退到屋顶之上，手里已没了武器，就搬砖与蒙古兵搏斗，不少人被他的砖头砸得非死即伤。

察合台没想到亦纳勒术如此顽强，事到如今，决不能让他很便宜地死在战场上，下令务必活捉亦纳勒术。如此一来，蒙古士兵作战束手束脚，反倒是亦纳勒术将砖头不停地从高处抛下来，不断给蒙古人造成新的伤亡。

直到最后，亦纳勒术已无砖头可扔，精疲力尽，瘫在那里，只有出气没有进气，蒙古兵才一拥而上，将他捆绑起来，套上铁链，亦纳勒术再也没力气抵抗了。

亦纳勒术是挑起本次战争的罪魁祸首，而且给蒙古人造成了很大创伤，决不能轻易让他死去。

察合台决定要把亦纳勒术押送到父亲面前，让成吉思汗亲自处理他，成吉思汗此时正在花剌子模新都撒马尔干与敌人交战正酣。当亦纳勒术出现在成吉思汗面前时，他用极其残忍的手段惩罚了他。亦纳勒术当初因为贪财，杀害了蒙古的450名商人，成吉思汗心想，既然你如此爱财，我就满足你。他下令将白银熔化成液体，然后将银汁灌进亦纳勒术的耳朵和眼睛，亦纳勒术在这种恐怖的刑法中悲惨地死去。

蒙古人占领讹答剌后，除了手艺工匠得以活命，随军听命，其余男人皆被处死，城池从大地上被彻底抹去，昔日的繁盛不复存在，只留下一片荒原，仿佛这里什么都未曾存在过。

第九章

征服撒马尔干

第一节
攻占毡的

察合台、窝阔台攻打讹答剌和成吉思汗攻陷不花剌之际，术赤率领大军征战于毡的一带。

大军在征途中，首先到达的城市是锡尔河畔速格纳黑城（位于今哈萨克斯坦苏纳克库尔干）。按照蒙古人的征战惯例，术赤派哈散纳前去劝降，毕竟不战而降是上上之策。

自唐天宝安史之乱后，中原王朝战略收缩，阿拉伯帝国恰好于此时兴起，趁机入侵河中地区，伴随而来的是伊斯兰教的传播，当地人纷纷改信伊斯兰教，这些人善于经商，游走于东西方之间，被称作“回回”。

待到蒙古人崛起后，商业嗅觉灵敏的回回中有不少人开始投靠蒙古人，借助蒙古人强大的背景经商。同时，他们利用宽阔的眼界、丰富的语言优势为蒙古人刺探军情、提供情报等，还常常扮演蒙古人的使者角色，哈散纳就是其中一人。哈散纳很早就投靠了成吉思汗，他是与成吉思汗共饮班朱尼湖浑水盟誓的十九人之一。

哈散纳自认为当年常往来于速格纳黑城，在当地有一定的人脉资源，加上自己又是穆斯林，对于此次招降，本是信心满满。

然而，哈散纳万万没想到，他刚进入速格纳黑，还没来得及表明身份，展开劝降工作，就被一群义愤填膺的当地人包围。

估计这些人听说了蒙古人在其他地方的屠杀和抢劫暴行，情绪非常激动，看到哈散纳后，认为他是蒙古人的走狗，所以不由分说，就将哈散纳团团围住，一边高喊“安拉万岁”的口号，一边拳脚相加。

可怜哈散纳没来得及说一句话，就被活活打死了。而这些人尚且不知大祸临头，自以为得计，等着领赏，不会料到全城百姓将跟着他们一起倒霉。

术赤听说使者遇害，勃然大怒，下令大军立刻攻城。七天后，速格纳黑城被蒙古大军攻破。为了复仇，术赤下令城中一个不留，全部屠杀，速格纳黑城彻底变成了一座鬼城。

术赤委任哈散纳的儿子为当地长官，让他将当地偏远地带的人集中起来，填充速格纳黑城，自己则带领大军继续开拔，向毡的挺进。一路上遇到几座小城，无不望风而降，术赤也没有做过多停留。

听说蒙古大军杀来，胆小如鼠的毡的守将忽都鲁汗还没看见敌人的影子，就带上人马趁着夜色遁逃了。他一路狂奔，马不歇鞍，趟过锡尔河，横穿沙漠，潜逃到玉龙杰赤去了，将一座不设防的城市留给了蒙古人。

术赤得知毡的已无守军，觉得没必要大动干戈了，便派成贴木儿到城中招降。现在城中已没了主事的人，乱成一锅粥，众说纷纭，有赞同投降的，有坚持抵抗到底的，七嘴八舌，谁也说服不了谁。

有人开始在暗中煽动杀死蒙古使者成贴木儿，好彻底断了投降的念头。一时间群情激奋，眼看就要局面失控，在速格纳黑城哈散纳被杀的一幕似乎在毡的即将重演。

好在成贴木儿临危不乱，他竭力保持镇定，将速格纳黑城蒙古使者被杀的前因后果大声、简要地讲了一遍，让大家想想后果，不要贸然冲动，感情用事，免得招来蒙古人的报复。

众人听完，渐渐冷静下来，成贴木儿趁机劝他们说，只要投降，保证大家安全。毡的的居民听后，经过一番商讨，决定放成贴木儿回去。

成贴木儿回营后，立即向术赤汇报，介绍了在毡的城目睹的一切，认为现在城中防守空虚，当地人又意见不统一，占领它应该不难。

术赤听后，便命令攻城。

蒙古将士接到命令后，立刻着手做攻城准备，开始测试攻城器械，竖起抛石机，架起云梯，各项战前工作有条不紊地展开。

毡的城城墙高大坚固，当地人自以为牢不可破，蒙古大军忙前忙后备战时，他们站在城头看热闹。看蒙古人忙忙碌碌地摆弄一些稀奇古怪的玩意，觉得新鲜又好奇，他们根本没见过这些攻城工具，都一脸疑惑，不明白它们用作何用途。

他们都在想，毡的城城墙如此高，蒙古人又不会飞，看他们怎么爬上来。

等做好战备后，蒙古人开始攻城。先用抛石机将巨大石块抛向城头，石块如雨般倾泻而下，蒙古人很快借助云梯蜂拥而上，占据了城头。

毡的居民都没有经过任何军事训练，只是临时拼凑在一起守城，哪里见过这阵势，很快被吓傻了。有人试图用投石机回击，可是由于操作不当，石头没发射出去，反而掉下来砸坏了机子。

毡的人根本没来得及组织像样的抵抗，蒙古人就占领了城池。本次战斗还创造了一个奇迹——攻防两方都是零伤亡。对蒙古人来说，这次攻城根本谈不上一次战斗，就像玩了一次过家家游戏一般。

总之，战斗很轻松地结束了，毡的人也很快认怂，识时务地及时投降了。正因为如此，术赤也没有迁怒于他们，除了那几个企图危害成贴木儿的人被处死外，没有杀害任何人。

术赤下令把毡的居民全都撵出城去，然后任蒙古士卒在城内大肆抢掠了九天九夜。

有一个叫做阿里火者的不花剌人，很早就投靠了蒙古人，对成吉思汗忠心耿耿，曾作为使团成员代表蒙古出使花剌子模，对当地情况比较了解，术赤让他留下来管理毡的。

随后没多久，术赤派出的一支队伍毫不费力地占领了距离毡的不远的城市养吉干（位于锡尔河南岸）。

术赤随军队伍中有万余畏吾儿人，跟随他历经了不少大大小小的战斗，如今主要战事差不多了，便同意他们返乡。随后，又在当地突厥蛮中征发了一万多人，用来填补空缺，由台纳勒那颜带领去参加攻打玉龙杰赤之战。谁料到，这些人在中途发生哗变，杀死了主将。

台纳勒那颜当时率领先锋部队冲锋在前面，得知后，急忙回撤，剿杀了大部分人，但仍有不少人逃了出来。

第二节

神勇的帖木儿灭里

与术赤相对轻松地攻城略地相比，由阿刺黑那颜、速客秃和塔孩率领进攻忽毡地区的大军遇到了劲敌，战争进行得颇不顺利。

阿刺黑那颜、速客秃和塔孩都是战功赫赫的将领，一路来，没遇到多少恶战，直到抵达费纳客忒城。

费纳客忒城守军中有突厥人和康里人（康里人是突厥的一支分支），主将叫做亦列惕古灭里，他指挥城中守军进行了殊死抵抗，对蒙古人造成了重创。战争打了整整三天，城池依然牢牢掌握在亦列惕古灭里手中。

但是到了第四天，战局发生了突变，出现了戏剧性的一幕，城中守军突然提出投降。至于期间发生了什么变故，不得而知，或许他们起初本来就抱定了投降的想法，只是为了提高投降的谈判条件，增加手中的筹码，所以先给予蒙古人打击，好就投降事宜讨价还价。

城门打开了，城内军民出城向蒙古人投降。蒙古人命令军人和平民分开，各自排成两队。

蒙古人或用刀砍，或乱箭齐射，杀死了费纳客忒城的全部守军，平民没有遭到屠杀，部分被分给诸将做奴隶仆从，工匠随军服务，青壮年男子被编为“哈沙儿”，充当战争炮灰。

攻占费纳客忒后，蒙古大军快速行军，没多久就赶到了忽毡城。

城内居民早就听说蒙古人要来，便退守到一座修建在锡尔河中央沙洲上的城堡，守城主将叫做帖木儿灭里，此人以勇气和胆识著称，深得民望。

蒙古人站在大河岸边，但见河流滔滔，遥望河中央的城堡，一时一筹莫展。蒙古人长期习惯于马背上作战，头一次遇到这种情况。现在造船，估计一时半会完不成，况且也没有水战经验；又由于距离太远，超出了抛石机和弓弩的射程，根本奈何不了它。

现在只有一个办法，就是填平河道，截断水流，让河岸跟沙洲连成一片，然后驰马到城堡之下。

这看上去是一个笨办法，但也是唯一一条可行之计。

锡尔河水流湍急，想要在河中筑坝，谈何容易，单凭蒙古军队，人手远远不够。阿剌黑那颜、速客秃和塔孩三人一合计，决定从忽毡当地征发民夫，又从毡的、讹答剌等所占领地区调集人手，共征集五万人，命他们从远处山中搬运石头来填平河道。

一时间，锡尔河变成了一个大工地，人马来回飞驰，尘土飞扬，搬运的号子声震天响。

帖木儿灭里见状，自然不甘心束手待毙，于是趁蒙古人填河之际发起反击。待大军填到河中城堡之时，他早已准备了十二艘战船。船舱都密封，只留下几个射口，将毛毡弄湿裹在船身，再在外面涂上醋揉过的黏土，如此一来，船可攻可守，亦不惧火攻。

在蒙古人填河之际，帖木儿灭里派出战船攻击，干扰破坏，从战船射出的箭杀伤了不少蒙古人，刚填到河里的石头，很快遭到破坏，蒙古人拿他们毫无办法。

当夜幕降临，劳累了一天的蒙古人进入梦乡之际，帖木儿灭里的军队悄悄乘船登岸，突然袭击，杀了蒙古人一个措手不及，等反应过来，他们早已乘船逃回城堡去了。

如此来来往往，僵持了多日，蒙古人被搞得筋疲力尽。

但是，日子一久，帖木儿灭里渐渐落于下风。虽然由于他的干扰阻碍，蒙古人的填河行动进展缓慢，但经不住数万人的赶工，河中的石块越积越多，开始向城堡延伸。这样下去，迟早有一天会填到城堡底下，届时蒙古人就会直接骑马扑到城下，估计那时插翅难逃了。另外，忽毡城堡是河中孤城，四面环水，囤积物资有限，又外无援，很难与蒙古军长期周旋下去。

思前想后，帖木儿灭里决定趁蒙古人的填河工程尚未完成之际，趁早突围，下令将城中的贵重物资、受伤人员全部转运到船上，共有七十条船。

一天晚上，帖木儿灭里登上一艘大船，命令点燃火把出发，于是群船首尾相接，在锡尔河快如利箭地顺流而下。

等蒙古人觉察时，帖木儿灭里的船队早已走远。

帖木儿灭里让蒙古人吃尽了苦头，岂能让他就这样逃之夭夭，便立刻上马沿岸狂追。

好在锡尔河沿岸并无高山峡谷，一路坦途，蒙古人快马加鞭，终于远远看见了帖木儿灭里的船队。

帖木儿灭里也很快发现了岸上尾随而来的敌人，立刻下令船上士兵张弓射击，蒙古人也在马上还击。帖木儿灭里手下多是神箭手，许多蒙古人纷纷中箭落马。帖木儿灭里渐渐甩掉了敌人。

看着河中帖木儿灭里的船队扬帆远去，蒙古人恨得咬牙切齿，岂能善罢甘休，命人立刻马不停蹄地通知前方守军拦截。

在帖木儿灭里的船队快要到达别纳克忒时，他发现蒙古人在前方河面上布下铁链，企图阻止船队前行。帖木儿灭里无所畏惧，抽出宝剑，将铁链斩断，使船队继续畅通无阻地前行。

没多久，帖木儿灭里的船队快要抵达毡的地界。此时毡的早已落入术赤之手，他已接到消息，开始在锡尔河布防，准备阻敌。

术赤让许多船只在河面上一字排开，搭成一座浮桥；又命人在桥上严防死守，在沿河设下伏兵，布置了大量弓弩手，隐藏了弩炮，只等帖木儿灭里前来送死。

帖木儿灭里是何等聪明的人，他很快察觉出不对劲，立刻下令部下抛弃船登岸，让受伤人员和辎重物资先行转移，自己则留下来断后。

蒙古人很快也发现了帖木儿灭里的动向，立刻从陆地前来追杀。

帖木儿灭里带有大量伤残人员和辎重，一旦上岸，就行动不便了，很快被追上。

帖木儿灭里只好且战且退，面对数倍于己的蒙古人，渐渐不支，士卒伤亡惨重。经过数日交战，帖木儿灭里身边的人越来越少，物资也全部丢失，只好跟几个亲随狂奔逃命，在逃亡过程中，身边的人渐渐全部战死，最后就剩下他一人了。

形势非常危急，按照一般规律，帖木儿灭里丧命也是早晚的事了，此时，他箭囊中只剩下三支箭，其中一支还没有箭镞，而他身后的三名蒙古人还阴魂不散地黏着他，对他穷追不舍。

就算身处绝境，帖木儿灭里依然镇定自若，没有丝毫胆怯，他猛地调转马头，张弓将那支没有箭镞的箭对准一名蒙古士兵的眼睛奋力射了出去。

帖木儿灭里不愧是神箭手，箭不偏不倚，射入蒙古士兵的眼眶，士兵中箭落马。两位同伴被吓呆了，不由自主地勒住马停了下来，一时不知如何应对。

帖木儿灭里对他们大声说，我现在只剩下两只箭，再舍不得用，想来你们也不急着送死，赶紧回去吧！说完调转马头，打马狂奔而去。

被帖木儿灭里吓坏了的两位蒙古兵呆呆站在原地，眼睁睁看着他消失在远方，一时竟忘了追击，等缓过神来，帖木儿灭里早已消失得无影无踪。

帖木儿灭里逃出生天后，一路狂奔，跑到花剌子模，重新招兵买马，很快又有了自己的人马，东山再起后，继续与蒙古人作战。他一边作战，一边四处打听算端摩诃末的消息，当时摩诃末行踪飘忽，四处疲于奔命，根本联系不上，后来才知摩诃末已去世。

事已至此，帖木儿灭里知道大势已去，凭一己之力回天乏术，便单人匹马逃往叙利亚。

只身飘零，梦中对故国的牵挂与日俱增。终有一日，对故乡难以割舍的帖木儿灭里又潜回了花剌子模故土。此时，花剌子模全境早已沦陷，落入蒙古人之手，被成吉思汗封给了长子术赤。不过，术赤没多久就去世了，他的儿子拔都继承了汗位。

为了确保安全，帖木儿灭里并没急着返回故乡忽毡城。他先到费尔干境内的讹失城住下来，在那里隐姓埋名。一晃几年时光过去了，直到确认一切已是风平浪静，才悄然返回了忽毡城。

帖木儿灭里仔细打量着这座曾经属于自己的城市，江山依旧，只是物是人非，不由得感慨万千。他暗中打听，想知道自己的家人中是否还有人在世。值得庆幸的是，他打听到自己的儿子还活着，现在已经投靠了蒙古人，拔都让他继承了帖木儿灭里的财产和领地（至于他的身份拔都是否知道，不得而知）。

一日，帖木儿灭里在街上遇到了自己的儿子，按捺不住，便走上前去问他："孩子，要是你的亲生父亲出现在眼前，你是否还认得他？"很显然，儿子没有认出他，因为他逃离的时候，儿子还在襁褓之中。但是，家中一个老仆人很快认出了帖木儿灭里，确定他就是当年逃走的主人。

帖木儿灭里一家团聚喜悦的时间并没有持续多久。很快，蒙古人找上门来了，帖木儿灭里回家的消息传到了他们耳中。

历经了生与死、别与离，这么多年过去了，帖木儿灭里早已看透了一切，他没有反抗，任由蒙古人把他绑到合答罕（窝阔台的第六子）面前。

帖木儿灭里很平静，一脸风轻云淡，看不出喜怒哀乐。当合答罕问话时，他没有丝毫回避和掩饰，只是平静地追忆了当年和蒙古军在忽毡城下，在锡尔河上，那些惊心动魄的战斗经过。他没有丝毫的紧张与慌乱，平静得仿佛在讲述邻家的陈年旧事。

此时，有一个独眼的蒙古人站了出来，他就是当年被帖木儿灭里射瞎眼睛的那名蒙古士兵，他一眼就认出了帖木儿灭里。

如果帖木儿灭里肯跪地求饶，在战胜敌人的虚荣心支配下，合答罕或许会放过他。

倒是帖木儿灭里的这种平静反而让蒙古人觉得遭受了蔑视，他们无法容忍他再活在世上。合答罕猛地跳起来，冲着帖木儿灭里就是一箭，帖木儿灭里应声倒下。

第三节
撒马尔干的毁灭

成吉思汗攻下不花剌之后，率领大军向花剌子模的新都撒马尔干挺进。撒马尔干又译作撒马尔罕（此外汉史古籍中还有许多其他译名，诸如寻思干、邪米思干、飒秣建等，不一而足），位于今天的乌兹别克斯坦，是中亚历史文化名城。

撒马尔干有十万余户人家，总人口有三十多万，是当时中亚地区首屈一指的大城市。它本属于西辽，称作河中府，花剌子模崛起后，攻占了它，将首都从玉龙杰赤迁到此处，作为花剌子模的新都。

撒马尔干土地肥沃，临近扎拉扶桑河，灌溉便利，非常富庶。城郊数十里皆是树木，郁郁葱葱。城中许多人在郊区建有园林，引清渠入园，建成了大量人工湖和喷泉等设施。这里夏季无雨，空气干燥，但水资源充足，物产丰富，盛产瓜果，各类谷物应有尽有，人们衣食无忧，生活闲适自在。因此，撒马尔干被称作人间天堂，花剌子模的伊甸园。

对这样一座号称泥土中散发着麝香气息，雨水中弥漫着酒香的城市，摩诃末自然将其视为重点防守城市。他将十一万大军部署在城中，其中六万人是突厥人，五万人是大食人（主要是波斯裔，非阿拉伯人），城里数以万计的平民也被发动武装起来，协同守军一起守城。

撒马尔干城守军的手中还掌握着一支动物武装力量——二十几头大象。它们浑身上下被披挂上铁甲，这些拥有高墙一般身躯、锋利獠牙的巨兽，一旦投入战场，无疑是一支可怕的大规模杀伤力量。

城外设置了好几道防线，又让守军挖深壕沟，直到挖出地下水为止，还进一步增高加固了城墙。站在城墙脚下，抬头仰望，城头垛口好像快要挨着天上的繁星。为了鼓舞士气，摩诃末下令免除撒马尔干民众三年的赋税。

看上去，撒马尔干固若金汤，摩诃末的备战工作也非常充分，成吉思汗将迎来西征以来前所未有的严峻挑战。

面对撒马尔干如此坚固的防御，蒙古军中不少人认为，想要拿下它，没有几年时间估计够呛。

然而，决定战争的主要因素，不是双方的地理形势和武器装备，而是人。孟子曰："天时不如地利，地利不如人和"，又云"域民不以封疆之界，固国不以山溪之险，威天下不以兵革之利。得道者多助，寡道者失助。"所言不虚也。

成吉思汗一方谈不上"得道"，摩诃末一方却是实实在在的"寡道"。

当时花剌子模占领撒马尔干还没多久，撒马尔干居民还未完全融入花剌子模，当地人对花剌子模的国家认同感比较淡漠，更谈不上有保家卫国的搏斗精神。

撒马尔干的主要将领是秃海汗，此人是摩诃末母亲秃儿罕哈敦的弟弟，是花剌子模的国舅爷。此次战端是秃儿罕哈敦的亲戚亦纳勒术挑起的，所以众人对他也颇有腹诽。军队中突厥人和大食人也各怀鬼胎，缺乏凝聚力，突厥人甚至对蒙古人抱有幻想，认为突厥和蒙古人是同种，就算蒙古人破城，也不会对他们屠杀。

另外，花剌子模算端摩诃末起了很恶劣的作用。作为最高领袖和统帅，摩诃末在大战来临之际，非但没有鼓舞士气，反而到处散布失败言论，打击士气，瓦解民心。

在撒马尔干战役尚未开始之前，不少人就建议摩诃末改变以前分兵把守、被动防御的战术，而集中兵力在锡尔河一带布防，对蒙古人半渡而击。

或许是此前屡战屡败的缘故，摩诃末此时已经完全乱了方寸，根本听不进去别人的建议，他已经彻底悲观，身上再也看不出一代枭雄的气势，他哪里还是以前那个西方世界的征服者，根本判若两人。

有一些星象家之类的术士出来瞎捣乱、帮倒忙，给摩诃末灌输一些"在恶运星宿没有离开前，千万不要对敌人采取任何行动"的鬼话，摩诃末听后愈加抱着一种听天由命的态度。

有一次，摩诃末视察撒马尔干的城防工事，将士们正在深挖城壕，按理说，他应该给大伙儿加油打气："小伙子们，加油干，让铁木真和他的追随者们葬身于撒马尔干城下！"

但是谁也没想到，摩诃末嘴里说出的却是令人沮丧的话语，他一脸抑郁，自言自语道："做这些有何用呢，敌人的马鞭就可以把壕沟填平。"

听到成吉思汗率领大军前来攻打撒马尔干，摩诃末没有留下来和全城军民一起共同抵抗外敌，却率先逃跑了，每到一处，就对当地人说："大家都做好自谋生路的打算吧，蒙古人是不可战胜的。"

国王都没有信心，失败的情绪笼罩着将士们，大家都感到很泄气。

摩诃末为何会出现这种看似不可理喻的反常现象呢？有两种可能：一种情况，是摩诃末以前战无不胜的神话被击破后，开始怀疑这是天意，所以只有消极面对；另一种情况，就是目前所有史书，无论中外，都是站在蒙古一方角度，历史从来都是胜利者书写的，因此有可能故意抹黑摩诃末。

但不论是哪种情况，大战尚未开始，撒马尔干城就已陷入悲观之中，则是不争的事实。

不花剌被占领后，花剌子模和玉龙杰赤之间的联系已被切断，成吉思汗命哲别和速不台率领三万人马去追讨摩诃末。

察合台和窝阔台攻占讹答剌后，赶来会师，与成吉思汗一起亲率大军进攻撒马尔干。1220 年 3 月，蒙古大军来到撒马尔干城下。

成吉思汗命大军将撒马尔干城包围之后，并不急着下令攻城，面对这样一座大城，成吉思汗明白，决不能争一时之气，于是命令大军就地休整，他则骑马绕城勘察地形。

其实直到最后，撒马尔干人还是有机会避免彻底失败的，他们可以派遣一部分兵力驻扎城外防守，牵制成吉思汗，然后里外夹击，使得蒙古军首尾难顾。但是他们什么都没做，坐视蒙古大军合围，却没有采取任何行动。至此，撒马尔干只有坐守空城、被动挨打的份了。

夜幕降临，撒马尔干的守军从城头放眼望去，只见蒙古大军军营内篝火闪烁，犹如漫天星辰，一望无际，便不由自主地胆怯了。

成吉思汗在接下来的两天里都按兵不动，让大军养精蓄锐，自己则通过观察，将撒马尔干的地形、城防等了然于胸。

第三天，成吉思汗正式下达攻打撒马尔干的命令，冲在最前面的是从花剌子模各城收编的当地人组成的“怯儿军”（又称作签军），蒙古人则在第二梯队。这种战术，在蒙古人以后的西征中屡见不鲜，正是靠这种“以敌制敌” 的战术，蒙古人以十几万大军纵横中亚，所向披靡。

要说作战能力，突厥士兵也是非常勇猛彪悍，并不比蒙古人逊色。两军在撒马尔干城下展开厮杀，军旗摇曳，战鼓震天，鲜血染红了大地，军刀已砍成锯齿，但双方谁都不退让。战争整整进行了一天，直到天黑，双方才各自收兵。一场恶战下来，撒马尔干丧失了一千士卒，蒙古军也是损失惨重，还有不少人成了俘虏。

经过初次较量，蒙古人领教了撒马尔干突厥守军的战斗力。蒙古人长于野战，但不善于阵地战，如果再进行这种白刃混合战斗，无论体力还是格斗术，蒙古人都没有多大胜算。

成吉思汗决定调整战术，不再和花剌子模人纠缠，而打算牢牢把他们困在城中，以待城内生变。接下来几天，蒙古人不再主动发起攻击。只要撒马尔干城门打开，城内守军企图冲出来，便会迎来铺天盖地的箭雨，只好退回城内。

城内守军自然不甘心龟缩在城内坐以待毙，决定使用王牌，让战象走在前面，在大象庞大身躯的掩护下杀出来。蒙古人长期在草原生活，根本没见过大象，面对突然冲出来的庞然大物，一时不知所措，很快被冲得七零八落。大象皮糙肉厚，再加上它身披铠甲，一般弓矢根本奈何不了它。

撒马尔干人用大象和蒙古人作战

蒙古人不愧是身经百战之师，在经过短期慌乱之后，很快冷静下来，逐渐发现了大象的薄弱之处。这些战象虽然身披铠甲，但总有覆盖不到的地方，比如腹部、腿部等。蒙古人便用“擒王之矢”（穿透力很强的大力弓弩）对付战象，大象毕竟是食草动物，容易受到惊吓，很快被吓懵了，立马掉转头往回冲。如此一来，跟在战象身后的撒马尔干的士兵们遭殃了，被踩死无数。

战象军团的失灵，使撒马尔干军心倍受重创，信心开始动摇。

堡垒从来都是从内部攻破，这话应用到撒马尔干城上，再贴切不过了。其实按照撒马尔干的城防，要是靠硬攻，蒙古人很难在短期内攻破。但此时，撒马尔干城内已经出现了分歧，有人开始急着献城投降。在生死存亡的关头，人性的丑陋暴露无遗。

夜幕降临之际，蒙古大营外，有几个人声称求见成吉思汗。

成吉思汗接见了他们，他们是来自撒马尔干城内的伊斯兰教士，声称愿意归降成吉思汗，作为交换条件，蒙古人要保证他们及相关人士的人身和财产安全。

成吉思汗答应了他们的请求。

这些人当即返回城中，向真主礼拜祷告，不过内容不是保佑撒马尔干守军成功守住城池，反而是希望保佑蒙古人取得胜利。祈祷完毕，他们就打开了撒马尔干的西北门，放蒙古大军入城。

撒马尔干守军尚未完全反应过来，蒙古人已经如潮水般涌进了城内。想要阻止已经来不及了，有些人开始逃散，有些人投降，有些人退到内城。

蒙古人进入撒马尔干以后，并不着急进入市区，而是着手拆除城墙，直到可纵马自由进出为止（估计是以防有诈，被诱入埋伏，好从容撤退），完成这件事大概花了六天时间，城内居民们都处在惶惶不安中，不知道蒙古人在做什么打算。

人还可以凑合度日，但那些战象可是食量惊人，不能挨饿，饲养员于心不忍，便大着胆子去找成吉思汗，希望他给大象拨点草料。

成吉思汗不太了解大象的习性，便问："大象平常都吃些什么呢？""吃草。"饲养员如实回答。成吉思汗说："既然是吃草，就把它们放到野外去好了，干嘛还向我讨要草料。"

饲养员无可奈何，只好把战象们赶放到撒马尔干郊外，让它们自生自灭。可怜这些大象，由于习惯了人工喂养，早已丧失了野外生存的能力，没多久都死在荒郊野外。

成吉思汗下令，除了主动投靠的那些伊斯兰教士及其相关人士（约有五万人左右）以外，其他人以百人为基数，分成小群体押解出城，严禁私自在城内逗留。

但有一些人因舍不得财产，抱着侥幸的态度，想方设法藏身于家中地窖、暗道之中，想等风头过后现身，让自己的财产损失尽量小一些。但在蒙古人全城劫掠之时，许多藏身暗处的人们还是被发现了，最终没有躲过一劫，统统遭到杀戮。

然而，撒马尔干城的劫难才刚刚开始，大规模的杀戮终于拉开序幕。

蒙古人在忙着往城外赶人和城内抢劫之际，退守内城的撒马尔干将军阿勒巴儿汗带领一千多士兵趁着混乱杀出了重围，一溜烟从蒙古士兵眼皮底下逃走了，赶去和摩诃末汇合。

阿勒巴儿汗的突围提醒了成吉思汗，他下令赶紧攻打撒马尔干内城。此时距离蒙古军进入撒马尔干已是过去了七天。

天色尚未大亮，蒙古军已开始发动对内城的猛烈攻势，战争整整持续了一天，待到天色将暗，夜幕降临之际，城内守军终于不支，城门被攻破，蒙古军杀了进去。

城内尚有千余士兵，且战且退，最后退入一座清真寺，以寺院为掩体，继续与蒙古人对抗。他们居高临下，战斗精神依然顽强，箭矢不断呼啸而下，用石油制作的喷火筒喷射出的火光将夜色映照得亮如白昼，蒙古士兵的伤亡人数不断在增加，但还是无法靠近敌人。

看到残余之敌竟然如此顽固，成吉思汗怒不可遏，索性下令将清真寺付之一炬，寺内的千余守军全都丧命在熊熊烈火之中，无一人逃脱。

至此，撒马尔干全城沦陷，成为蒙古人的囊中之物。

撒马尔干城战争中，守城将士们的表现很值得思考。

花剌子模人从西辽手里夺得撒马尔干的时间并不长，也不过区区数年而已，城内各族群并未完全融合，隔阂依旧存在。外城战争的主力是突厥人，他们属于外地移民，虽然战斗力彪悍，但意志并不坚决，而那些主动向成吉思汗投降的伊斯兰教士和他们有着千丝万缕的关系，一旦城破，他们就自动投降了。从花剌子模本土过来的士兵，本来就把撒马尔干看作战利品，没将其当作自己的家园，发现形势不对，就突围逃跑了。只有撒马尔干本地的土著人，为了保卫自己的家园，拼杀到最后一刻。

撒马尔干城攻防战告终，但成吉思汗将面对一个难题，就是如何处理投降的那些突厥士兵。

突厥人的发源地在蒙古草原和天山南北一带，他们天真地认为，自己族源和蒙古人相近，成吉思汗会网开一面。没多久，他们接到命令，要求都结辫，改成蒙古人发型，随后全都迁到城外，接受统一安排。突厥人得知后，都松了一口气，想当然地认为这是蒙古人拿他们当自己人看了，便放松了警惕，一切按照蒙古人的要求去做了。

当天晚上，当突厥人还沉浸在梦乡之中时，蒙古人不知不觉地包围了他们，一场悄无声息的屠杀开始了，众人还没完全明白过来是怎么回事，就成了无头之鬼，总共三万多突厥人、康里人成了枉死冤魂。

成吉思汗的想法很简单，这些突厥士兵可不是拼凑起来的乌合之众，他们都是训练有序的成建制战士，而且战斗力与蒙古人不相上下。如果让他们留在身边，会很难驾驭，万一发生哗变，无疑是引火烧身，还不如完全消灭掉。

撒马尔干城将领秃海汗、撒儿昔黑汗、兀剌黑汗都死于非命，另外还有不少大臣、将士、平民不甘心屈辱投降，纷纷自杀身亡。

历经了战火毁灭的撒马尔干，早已没有了昔日作为国都的繁盛，它已是残垣断壁，瓦砾成堆，沦为一片废墟。

劫后余生的人们，正在绝望地等待命运的安排。

成吉思汗下令，从俘虏中挑出三万余名工匠，供军队、诸王和后妃使用，另将三万多壮年男子编为"怯儿军"（签军），剩余的人要求缴纳二十万第纳尔（货币单位）赎金来换取性命。

撒马尔干原本有十万户，约有三四十万人口，经历此浩劫，剩余不足四分之一，惨烈程度可想而知。撒马尔干城内户户有哭声，处处起新坟，蒙古人仅仅花了前后不到八天时间，就彻底摧毁了这一繁荣似锦的千年古城。

成吉思汗稍后委派了官吏来管理撒马尔干。由于这里有着干爽的气候和怡人的风景，他决定暂时留在这里休养生息。当年的夏秋季节，成吉思汗都在撒马尔干度过。

成吉思汗下一步目标瞄准了花剌子模的故都玉龙杰赤，他将迎来西征花剌子模以来最大的一场恶战。

第十章

激战玉龙杰赤

第一节
摩诃末之死

在成吉思汗率领蒙古大军在花剌子模境内一路过关斩将，并成功占领首都撒马尔干之际，作为交战方的最高统帅摩诃末，正在惶惶不安地四处逃命。

当年摩诃末也曾威风八面，四面出击，所向披靡，号称西方世界的征服者，但现在判若两人，身上哪有当年的英豪气概，完全是一副“天命不在我，时不利我”的心态。

摩诃末此刻心中只有一个念头：逃命！

其实，花剌子模作为一个大国，此时远没到山穷水尽的地步，虽然丢失了一些城池，但两国之争，从来不在一城一池之得失。何况成吉思汗劳师远征，纵然蒙古大军作战勇猛，但摩诃末有本土作战的优势，只要他此刻改变战略，放弃分兵把守的战术，号令全国各地军队勤王，集中全部兵力与蒙古人殊死一搏，最终鹿死谁手，尚未可知。

可是，摩诃末现在早被吓破了胆，更被星象家的命数之类的鬼话搅乱了心智，完全丧失了理智判断。

摩诃末一路狂奔，无论跑到哪里，总觉得不安全，唯恐蒙古人撵着尾巴追上来。他嫌随行人员太多，跑路不够快，就干脆把身边的卫队都遣散，只带一些随从逃命。

成吉思汗对敌我双方力量的对比始终有着清醒的认识，他知道，虽然取得了一系列胜利，但并没有全部歼灭花剌子模的有生力量，更没有取得压倒性的胜利。目前，必须阻止花剌子模的武装力量汇聚在算端摩诃末的周围，决不能让他们整合成一股力量，如果出现那样的局面，势必对蒙古人不利。

经过综合考虑，成吉思汗命令悍将速不台和哲别带领三万精锐蒙古铁骑，全力追赶摩诃末，无论他逃到哪里，务必将他除掉。成吉思汗明白，只要消灭了摩诃末，花剌子模国内群龙无首，将会成为一盘散沙，陷入纷争之中，如此，蒙古大军再无忧矣。

速不台和哲别出发前，成吉思汗特意把他们召到跟前，面授机宜，并下了死命令："你们此去追讨摩诃末，一定要追上为止。如果你们不敌，就回来告诉我；如果他弱小，直接打败他。不抓住他，你们就不要回来。如果他被击溃后，躲到阴暗角落不露面，你们就要像北风一样吹遍他的国土。归顺者，可给予保护和奖励；稍有流露不满情绪和抵抗者，一律消灭。"

与此同时，摩诃末阵营内部因逃跑路线产生分歧，出现了纷争。有的将领提出来，将全国军队召集起来在阿姆河沿线布防，与蒙古人展开决战，但很快被摩诃末否决。于是有人提出，可以先退到哥疾宁（今阿富汗加兹尼），待局势变化再做打算，如果实在不行，可以逃命到印度。摩诃末此刻关心的就是怎样逃命才最安全，所以他马上同意了。

摩诃末带领随从急急忙忙向哥疾宁赶，途中到了巴里黑（今阿富汗巴尔克）。有人又开始提出跑到哥疾宁不见得安全，不如跑到伊拉克去。摩诃末听后迟疑不决，有些犹豫了。

随行的摩诃末长子札兰丁此时忍无可忍，当即站出来大声说："这样逃命，什么时候是个头？最好的防御应该是进攻，现在应该马上下令将全国军队集结起来，全力反击蒙古人，或许还有转机。如果这样到处惶惶逃命，老百姓们怎么看我们呢，他们会说，以前（国王）向我们分派赋税，如今遭遇敌人入侵，他却只顾自己逃命，抛下我们不管，我们又能拿什么堵他们的嘴？"

一心只想逃命的摩诃末，哪里听得进去儿子的话。札兰丁见父亲听不进去，便退而求其次，表示摩诃末可以到伊拉克逃命，只是希望把军权授予他，自己带领花剌子模的军队到战场上与蒙古人一较高下，就算命运之神不肯垂青，也要殊死一搏，与命运抗争一下。

谁料，摩诃末虽然在逃难之中，但不甘心大权旁落，根本不愿意交出军权，反而斥责儿子，与蒙古人抗争就是跟命运作对，完全是痴心妄想，劝他趁早死了心，跟着自己逃命要紧。

就在摩诃末君臣、父子之间争执不下之际，哲别率领小股蒙古前锋部队已经渡过阿姆河，追上了摩诃末的队伍。

事到如今，札兰丁和诸将唯有誓死与蒙古人一战。

陷于绝境的花剌子模人都抱着置之死地而后生的决心，再加上札兰丁作战非常勇敢，一时间士气高涨，短兵相接，奋力厮杀，终于将蒙古人击退。

哲别见状，只好命人暂时撤下来，等待速不台的到来。

等速不台赶到时，天色已晚，为了迷惑敌人，速不台下令每名士兵点燃三支火把，来回游动，以壮声色。

花剌子模人以为成吉思汗亲率大军赶到了，不敢再作停留，急急忙忙趁着夜色逃走了。

摩诃末逃跑途中听到了撒马尔干已沦陷的消息，愈发觉得验证了蒙古人得到命运之神的垂青、根本无法战胜的预言，现在能做的就是继续豁命逃跑。

在花剌子模内部，一直以来有一支以摩诃末的母亲秃儿罕哈敦为首的政治势力，他们表面上对摩诃末虚与委蛇，暗中唯太后马首是瞻。

眼看摩诃末已是虎落平川，呈强弩之末之势，他们开始蠢蠢欲动，打算对摩诃末下手，孰料有人走漏风声，阴谋失败，摩诃末侥幸逃过一劫，捡了一条命。

此后，摩诃末成了惊弓之鸟，除了加强防卫以外，每天要不停地换住处，不敢在同一个帐篷过夜。

在大敌当前之时，花剌子模君臣尚不能上下齐心，一致对外，还在内讧不止，灭国实在是在所难免了。

摩诃末觉得无论逃到哪里都不安全，事实也的确如此，哲别率领的蒙古军队一直如影相随。摩诃末每到一个地方，还没来得及喘口气，哲别马上就追到了，摩诃末只好急忙上马，开始新的逃亡生涯。

就这样，摩诃末在广阔的呼罗珊地区从一个地方逃到另外一个地方，疲于奔命，若丧家之犬。

摩诃末每到一个地方，非但没有给臣民们鼓励打气，坚定大家抵抗的意志，反而把恐惧和沮丧像瘟疫一样到处传播开来。

等摩诃末逃到你沙不儿（今伊朗境内呼罗珊省内沙布尔），已经彻底筋疲力尽，实在逃不动了，估摸着哲别一时半会还追不上来，决定暂时在城内喘口气。

自从蒙古人入侵的消息传来后，你沙不儿的居民如同花剌子模其他地方的人们一样，整天提心吊胆，不知道哪一天蒙古人会找上门来。现在听到算端摩诃末驾临你沙不儿，大家内心稍安，觉得这下可好了，总算有了主心骨了。

你沙不儿居民满怀期盼，希望摩诃末带领大家一起抵抗蒙古人。然而，留在摩诃末心头失败的阴影一直挥之不去，他沮丧、失落，为了麻痹自己，整日把自己关在住处，饮酒作乐，放纵自我，借助酒精的麻痹，他才能暂时睡着。

此时，哲别和速不台率领的蒙古军队已经抵达了巴里黑城，摩诃末在巴里黑期间，把蒙古人说得神乎其神，使得当地居民畏敌如虎，他们没太多犹豫，便向蒙古人投降了。

哲别和速不台遵照成吉思汗的旨意，没有为难当地人，只留下一名镇守官管理这座城市，当地人则为蒙古人提供补给和财物。哲别和速不台得知摩诃末刚离去不久，便从当地选了一名熟悉道路的向导，又急匆匆踏上了追赶摩诃末的征途。

哲别和速不台路过咱维县（今阿富汗托巴特黑达里），要求当地居民投降，并提供粮草补给，当地人拒绝了蒙古人的要求。哲别和速不台一心急着追赶摩诃末，没有心思在这种无关紧要的小地方做太多纠缠，遂直接绕过它，去追摩诃末。

咱维县当地人没有领教过蒙古人的厉害，看见蒙古人调转马头跑远了，还以为蒙古人惧怕了，便在城头敲锣打鼓，嘲笑起蒙古人来。在他们看来，传说中的蒙古人如何如何厉害，现在看来也不过如此嘛！

哲别和速不台还没走远，听到了身后的嘲笑声，被激怒了，立刻下令众将士调转马头，重新杀回去，马上攻城，拿下咱维县。

现在轮到咱维县军民傻眼了，蒙古人花了三天时间就拿下了城堡，将城内男女老幼统统杀掉。

由于要急着追赶摩诃末，必须轻骑简装上路，不能携带过多的辎重物资，因此，哲别和速不台从当地带走了一些细软，然后下令将城堡付之一炬，烧成了一片白地。

咱维县发生的一切很快在呼罗珊地区传开，当地人倍受震撼，这一场小型战事成功瓦解了不少地方的斗志。

哲别和速不台得到消息，摩诃末窝藏在你沙不儿，便向你沙不儿杀来。摩诃末此时也已经缓过神来，不敢再耽搁，下令收拾一下继续逃路，但又害怕遭到当地居民阻拦，便对大家谎称要到郊外去打猎，出城后，一溜烟逃得无影无踪。

摩诃末本打算逃往伊拉克，可半路上听到消息，蒙古人已出现在伊拉克境内，又只好返回，如此反反复复。有臣下建议摩诃末先到附近的深山峻岭避难，以复杂山势作掩护，然后召集四方军队。当地比较富庶，后勤补给不成问题，这样可与蒙古人长期周旋。

摩诃末根本听不进去，他决定先停留在可疾云（今伊朗境内），于是命人先将自己母亲秃儿罕哈敦、后宫诸嫔妃及儿子们从玉龙杰赤接出，转移到哈伦堡，哈伦堡建在高山之中，地势险要，易守难攻，比较安全。

做完这件事后，摩诃末下令召集周围军队。陆续有不少贵族带领军队赶来，很快就集结了三万多人，此时，摩诃末又打定主意坚守伊拉克。

公元 1220 年 6 月 5 日，哲别和速不台率领大军抵达了你沙不儿城外。蒙古人的前锋部队早在一个月之前就到过你沙不儿，要求当地人投降，得到的答复是可以提供酒食犒军，但要投降，必须见到摩诃末本人。

你沙不儿人的想法很简单，谁都不得罪，只想自保，如果现在过早投降了蒙古人，万一有一天摩诃末杀了回来，叛国投敌的下场是什么，大家都很清楚。但众人心里也明白，蒙古人也不能得罪，死扛肯定扛不住，只好采用折中两不得罪的办法。

当时，蒙古人的前锋部队奉命追拿摩诃末，其他都是次要任务，得到你沙不儿人的补给后，便直接绕城而去了。

如今，哲别和速不台得到了同样的答复，你沙不儿的三名贵族代表亲自到蒙古军营劳军，献上了酒食和大量礼物，态度谦卑，但还是给出了那句老话：他们先要见到摩诃末本人，否则免谈。

哲别和速不台心里也明白，你沙不儿城防异常坚固，想要拿下，恐怕绝非易事，要是在这里耽搁太久，摩诃末到时候又不知跑到哪里去了。

经过一番考虑，哲别和速不台决定先将你沙不儿丢在一边，暂且不理。随即拿出盖有成吉思汗玉玺的诏书（用畏吾儿文书写），恐吓了你沙不儿人一番，让他们明白，违抗成吉思汗命令的后果有多严重，然后两人采取分头行动，各自带领人马追赶摩诃末去了。

在任何时代，任何地方，都有吃里扒外的人。在呼罗珊地区，有许多不满摩诃末的地方势力，他们利用当地人惧怕蒙古人的心理，打着蒙古人的旗号到处趁火打劫，有些人干脆就加入蒙古人队伍，成了带路党，做了蒙古人的耳目。如此一来，蒙古人很快对当地情况了如指掌，避免了不少麻烦。

哲别和速不台一路上尊奉成吉思汗的旨意，只要主动投降就赦免，如果顽固抵抗，则毁城屠杀。征战中的损失，通过劫掠当地马匹、粮食和财物得到补充。

哲别和速不台两路人马最后在木剌城（今伊朗德黑兰附近）会师，并成功攻破木剌城。

木剌城失守的消息传来，聚集在摩诃末身边那些临时拼凑起来的军队，军心立马出现浮动，人心惶惶。有些贵族开小差，带领人马跑回自己的地盘去了。毕竟，在这种关键时刻，保护国王和守住自家一亩三分地之间，大多数人会毫不犹豫地选择后者。

眼看身边的人越来越少，摩诃末觉得可疾云是没法待下去了，便跑到哈伦堡避难。在逃往哈伦堡的路上，发生了一件很惊险的事。摩诃末迎面与一小股蒙古军队遇到了，好在蒙古人并没有认出摩诃末，以为只是花剌子模溃败的散兵游勇，双方相互张弓胡乱射了一通箭后，匆匆奔向了各自的方向。

看着蒙古人远去的背影，摩诃末长吁了一口气，急忙快马加鞭，奔向哈伦堡。抵达哈伦堡后，摩诃末惊魂未定，只是短暂停留了一天，补充了一下马匹，又急忙上路了，他打算逃往报达城（今伊拉克巴格达）去。

摩诃末前脚刚走，蒙古人随后就追到了哈伦堡，听到摩诃末已逃走的消息，立即放弃攻击哈伦堡，直接追撵摩诃末去了。

摩诃末在逃往报达城的途中，突然又犹豫起来，原途折返，在黑海沿岸的吉里阳停留了几天，然后又跑到了祃拶答而（今伊朗马赞德兰省）地区。

然而，摩诃末无论跑到哪里都甩不掉蒙古人的追兵，蒙古人如同梦魇，折磨和吞噬着摩诃末的神经，他不敢在同一个地方多待一天。

摩诃末感到他已是上天无路，入地无门，便将亲信和祃拶答而的地方官绅召集起来，让他们出谋划策，想想办法，下一步该怎么办。摩诃末此刻最大的奢求，就是睡个踏实的安稳觉。

众人一番合计，觉得事到如今，国王只能先到里海的岛上避避风头，蒙古人铁骑虽然厉害，但那是在陆地上，他们总不能追到海上去。

摩诃末想想，也唯有如此了。临行前，他特意到清真寺做礼拜，让伊斯兰教教长诵读《古兰经》,他泪流满面地祈祷,称如果有朝一日能够光复国土,一定会按照主的启示去做。

直到最后,摩诃末还没醒悟,他不从自身找原因,而是把一切失败归结于命运不济。

看着渐渐远去的海岸线,站立在船头的摩诃末凄然感慨道:“我曾拥有广袤的国土,到最后连块埋骨的地方都没有。”

摩诃末逃到了额必思宽岛(这是一个位于里海的群岛,如今已沉没在水面之下),后来又觉得这里也不安全,又转移到了另外一座无名小岛上。

没多久,摩诃末得知一个消息,哈伦堡被蒙古人攻陷了。

哈伦堡建于高山之中,易守难攻,本来没有那么容易被攻破,但蒙古人很快发现它有个致命的缺陷,就是缺水。

哈伦堡所处的山中本来多雾多雨,城中历来无缺水之虞,因此人们没有蓄水的习惯,谁想到,恰好在蒙古人围城这段时间,当地竟然数月无雨。

蒙古人掌握了这一点,遂并不急于攻城,只是围困,而不攻城。最后因缺水,饥渴难耐之下,城中居民只好投降。秃儿罕哈敦、摩诃末嫔妃、诸幼子皆成了蒙古人的俘虏。

哲别将她们押送到成吉思汗那里,诸幼子皆被处死,嫔妃和公主们被分给了察合台等诸王,秃儿罕哈敦太后被成吉思汗带回蒙古草原,在哈拉和林度过了人生最后的十几年,直到1233年去世。

摩诃末得知这些消息后,顿时觉得天旋地转,眼前一片黑,瘫在地上。长期的逃亡生涯,高度的精神紧张,严重摧残了摩诃末的健康,今又听到家人噩耗,自此染上重病,一病不起。他意识到自己大限将至,将诸子召到身边,做最后的告别。

在摩诃末的众多子女中,长子札兰丁能文能武,为人沉雄果断,颇有治国理政之才,本来是太子的不二人选,只是他颇不受秃儿罕哈敦的喜欢。老太后喜爱幼子斡思剌黑,于是强行干预,将其立为储君。摩诃末素来惧怕母亲,只得遵从。

古人云,人之将死,其言也善。如今到了人生弥留之际,摩诃末总算明白过来,他剥夺了斡思剌黑继承人的资格,立札兰丁为太子,将自己的佩刀亲自授予札兰丁,让他带领大家光复国土,让诸子在他面前立誓,以后一定遵从札兰丁的命令。

交代完后事后,在满怀的屈辱和悲愤中,摩诃末,这位曾经不可一世的一代枭雄撒手人寰，离开了人间。

摩诃末作为一代雄主，曾富有四海，然临终下葬之际，连一套像样的敛衣都没有，只得草草下葬，令人唏嘘不已。

纵观摩诃末一生，有许多看似矛盾不可调和的事，都集中在他身上。他曾经勇猛无比，称霸中亚，建立了花剌子模帝国，敌人听到他的名字无不闻风丧胆。但摩诃末的神话却被蒙古铁骑无情地碾碎，他建立不久的庞大帝国也很快轰然倒下，可谓其兴也勃，其亡也忽焉。

花剌子模的覆灭，有多方面原因，但摩诃末负有不可推卸的责任。他在军事上一系列的错误决策和不作为，他一味迷信所谓预言之类的鬼话，都导致了最后的身死国灭，贻笑后世。

直到临死之际，摩诃末才幡然悔悟，然为时已晚。

第二节

玉龙杰赤，最后的荣光

摩诃末去世后，太子札兰丁带领诸王子和流亡群臣返回了故都玉龙杰赤（位于今乌兹别克斯坦乌尔坚奇）。玉龙杰赤又称作花剌子模城，它是花剌子模帝国的龙兴之地，摩诃末父祖三代从这里开始，不断扩张，打下了万里江山，建立了庞大的花剌子模帝国。

蒙古人起先在河中地区攻城略地，并未遭到花剌子模人太过顽强的抵抗，那些地方属于他们刚刚征服不久的地方，得之西辽，失于蒙古，也不觉得怎么可惜。玉龙杰赤可不一样，它是花剌子模人发源的本土，所以，当地人抵抗的呼声很高。

摩诃末迁都撒马尔干后，玉龙杰赤成了秃儿罕哈敦的居住地。她迁居哈伦堡以后，城内无主，人心惶惶，如今随着札兰丁和诸王子的归来，人心开始稳定下来，大家誓与玉龙杰赤城共存亡。

然而，就在这生死存亡的关头，城内贵族的人心并不一致。有人想的不是如何万众一心御敌，而是首先考虑了个人权势的得失。

当时城内的贵族阶层主要分为两大派，以太子札兰丁为首的一派和以王子斡思剌黑为首的一派。斡思剌黑本人倒并非与兄长不和，只是他年幼，加上性格懦弱，实际大权掌握在母舅别黑列旺等突厥、康里人之手。

当初，秃儿罕哈敦之所以坚决要求立斡思剌黑为储，就是觉得相对于桀骜不驯的札兰丁，斡思剌黑更容易掌控。在摩诃末死后，他们便可以继续掌控花剌子模的军政大权。

但摩诃末临终前废黜斡思剌黑的储位，改立札兰丁为太子，打乱了他们的如意算盘，于是愤愤不平，因为一旦札兰丁即位，就意味着好日子到头了，没人愿意将到手的利益拱手让出。

为了保住自己的富贵，家国恩仇都可以放一边。

当时玉龙杰赤有九万多大军，大多数是突厥人和康里人，军权基本掌握在别黑列旺等人手中，他们与诸贵族形成盘根错节的利益关系。反观札兰丁，除了太子的名分，尚无优势可言。双方势力一对比，高下立现。

札兰丁继位为花剌子模新算端后，玉龙杰赤上层私底下暗流涌动，一场诡秘的政变在悄悄酝酿之中。

有一天夜里，一伙人包围了札兰丁住所，想一举除掉他，没想到扑了个空。原来札兰丁早一步得知了消息，提前逃出了玉龙杰赤。

早前逃到玉龙杰赤的猛将帖木儿灭里（就是当初从忽毡城逃出来的那位，他的事迹在前文中已经交代过），听说札兰丁逃走了，便带领自己的三百人马紧跟而去。

札兰丁和帖木儿灭里穿越了卡拉库姆沙漠，到达了奈撒（今土库曼斯坦阿什哈巴德一带）。成吉思汗为了围困花剌子模人，在卡拉库姆沙漠边沿一带布置了巡逻兵。札兰丁刚走出沙漠，就遇到一支大约七百人的蒙古巡逻队，两支人马交锋，札兰丁奋力厮杀，蒙古人最终不敌，札兰丁成功突围，逃亡到你沙不儿去了。

札兰丁在你沙不儿仅仅停留了两天，就马上离开。札兰丁前脚刚走，蒙古人后脚就追到，就这样札兰丁马不歇鞍地疾驰狂奔，直奔自己的封地哥疾宁去了。

札兰丁出逃后，玉龙杰赤的突厥人和康里人决定立斡思剌黑为新算端。斡思剌黑觉得不能做这样不仁不义的事情，便和另外一位王子阿里一起逃了出来，打算去投奔札兰丁。

二位王子在逃亡途中遇到了蒙古人，可惜的是，他们二人根本没有札兰丁的神勇，蒙古人也没认出他们王子的身份，二人与众随从一起成了蒙古人的刀下之鬼。

由于三位王子全部出逃，玉龙杰赤城内陷入混乱之中。

城内群臣、将领、宗教领袖、豪绅等聚在一起商议，如今外有强敌压境，内有诸派纷争，在这生死存亡之际，国不可一日无主，必须选出一个带头人来主持危局。

最后，大家推举忽马儿异密（异密类似总督的意思，此人为秃儿罕哈敦的亲戚）为假算端（即代理算端之意，相当于摄政监国）。

玉龙杰赤的内部纷争尚未结束，蒙古人已经来到了城外。此时，玉龙杰赤与花剌子模其他地区的联络已经完全被蒙古人切断，基本上沦为孤城。

成吉思汗决定将这座坚城作为历练诸子的场所，让术赤和察合台带领人马前往攻打。

玉龙杰赤城内有近十万大军，还有诸多从花剌子模各地逃难来的平民，以及宗教人物、学者、绅士等。花剌子模与蒙古人开战以来，节节败退，一股亡国的悲壮弥漫在每个人的心中，大家都憋着一口气，决定以鲜血来捍卫这座美丽的城市。

这一天终于来临了，1220 年暮秋，一支蒙古人小分队开始在玉龙杰赤城郊烧杀劫掠，早就忍无可忍的城中军民不顾一切地杀了出来，他们决定狠狠教训一下狂傲的蒙古人，洗刷国土沦丧的耻辱。

出乎意料的是，蒙古人没有交战几个回合就溃不成军，狼狈逃窜，花剌子模人哪里能容他们逃走，立刻穷追不舍，想一举歼灭，好出一口心中恶气。

就这样，蒙古人一路逃窜，花剌子模人紧追不舍，两军始终保持着不近不远的距离，直到追出城外三十里之外。

花剌子模人正追得欢，没想到半途突然杀出一支蒙古伏兵来。蒙古人了解到玉龙杰赤的城防异常坚固，如果强攻，必然会付出很大代价，便决定采用引蛇出洞之计，将花剌子模人引诱出城，引入埋伏圈，一举歼灭城中的有生力量，为蒙古人攻城扫清障碍。

面对突然海啸般杀出的蒙古大军，花剌子模人顿时懵了，蒙古大军都是身经百战的将士，玉龙杰赤军队的成员良莠不齐，队伍中，还有不少起哄而来的平民。因此，陷入埋伏之中，他们的慌乱可想而知。许多人还没明白过来是怎么回事，就倒在蒙古人的箭雨之下，或者被马刀砍得尸首分离。

此战，与其说是两军交锋，还不如说是一场屠杀，花剌子模人的尸体垒得跟小山一样，原野上到处丢弃着尸体，犹如麦田里割倒后随意丢弃的麦捆。

对于此战的伤亡，不同史书的记载相差甚远，《史集》说有一千花剌子模人命丧疆场，《世界征服者史》则称近十万人被杀。

但不管哪一种说法可靠，花剌子模人伤亡惨重是不争的事实。

一部分从蒙古人包围圈中突围出来的残兵败将，仓皇向城内撤退，败退进城后，还未来得及关闭城门，一小股蒙古人也尾随而至，杀进城来。

玉龙杰赤的城市规模非常大，蒙古人进城后心中也没底，怕被花剌子模人伏击，胡乱砍杀一阵后，随即撤出城外。

次日，蒙古人集结大军，对玉龙杰赤发起全面总攻。

玉龙杰赤城高池深，城内守军占据有利位置，蒙古人的骑兵优势和人数优势根本发挥不出来。

有一名叫做斐里敦古里的花剌子模守将异常勇猛，带领区区五百人，守住城门，蒙古人屡次发动攻击，都以失败而告终。

看着城下不断增多的蒙古人尸体，术赤和察合台一筹莫展。

术赤看强攻不行，决定改变策略，派人到城中劝降，告诉城内军民，成吉思汗已经将玉龙杰赤封给他，因此不希望破坏城市。城内居民听到这番说辞后，更加同仇敌忾地抵抗蒙古人。

事已至此，唯有强攻了。

此时，从各地征集而来的"哈沙儿"（即充当蒙古人炮灰的当地人），被源源不断地赶到玉龙杰赤，蒙古人命令他们制造抛石机，由于当地没有山石，就用桑木（木质比较沉重）替代石头。先把大量木头投掷到城壕中，将护城河填平。

等完成这些以后，蒙古人先用抛石机压住城内守军的反击力量，尔后用云梯攻城，一时间厮杀声铺天盖地而来，蒙古大军蜂拥而至，很快有不少人开始登上城墙，竖起一面蒙古大旗。

刚刚被推举为花剌子模假算端的忽马儿，被蒙古人的勇猛吓得肝胆俱裂，觉得大势已去，失败已成定局，再无法作出正确判断，组织军民抵抗了。

忽马儿仓皇逃下城头，混入平民百姓之中，此后下落不明。

蒙古人觉得胜利在望，按照他们以往的作战经验，接下来城里居民就会像一群待宰绵羊，任其杀戮和劫掠。

然而，蒙古人很快发现，他们的判断错了，玉龙杰赤城内的大规模抵抗才刚刚开始。

玉龙杰赤居民失去了统一指挥后，他们化整为零，各自独立作战，为了保护自己的家园，爆发出了惊人的战斗力，一场大规模的白刃巷战正式拉开序幕。

蒙古人长于野外骑兵战，对大规模的集团冲刺和团体协同作战轻车熟路，然而，一旦进入城市巷战，他们的骑兵和人数优势都很难发挥出来。

花剌子模人利用熟悉地形的优势，把玉龙杰赤的每一条街道、每一处商铺、每一座清真寺都作为战场，暗中冷箭偷袭，正面包围，将蒙古军分段切割，无所不用其极。

蒙古人遇到了西征以来最严峻的挑战，每推进一步，都要付出惨重代价。花剌子模人为了抵抗入侵者，抱着赴死的决心，蒙古人的损失非常惨重。

恼羞成怒之下，蒙古人开始用一切手段毁灭这座城市，用火油桶焚烧房屋，抛石机、弓箭、刀剑，凡是能用上的武器，全都用来对付花剌子模人，无论军人还是平民，无论老人还是婴儿，绝不放过一个活口。

然而，等夜幕降临以后，蒙古人又不得不退出城外，到原野上安营扎寨，他们不敢在城内过夜。

玉龙杰赤的夜空中弥漫着烧焦的糊味和血腥的气息，几乎令人窒息，城内到处是燃烧的房屋，四下都是痛苦的呻吟和无奈的哭泣声，流浪狗在吞噬四处散落的尸体。

毁于战火的玉龙杰赤

玉龙杰赤，这座昔日繁华美丽的都城，已变成人间地狱。

等次日，当黎明的曙光再次降临人间，清晨的阳光洒满玉龙杰赤的断壁残垣时，蒙古人又吹着牛角号杀了进来，战斗再次开始，杀戮重新上演。

日复一日，同样的惨剧，每天在玉龙杰赤上演，花剌子模人固然死伤无数，蒙古人也是损兵折将，双方的鲜血染红了城市的每一寸土地，但依然难分胜负，城池依然牢牢掌握在花剌子模人手里。战争进入胶着状态，双方都在拼意志，看谁坚持到最后。

蒙古人觉得，不能再这样死拼下去，要调整战术。

玉龙杰赤建在阿姆河两岸，通过一座横跨大河的桥梁将城市连成一片，市内的居民生活饮用水都来自阿姆河。蒙古人通过观察，很快就发现了这一点，他们决定占据这座桥梁，把玉龙杰赤一分为二，然后控制水源，一旦失去水源，城内就会不战自乱。

蒙古人派了三千名精锐战士，想突袭占领大桥。

蒙古人能想到，花剌子模人也能想到，对于这座关系城市命脉的桥梁的重要性，他们一清二楚。

当蒙古人企图占领大桥时，玉龙杰赤的军民与蒙古人展开了殊死搏斗，战斗结束之时，蒙古军被全歼，无一生还。

此战极大激扬了守城军民的斗志，原来蒙古人也是肉胎凡身，也不是杀星临凡，并非不可战胜！

蒙古人对玉龙杰赤的攻城前后陆续进行了七个多月，死伤无数，但战事毫无进展，这是以前从来没有遇到过的，蒙古将士的死尸堆满了城市郊区，以至于许多年后，波斯史学家拉施特还曾见到丢弃在玉龙杰赤荒郊，累积如山的蒙古人尸骨。

与花剌子模人的越战越勇相比，蒙古人内部开始陷入无休止的争吵。作为主持此次作战的两位最高将领，成吉思汗的两位儿子术赤和察合台彼此指责，要求对方为作战失利负责。

将帅不合历来为兵家大忌，术赤和察合台都是王子，部下们谁都不敢得罪。术赤和察合台不和，在蒙古上下是公开的秘密，当初在立储会议上，察合台公开挑衅和侮辱术赤，被术赤视为奇耻大辱。虽然由于成吉思汗的强力压制，表面争斗没有了，但私下里，术赤和察合台的明争暗斗从来没有停止过。

对于这一点，成吉思汗一清二楚。这一次，派他们二人来攻打玉龙杰赤，成吉思汗的用意很明显，就是想让他们兄弟二人能够通过这次恶战锻炼自己，可以独当一面，让他们在蒙古军民中树立威望。

蒙古人向来崇拜英雄和勇士，就算你是大汗的儿子，想要赢得人们由衷的拥戴，单靠高贵的血统远远难以服众，必须要到战场上展示你的谋略和勇气，通过战功来树威。

花剌子模的国土基本已经被蒙古人占领，所剩恶战不多了，况且，成吉思汗已经确立窝阔台为大汗继承人，这意味着术赤和察合台要外封，成吉思汗把最难啃的骨头交给长子和次子，让他们去攻坚，就是在他们身上寄予了厚望。

另外，成吉思汗还有一层意思，就是让他们兄弟二人在一次并肩战斗中能够化解恩怨。作为一名父亲，成吉思汗还是希望在自己的有生之年，看到自己的儿子们能够和衷共济。

然而，成吉思汗低估了术赤和察合台之间的裂痕，他们的表现让他失望了。

临行前，成吉思汗表示，等拿下玉龙杰赤之后，将它作为术赤的封地，因此，在作战过程中，术赤希望将对城市的破坏降低到最低程度，故作战时有所顾忌。而察合台恰恰相反，他对术赤不满，根本不愿将一座完好无缺的都城留给术赤，想尽可能地破坏。

正因为如此，兄弟二人作战时相互掣肘，常常发出相左的命令，这样一来，将士们经常无所适从，不知如何是好。

花剌子模人恰好利用了这一点，使得蒙古人付出了惨重代价。

就这样，蒙古军攻打玉龙杰赤之战整整进行了七个多月，依然没有拿下，术赤和察合台分别派使者到父亲那里揭发对方，相互推卸责任。

成吉思汗得到两个儿子的告状后，非常恼怒，他觉得事情很简单，投降就接纳，抗拒就剿灭，如此简单的事情，让他们搞得如此复杂，还害得众多蒙古将士丧命，便下令撤销他们的职务，都归窝阔台节制。

窝阔台担任统帅后，改变了政出多门的现状，统一政令。他在居中调节，通过个人智慧，让两位兄长同舟共济，齐心合力，一起并肩战斗，蒙古军的战斗力大大提高。

不得不说，通过此次事件，可以看出窝阔台老练和高超的政治手腕，他远比两位兄长富有远见，这表明当初成吉思汗选择他做大汗继承者，是个正确的选择。

窝阔台下令用一切严酷的手段，彻底摧垮守城军民的意志，蒙古军用石油筒点燃了城内一切可以点燃的东西,玉龙杰赤变成了一片火海。

花剌子模人知道一旦落入蒙古人手中,绝无生路,所以不论老人,还是妇孺,都在用一切可以反击敌人的东西作为武器,痛击蒙古人。

厮杀、火焰,鲜血、尸骨,整个玉龙杰赤仿佛成了一只巨大的野兽,不停地吞噬城内一切有生命的事物,直到完全毁灭。

蒙古人踏着敌人和自己人的尸骨一步步地艰难推进,每前进一步都牺牲了许多将士的生命。就这样,战斗进行到第七天,花剌子模人退到了玉龙杰赤的最后三个区。此时,整个玉龙杰赤都在燃烧,花剌子模人的血也快流干了,有些人开始出现了动摇。

术赤营帐出现了一名伊斯兰教长,他代表城内残余军民乞降,他说;"我们已经领教了大王您的怒火和威严,恳请大王发恻隐之心,宽恕和怜悯一下我们。"

教长本以为,玉龙杰赤已封给术赤,对他还存留一丝幻想。

然而一切晚矣,蒙古人死了这么多将士,早都被仇恨和愤怒烧红了眼睛,此刻就算是术赤想答应,也已无可能。

何况此时的术赤也同样胸中怒火燃烧,他冷笑一声说:"你说错了,到目前为止,领教怒火和厉害的是我们,因为我们死了那么多将士,你竟然还说你们感受到了我们的威严和怒火,现在是时候让你们真正感受一下我们的怒火和威严!"("汝曹以抗拒而没我军多人。迄今受怒火与威严者乃我军也,汝曹竟说汝曹受我军之怒火与威严!今我军当使汝曹一受之!"①)

蒙古拒绝接受花剌子模人的投降,发起了新一波的猛烈进攻,公元1221年4月,玉龙杰赤终于沦陷。

玉龙杰赤,这座被花剌子模人视为荣耀的伟大城市和世界之都,让骄傲的蒙古人吃尽了苦头,伤亡之惨烈超过以往任何一次战斗。因此,蒙古人决不允许它再存留下去,迎接它的唯一命运就是彻底的毁灭。

蒙古人下令,将城内居民全都驱逐到城外草原上,从中挑选出十万工匠和手艺人,将他们迁往蒙古。在挑选时,有些人不愿意离开故土,有意隐瞒了身份。蒙古人又挑选了一部分妇女和儿童,封给将士做奴婢。就这样,花剌子模人被当作牲口一

① 此句"汝曹以抗拒…当使汝曹一受之!"出自(法)勒内·格鲁塞著《成吉思汗》,谭发瑜译。

样推来搡去，分成好几拨，任意驱赶，作为战败者，他们除了默默忍受，别无他法。

许多人都以为，既然都已投降，蒙古人总会给他们留一条生路，然而，他们很快发现自己错了。蒙古人将花剌子模人以二十四人为一个小组，分给每一个蒙古攻城士兵，然后任其随意砍杀。

根据相关史书记载，当时攻打玉龙杰赤的蒙古士兵共有五万人，如果照此计算，近一百二十万花剌子模人遭到屠杀！

如此骇人听闻的屠杀，就是在近代热兵器时代，也令人难以想象。

玉龙杰赤到底有多少人被屠杀，当时城内居民人口没有留下详细的数据，所以成为永久之谜，但此次屠杀人数之多，足以超过任何人的想象。

数十年后，伊尔汗国的史学家志费尼在著述《世界征服者史》时，面对此次骇人的屠杀，他不敢相信人间真的发生过如此惨绝人寰的事情，故没有将死亡数据记录下来，以至于后人永远无法得知了。

接下来，蒙古人重新杀入玉龙杰赤，将个别还没有被毁坏的建筑彻底毁坏，寻找藏匿起来的漏网之鱼，全部杀死，又肆意抢掠城内的财物，发泄心中的愤怒。

在冷兵器时代，总有人能够设法在战争中逃过一劫，有些人藏在死尸堆中装死，有些人藏在没人发现的窟窖中。在一座庞大的都市中，总有一些被遗忘的角落，能够让人活下来。等战端平息，敌人撤退后，他们又爬出来，在废墟上重建家园，许多年后，被战争摧毁的城市和村镇，又渐渐恢复活力。

这样的事，在全世界任何地方都会发生，作为战争毁灭者的蒙古人当然也知道。

但是，这一次，蒙古人决定不能让玉龙杰赤这座城市再有任何生机，要彻底地毁灭它。

蒙古人将阿姆河的河堤掘开，滔滔河水横冲直撞，像失去控制的猛兽，汹涌地涌入城区，将整个城市吞没，如此一来，那些有幸逃过蒙古人屠刀的玉龙杰赤居民也没有一人生还，全部丧生于洪流之中。

自此以后，玉龙杰赤彻底没有了人烟，变成上帝遗弃的地方，沦为一片废墟。荒草疯长，湮没了昔日的殿陛，亭台楼阁成了狐丘狼窝，王侯将相的宅邸成为野兽出没的乐园。

八百年时光弹指一挥，这座阿姆河河畔的城市依然是一抔黄土，唯有阿姆河依然江流滔滔，向世人无言地诉述那段惨烈的历史。

玉龙杰赤之战结束后，术赤、察合台、窝阔台兄弟三人忙着处理战后事宜，遗漏了一件事，惹得成吉思汗非常生气。

按照蒙古人以往惯例，战斗结束后，战利品要给成吉思汗上交一份，然而不知出于什么原因，这次他们却遗忘了。

为了表示自己的不满，术赤哥仨班师回去后，成吉思汗拒绝见面。兄弟三人很惶恐，不知如何是好。

在博尔术等人的劝解下，三天后，成吉思汗才终于同意接见了三个儿子，并狠狠痛斥了一顿才算了事。

第三节

生子当如札兰丁

蒙古的大军攻占玉龙杰赤后，听到花剌子模新算端札兰丁在呼罗珊地区逃亡。成吉思汗深知，只要札兰丁还在人世，花剌子模人都会心有念想，难以真正实现征服。他下令大军越过阿姆河，在呼罗珊地区展开对札兰丁的追捕，务必活要见人，死要见尸。

追讨札兰丁的统帅是成吉思汗的义弟失吉忽秃忽，长期以来，失吉忽秃忽扮演的是蒙古大札撒的制定者和大法官的角色，大多数时间里在蒙古汗廷中枢工作。

西征以来，众将士多攻城略地，建立赫赫军功，失吉忽秃忽觉得自己没有尺寸之功，脸上挂不住，遂主动请缨，前往追讨札兰丁。如果能够剿灭札兰丁，也算是奇功一件了。失吉忽秃忽的心思，成吉思汗自然明白，便让他带领三万大军去追击札兰丁。

札兰丁此人与其父截然不同，文武双全，机智多谋，是个很有能耐的将帅之才，他在花剌子模人中具有很强的号召力。此时，他正在哥疾宁，呼罗珊地区各地势力得知后，都源源不断地去投奔札兰丁，他很快就聚集了近十万人马。

呼罗珊地区马鲁城的总督阿明灭里，本来投降了蒙古人，恰好蒙古将领脱忽察儿在他的地盘被当地人杀死。原本抱着首鼠两端心态的阿明灭里得知后，感到了事态的严重，认为蒙古人肯定会迁怒于他，索性背叛了蒙古人，带领本部人马投奔了札兰丁。

蒙古人最不能容忍先降复叛这种反复无常的行径，失吉忽秃忽得知后，决定先拿阿明灭里开刀。他一路追赶，但紧赶慢赶，还是慢了一步，阿明灭里已与札兰丁会合了。

失吉忽秃忽的前锋部队由帖客扯克、木勒合儿带领，他们抢先一步，包围了花剌子模人的一个叫做瓦里安堡的据点，发起猛攻，眼看就要攻下，没想到，札兰丁带领的援军赶到，一举歼灭了一千多名蒙古人。

帖客扯克、木勒合儿自感不敌，只好先撤退，与失吉忽秃忽率领的主力部队会合，一起寻札兰丁决战，两军相逢于八鲁湾（今阿富汗喀布尔北部）。

失吉忽秃忽心思缜密，已觉察到敌人远多于自己。为了壮行色，他使用疑敌之计，命令士兵们连夜用毛毡之类赶制许多假人，绑在马背上，士兵跟在后面，如此一来，远远望去，声势浩大，使得敌人弄不清蒙古人究竟来了多少兵马。

起初，失吉忽秃忽的疑兵之计确实对花剌子模人造成了震慑，他们信以为真，军心开始出现动摇，有些人已经打算逃跑，但是最终没有瞒过札兰丁的眼睛，他很快识破了失吉忽秃忽的伎俩，下令稳住阵脚。

札兰丁是如何识破的，史书没记载，但笔者推测，蒙古人都是以骑兵为主，失吉忽秃忽下令在战马背上绑上假人，势必会造成一些人没有马骑（蒙古人长途作战，有时候备两匹马，骑一匹马，另外一匹供途中换乘，但这种做法是否在全部军队中推广，值得怀疑），沦为步兵，使得札兰丁产生怀疑。

蒙古人主动发起了攻击，札兰丁镇定自如，下令部下们下马，待敌人冲到一箭之地，进入射程后，命令一起射箭，蒙古人纷纷中箭倒地，不由得放缓了步伐，花剌子模人成功遏制了蒙古人的进攻气势，札兰丁趁机下令全军将士上马，分两翼包抄了蒙古人，自己则带领人马从中部发起冲锋。

花剌子模人在人数上占有优势，很快将蒙古人包围起来。失吉忽秃忽感觉大事不妙，急忙下令撤退，但为时已晚。

蒙古人被杀得七零八落，残余的人被追进一座山谷，此地到处坑坑洼洼，蒙古人根本跑不快，几乎被花剌子模人斩杀殆尽。

失吉忽秃忽带领的三万人马最后只逃出了数百人，其余全被歼灭。为了报复，札兰丁残忍地下令将蒙古战俘的耳中打入铁钉。

八鲁湾之战，是花剌子模人自蒙古人入侵以来取得的最辉煌的战绩，歼灭了近三万蒙古大军，使得花剌子模上下倍感振奋。

札兰丁随即给成吉思汗送来一封充满挑衅的信，信中说：如果想与我交战，时间、地点你随便挑，我随时恭候大驾。

成吉思汗得知全军覆没的消息后，觉得这是奇耻大辱，他暴跳如雷，连饭都无法下咽，却没有惩处失吉忽秃忽，还向众人替他开脱说："失吉忽秃忽以前经常打胜仗，没受过什么挫折，此次受挫后，他应该会比较谨慎，学到作战常识。"

随即，成吉思汗决定亲征札兰丁。

大军出征途中并不顺利，札兰丁打败蒙古人的消息传开后，各地的花剌子模人抵抗蒙古人的斗志更加高昂。成吉思汗率领的蒙古大军一路南下，途径古尔疾汪（今阿富汗杜尔扎布一带），当地居民顽强抵抗，蒙古人花了近一个月时间才攻克下来。

接下来，蒙古人翻越兴都库什山，围困了范延堡（今阿富汗八米安城附近）。范延堡城墙异常坚固，当地居民自恃蒙古人没法攻破，坚决抵抗，誓不投降。

城内居民的强硬态度激怒了成吉思汗，下令强行攻城，城内军民顽强还击，弓矢、弩炮如雨点般从城头下来，双方你来我往，战斗正酣，这时候，成吉思汗接到了一个不幸的消息，察合台的儿子木秃干中箭阵亡。

木秃干自幼弓马娴熟，作战十分勇敢，被察合台定为自己的继承人，成吉思汗也非常疼爱这个孙子，但万万没想到他就这样意外丧命在范延堡。

丧孙之痛，令成吉思汗几近疯狂，他下令不惜一切代价要拿下范延堡。

范延堡最终城破，蒙古军对城内居民进行了疯狂的屠杀，按照成吉思汗的命令，不论是人，还是牲畜动物，凡是有生命的全部消灭，最终将这里变成了一片荒芜之地，只剩下一片死寂。

成吉思汗非常憎恶范延堡这块让他失去爱孙的土地，下令不准带走这里的财物，免得惹上不祥之气，以后世人称这里为卯危八里（波斯语，意为触霉头的地方）。

成吉思汗一路转战之时，札兰丁早已远遁了。

札兰丁虽然在写给成吉思汗的信中口气很大，但心中明白，真的与成吉思汗一决高下，根本没有把握，以他的现状，保存实力乃是上上之策。

就在此时，札兰丁这一方出现了内讧，起因非常简单，在八鲁湾之战后，如何分配获得的大量战利品，诸将的意见分歧很大。

札兰丁的队伍本身就是临时拼凑起来的，真正的心腹嫡系并没有多少，其中有不少突厥人、康里人对札兰丁的算端法统表示质疑，现在又出现战利品分配不公的情况，于是有几支队伍抛弃了札兰丁，径自扬长而去。如此一来，札兰丁的势力被极大削弱了。

与此同时，征战玉龙杰赤的蒙古军返回，与成吉思汗大军会合。敌对双方之间军力的此消彼长，形势对札兰丁不利，他决定避开蒙古军锋芒，向申河（位于今巴基斯坦卡拉巴黑一带的印度河河段）转移。

成吉思汗得知后，命蒙古大军连夜向申河方向追杀过来。

札兰丁此时已在申河岸边备好装满物资的船只，只待次日天亮，率领部下转移到印度去。

等天色发白，红日初升之际，长途奔袭而来的蒙古大军已将札兰丁呈半圆形围堵在申河边，想逃走已来不及了，唯有背水一战了。

八鲁湾一战，札兰丁给蒙古人造成了重创，成吉思汗不想让他很轻松地死在战场上，想亲自严惩他，下令蒙古将士不准对札兰丁放箭，务必要活捉他，这样一来，相当于无形中束缚了蒙古人自己的手脚。

札兰丁将军队分成三部，自己居中，阿明灭里为右翼。

成吉思汗下令主攻右翼，阿明灭里哪里是对手，很快战败，逃离战场，蒙古人穷追不舍，最终将其斩杀。

札兰丁不愧是一员猛将，他率领将士忽东忽西，不断发起冲刺，对蒙古人构成了不小的威胁。蒙古人人多势众，将包围圈不断缩小，花剌子模人不断倒下，最后只剩下不足七百人。

身处重围之中，札兰丁丝毫没有胆怯，袍服、战马皆已血迹斑斑，仍然奋力厮杀，纵横冲杀，勇不可当。由于成吉思汗有令在先，不许放箭，蒙古将士一时也奈何不了他。

高处观战的成吉思汗看见札兰丁犹如一头雄狮，任敌万千围困，仍然不改英雄本色，不由得发自内心地赞赏他这种孤胆英雄的气概。

札兰丁的坐骑负伤倒地，他立刻换乘了另外一匹马，重新厮杀，蒙古人慑于他的英雄胆色，不敢过于逼近。札兰丁趁机快马加鞭，冲出包围，在悬崖边纵马一跃，跳入申河，泅水而去。

一切来得太快，蒙古人一时间没反应过来，都呆呆停留在原地。等反应过来，札兰丁早已抵达河对岸，疾驰远去。

看着札兰丁远去的背影，成吉思汗对身边的诸子发自肺腑地喟叹一声："生儿子就该像这样的人啊！"他当机断言，像札兰丁这样古今罕见的勇士，既然能够从战场上逃脱，以后肯定能整出不少乱子来。

札兰丁凭借勇气逃出生天，但他的部属就没有这么幸运了，要么死在蒙古人的刀剑下，要么淹死在申河中，无一生还。

至于札兰丁家人的下场，史书的记载有些出入。有的史书说，札兰丁在纵马入江之际（估计当时也是抱着必死的决心），命令自己的妻妾和子女都跳河自尽，免得落入蒙古人手中蒙受耻辱。不过也有史书记载，蒙古人俘虏了札兰丁的家人，本着强敌不留种的原则，女人沦为奴婢，男性无论长幼全被处死，就是襁褓中的婴儿，都被剁了喂乌鸦。

札兰丁本携带了大量金银珠宝，与蒙古人突然遇上后，仓促之下，只得命令将它们投掷到申河之中。

战事结束后，成吉思汗下令士卒们到河中打捞，有一部分被捞了上来，有的就永远停留在滔滔江底。

数年后，果然如成吉思汗所预言，札兰丁又从印度杀了回来，一度占领呼罗珊，收复了不少花剌子模故土，重整了花剌子模的旧日河山。

札兰丁纵马跃入申河，犹如当年刘备跃马檀溪，摆脱重围。当时印度地界土邦林立，犹如恒河之沙，札兰丁愣是凭借一人之力，慢慢集结了不少人，拉起了一支百余人的队伍，在印度打起了游击。

札兰丁可谓艺高人胆大，竟然率领这支百十来号人向一支约三四千人的印度军发起了挑战，而且居然打赢了！经过此战，札兰丁的队伍进一步壮大。

印度土邦国王听说不知从哪里冒出来了一股流寇，非常恼怒，立刻派出一支五千人的队伍来围剿。札兰丁可是有过与蒙古铁骑作战的经验，对印度这种土著武装根本不屑一顾，随便派五百人前去应敌，很快将数倍于己的敌人打得落花流水，抱头鼠窜。

既然打不过，德里国王就决定招安，将札兰丁招为驸马。

札兰丁岂是个安分的主儿，他讨了国王的女儿做老婆不算，后来竟然打起国王江山的主意，想取而代之。札兰丁的想法很简单，他绝不甘心就这样被困在印度这种闷热潮湿的地方，他想借助印度的力量收复昔日花剌子模的河山。

札兰丁正在盘算如何谋朝篡位，还没来得及动手，就被国王岳丈察觉，国王勃然大怒，立刻下旨将札兰丁驱逐出境。札兰丁再次开始了流亡生涯。

1224 年，札兰丁在印度和花剌子模的边境地带晃悠之时，听到一个消息，成吉思汗已经带领蒙古人东归了。

札兰丁一听，此乃天赐良机，立刻带领自己部下杀了回来。

花剌子模人在蒙古人手下的日子并不好过，加上几乎家家都有亲人被蒙古人所杀，一听到札兰丁回来了，立刻开门欢迎。

没多久，在今天伊朗西部一带的原花剌子模故土被札兰丁收复，蒙古人被迫收缩管辖范围，死守河中地区的几座城市。

紧接着，札兰丁开始四处出击，扩张地盘，先后占领了阿塞拜疆、格鲁吉亚。原来花剌子模人的两座都城撒马尔干和玉龙杰赤已毁于战火，无法再做首都，于是他定都大不里士。

此时，成吉思汗已死，窝阔台即位为蒙古大汗，听到札兰丁作乱，岂能坐视花剌子模死灰复燃，便派绰儿马罕率三万大军前往镇压札兰丁。

大敌当前，札兰丁做战争动员："如果我们继续畏缩退让，想活下去是几无可能，还不如拼死一搏，假如主站在我们这边，我们一定会胜利。"

但是，花剌子模人显然被蒙古人吓破了胆，在他们看来，想要战胜蒙古人几无可能。札兰丁列阵迎敌之际，他的那帮部下可不像他那样勇敢，战事还没完全展开，就一哄而散了。

事已至此，札兰丁也只好落荒而逃，一路东躲西藏，最后跑到土耳其迪亚儿别克儿山库尔德人的聚居区。札兰丁潜藏在山中，还想一朝东山再起，谁料他的行踪被当地一个农民发现，结果就稀里糊涂地死在那里。

可叹札兰丁这样的一代豪杰，竟然死得如此窝囊，历史就是如此戏剧性，让人不禁扼腕叹息。

由于札兰丁死得太蹊跷，许多花剌子模人根本不相信他已不在人世，更多的人宁愿相信他还隐藏在某个角落，总有一天会杀回来。

有人利用民众的这种心理，隔三过五，在某地冷不丁就打着札兰丁的旗号招摇，但最终无一例外地证明都是别人冒名顶替。纷纷扬扬闹了多年，最终青山遮不住，毕竟东流去，多年后都归于沉寂。

世上再无札兰丁，人间岂能再重逢。花剌子模这一中亚强国，彻底退出了历史舞台，变成史书中的一个历史名词，渐渐被人们淡忘。

第十一章

远征

第一节
横扫呼罗珊

蒙古大军征战花剌子模之初，鉴于花剌子模国土广袤，单靠一支人马逐个去攻占每个城市，显然会耗时太久，战线太长，因此，决定兵分几路，多方出击，各个击破。

术赤和察合台率军攻打玉龙杰赤之时，呼罗珊一带的征战也在有条不紊地推进。当初，哲别和速不台追击摩诃末时，曾犹如暴风骤雨席卷呼罗珊，给当地带来了很大震撼。

不过，哲别和速不台旨在捉拿摩诃末，无暇多做停留，这给了当地人一个错觉，以为蒙古大军像一阵沙尘暴，尽管来势汹汹，但很快就会烟消云散。

呼罗珊有些城市慑于蒙古大军的威力，作为权宜之计，宣布投降，但等风暴过后，又重新叛变。为了彻底征服呼罗珊，成吉思汗决定再次出兵征讨。

1220 年秋，成吉思汗从撒马尔干出发，征讨忒耳迷（今乌兹别克斯坦帖尔美兹附近，在阿姆河北岸），同时派幼子拖雷攻打呼罗珊地区。

忒耳迷一半建在阿姆河上，城墙修得异常坚固。当地人自恃城防牢固，城内储备充足，军人斗志很强。蒙古人到处屠城的消息早已传到忒耳迷，这更加坚定了当地居民誓死抵抗的决心。

成吉思汗派使者去招降，遭到忒耳迷人拒绝，既然不肯投降，那只有战场上见了。

出乎成吉思汗意料的是，忒耳迷人抵抗异常顽强，给蒙古人造成了重创。经过十一天的攻战，付出惨烈代价之后，才勉强拿下了忒耳迷。

占领之后，为了报复，成吉思汗下令将城内居民全部押解到城外，然后按人头分给蒙古士兵，任其杀戮，一个不留。

在屠杀过程中，杀生了一件事，一个老婆婆看着周围的人一个个倒在血泊中，惊吓过度，情急之下，忙对要杀戮她的蒙古士兵说："我有宝珠献给你，只望饶我一命。"

蒙古士兵听后说："那好吧，交出来。"

老婆婆无奈地说，由于怕被人抢，刚才一急之下吞到肚子里去了。蒙古人一听二话不说，凶残地拔刀刺进了她的腹中，果然找到了几颗大宝珠。

此后，蒙古人为了找到藏匿的宝物，经常用刀划开俘虏的肚子，寻找宝珠。其残暴程度令人发指，但这仅仅是蒙古军暴行的个例罢了，类似的事情在蒙古人西征时不胜枚举。

占领忒耳迷之后，成吉思汗率领大军渡过阿姆河，进入呼罗珊地区，途经巴里黑城。

巴里黑城早在哲别和速不台经过时，已经向蒙古人投降。成吉思汗依然不放心，因为当时呼罗珊地区有些城市降了又叛，反反复复。何况此时，札兰丁还在呼罗珊的哥疾宁一带出没。成吉思汗害怕绕过巴里黑，前往征讨札兰丁之时，巴里黑居民在后方叛乱，断了他的后路，如果出现这样的情况，就会进退失据，陷入两难的境地。

为防万一，成吉思汗宁可枉纵，绝不冒险。

巴里黑人尚蒙在鼓里，听说蒙古人到来，仍然派人去慰劳。成吉思汗以统计人口为借口，将巴里黑人全都诓骗出城，编成小组，分给蒙古士兵全部处死。

有一些巴里黑人提前听到风声，逃了出来，在附近的山洞藏起来，等蒙古人走后，才出来露面。

但他们万万没想到，成吉思汗杀了个回马枪，于是这些人无一幸免，全部遭到屠杀。

巴里黑城遭到彻底破坏，城墙被推倒，宫殿被焚烧，园林沦为废墟，池沼成为死水，鹰隼啄食尸体腐肉，豺狼吞噬残骨。月上残垣之时，只听夜枭在惨笑，幽魂在飘荡，巴里黑自此沦为一座死城，没有任何生机，行人至此绕行，望而却步，此城已远离人间，归属死神辖区。

与其同时，拖雷也在呼罗珊攻城略地，大军首先来到了马鲁（其遗址位于土库曼斯坦马勒城东）。

马鲁城为呼罗珊一带的一座大城，它土壤肥沃，异常富庶，文化繁荣，商贾云集，享誉世界的阿拉伯文学名著《天方夜谭》就在此地诞生，该书中的好多原型都来自于马鲁。

正因为如此，摩诃末或许是不忍它被毁于战火，在逃亡途中给驻守马鲁城的巴哈木勒克捎去一纸手札，让他带领城中官员和将领避开蒙古军锋芒，不要与他们为敌，最好逃到马儿哈堡避避风头，至于城内居民大可主动向蒙古人投降，或许还能保住马鲁城，大家也能保住性命。

摩诃末下了如此混账的命令，本来就没有胆量与蒙古人为敌的巴哈木勒克有了堂而皇之的理由，带领人马跑去马儿哈堡龟缩起来，将马鲁变成了不设防城，丢给了蒙古人。

巴哈木勒克后来觉得马儿哈堡也不安全，又打算跑路，众人因逃跑路线产生了分歧，吵得乱成一锅粥，最后也难以达成共识，只好各奔东西了。

这是发生在哲别和速不台横穿呼罗珊之际的事情，当蒙古大军抵达马鲁时，城内居民没太犹豫就向哲别和速不台投降了。

哲别和速不台离开不久，马鲁又来了一批不速之客。一批突厥人在一名叫做不花的头领的带领下，突然不知从哪里冒了出来，很轻松地进入了马鲁城，驱赶了城里的代理长官，将城池掌控在自己手里。

马鲁城内本就有许多不甘心被蒙古人统治的当地人，他们马上站出来拥护不花，支持他成为马鲁的新统治者，希望在他的带领下抵抗蒙古人。

当初，马鲁的长官和宰相抹智儿木勒克由于不执行摩诃末的投降政策被免职，被乖顺的巴哈木勒克所替代。

二人后来听说摩诃末已死，巴哈木勒克外逃，便一个骑驴、一个步行赶回了马鲁城。他们受到了马鲁军民的热烈欢迎，以不花为首的突厥军人也表示愿意接受他们领导。

抹智儿木勒克此人野心很大，他的母亲本是摩诃末的宠妃，但后来不知何故被撵出宫，只好改嫁他人，当时她已有身孕，怀着摩诃末的骨肉，随后生下一个男孩，便是抹智儿木勒克。

一直以来，抹智儿木勒克以拥有王室血统为傲。

此时，摩诃末的诸子，要么被杀，要么下落不明，抹智儿木勒克滋生天命在我的心理，以王室继承人自居，立志扛起复兴花剌子模王朝的大旗。

为了凝聚人心，抹智儿木勒克下令将马鲁城内主张投降蒙古人的头面人物全部处死，然后派兵将马鲁周围那些已投降蒙古人的城市一一收复回来。

正当抹智儿木勒克做着中兴花剌子模、登上算端宝座美梦之时，有人已经跑到拖雷军营，主动要求给蒙古人带路。

这个扮演带路人角色的正是巴哈木勒克。

虽然是巴哈木勒克自己放弃了马鲁，但看到前政敌回来后攫取了本属于自己的位置，心里顿时愤愤不平，本着“宁授友邦，不予家奴”的心理，跑到了蒙古军营。

任何民族都有这种为了个人权势，不惜出卖同胞的可耻家伙，不过这种人最后往往也不得善终。

巴哈木勒克为了抬高自己在蒙古人心中的身价，主动提出带领蒙古人去劝降。巴哈木勒克自以为曾在马鲁主政，在当地军民中享有一定威望，殊不知，在危急时刻，他的率先逃离之举，让人民已经唾弃了他，但他浑然不知。

巴哈木勒克带领蒙古人来到马鲁城外，自己不敢进城，而是派了一个使团捎信给抹智儿木勒克。在信中，他恬不知耻地说，你我之间过去是有些恩怨，但那都过去了，蒙古人的强大绝对超乎你的想象，凡是和他们作对的地方，无不被夷为平地，目前唯有投降才是唯一出路；如今七千蒙古军和一万签军正向马鲁逼近，作为他们忠实的同盟者，我想借此机会，向你表达重新和好的美好愿望，特此郑重派使者通知你，希望你抓住机会，免得看不清形势，彻底走上不归之路。

叛徒总是将自己说得冠冕堂皇，把自己说成天使，以做走狗为荣。

抹智儿木勒克可不是那么好忽悠的，他下令将使团成员一个个分开，然后逐个谈话，摸清敌人虚实，最后将他们全部处死。

做完这件事后，抹智儿木勒克派两千五百名突厥军攻打城外的蒙古人，蒙古人寡不敌众，战败后只好逃跑。在逃亡途中，为了泄愤，蒙古人将巴哈木勒克杀死，这个叛徒最后落了个可耻的下场。

此战激发了长期以来萎靡不振的花剌子模人的斗志，不久，又一支赶往马鲁的八百人组成的蒙古军团被花剌子模人全歼。另外，马鲁军队还从战场上俘虏了六十名蒙古人。

这些蒙古俘虏被押解回马鲁后，在城内游街，城内的居民看到传说中战无不胜、令人闻风丧胆的蒙古人也不过如此，他们没有三头六臂，跟正常人一样，两个肩膀扛着一颗脑袋，并非不可战胜，必胜的信念进一步增强。

正当抹智儿木勒克踌躇满志之际，他又遇到了新的挑战。蒙古人尚未赶到，城外却出现了一支一万余人的突厥人军队。他们觊觎马鲁，企图从抹智儿木勒克那里夺过来。

不过这帮突厥人对于能否强攻拿下马鲁心里没底，也没敢发动大规模的攻城战役，在城外安营扎寨后，不时地派出小股人马袭扰一下，试探一下反应。

拖雷得知蒙古军接连受挫后，亲自率领大军向马鲁扑来。当他得知城外驻扎着一支大军时，以为是马鲁的军营，决定先拿他们开刀。

突厥人看到一支数百人的小股蒙古军在军营外转悠，遂倾巢而出，想一口吃掉它。蒙古军佯装惊恐万分地逃命，突厥人穷追不舍，突然一望无际的蒙古大军杀出，突厥人才明白中了埋伏，然为时已晚，慌乱之中，自相践踏，死伤无数，最后被蒙古人全歼。

蒙古人趁机洗劫了突厥人的军营，截获物资、牲畜不计其数，大大补充了军需，力量得到进一步壮大。

拖雷并不急着攻城，他下令将马鲁城团团围住，然后亲自骑马绕城观察地形。经过六天的仔细勘察，拖雷对马鲁的城防地势已了然于胸，他看出来了，马鲁城防坚固，但并非无懈可击。

第七天，拖雷下达攻城命令，蒙古大军奋勇向前，杀声震天，拖雷身先士卒，冒着箭雨，在盾牌掩护之下，冲向马鲁城。

马鲁军队企图杀出城来，但在蒙古军的强弩攻击之下，根本迈不出城门半步，只好紧闭城门，退守城中。后来，马鲁守军企图从旁门侧翼杀出，同样被蒙古军碾压了回去。马鲁人坐守困城，一时想不出什么好办法突围。

抹智儿木勒克起初靠一系列胜利赢得了一些民心，然而他在城内的根基尚浅，所依赖的是后来投诚的突厥军，这些人并非自己带出来的嫡系人马，关键时刻是否可靠还两说，而城内主张向蒙古人投降的声音也从未停止过。

万般无奈之下，抹智儿木勒克决定先派个人到蒙古军营探探口风。一名德高望重的教长受命到蒙古军营一探虚实，出乎意料的是，拖雷亲自接见了他。教长满怀忐忑不安，没想到拖雷的态度异常和蔼，言辞特别诚恳，对他好言抚慰，拖雷说："两家并非要拼个你死我活，完全可以通过谈判解决问题，望教长回去给抹智儿木勒克捎个话，希望和他一晤，期待在一场春风化雨般的氛围中化解目前的危局。"

教长带着拖雷的殷殷嘱托回到了城内，向抹智儿木勒克作了如实汇报，抹智儿木勒克听后心动了，如果不动干戈，就能让蒙古人撤走，那再好不过了。

在抹智儿木勒克看来，蒙古人所图的不过是金银财物，并非长久占据，大不了多给点财物就是，等他们撤走后，再徐图自己的霸业。

抹智儿木勒克考虑再三后，决定为了表明诚意，亲自到蒙古军营面见拖雷。事实证明了，抹智儿木勒克的智商实在支撑不起他的政治野心。

两人见面后，拖雷的态度依然非常殷勤，仿佛是多年未见的老友，热情款待了抹智儿木勒克。酒席间，他信誓旦旦地保证，只要投降，抹智儿木勒克依然官居原职，只不过，他想见见城内的大小官员，一并商量将来他们的人事安排事宜，至于抹智儿木勒克，就暂且留在蒙古大营休息，不用回去了，等诸事商量安排妥当之后，再回也不迟。

抹智儿木勒克隐隐觉得不对劲，但又不敢反驳，只好留下来，派人去召城内诸官员到蒙古大营议事。

马鲁城内官员接到抹智儿木勒克的书信后，陆续赶到蒙古大营。眼看官员们差不多到齐了，拖雷立即找个借口，让他们列个城内富豪绅士的名单。事已至此，众人哪敢抗拒，只好如实照办。蒙古人按图索骥，掌握了城内的财富情况。

如今，马鲁的军政大员掌握在蒙古人手里，城内已是群龙无首，陷入一片混乱之中。蒙古人冲进城内，将城里的居民全部赶到城外，一拨又一拨的马鲁居民被撵到城郊的旷野，然后按照蒙古人的命令，男人、女人、孩子被分开。

蒙古人从中选拔出四百匠人，又挑了部分童男女作为仆人，其余的不论男女老幼统统遭到屠杀。在屠杀过程中，不少妇女当着他们亲人的面遭到蹂躏，然后又被处死，现场之惨烈，使得日月黯淡无光。

在这场大屠杀中，有些人趁着混乱逃了出来，藏匿在附近的山洞等隐蔽地方，大概有五千多人。等蒙古人撤离以后，他们重新出来活动，没想到，又遇到另外一批路过的蒙古军，他们要么惨遭杀戮，要么被逼跳下悬崖，无一生还。

次年 11 月，又有一批劫后余生的马鲁人汇聚起来，重新扯旗造反，但再次遭到蒙古人的残酷镇压，全部被杀。至此，马鲁前后近百万人被杀，彻底成为一片空城，城内偶尔活动着几个印度人，数量不超过十人。

在拖雷攻打马鲁之际，一支乌古斯游牧部落为了避祸，远走到小亚细亚，当地塞尔柱人收留了他们，并划分给他们一些土地，供他们游牧。谁也没想到，这群无家可归的流浪汉后来反客为主，一路扩张，建立了赫赫有名的横跨亚、欧、非三大洲的奥斯曼帝国。估计蒙古人做梦也不会想到，自己引发了如此大的连锁反应。

拖雷攻下马鲁后，马不停蹄地赶往呼罗珊的另外一座大城你沙不儿，为他的妹夫脱忽察儿报仇。

你沙不儿在哲别和速不台路过时，已经向蒙古人表示投诚，但脱忽察儿对此并不知情，带领大军路过时，决定一举攻占它。

你沙不儿居民很愤怒：我们已经向你们缴纳了财物，忠实履行了我们的本分，给你们过往军队提供补给，但你们还是不肯放过我们，非要将我们赶尽杀绝，既然如此，就干脆来拼个鱼死网破。

脱忽察儿是德薛禅的孙子，论起来还是成吉思汗的内侄，后来成吉思汗又把第四女秃满伦嫁给了他，可谓亲上加亲。婚后，小两口也异常恩爱。

你沙不儿的守军人数远多于攻城的蒙古人，加上城防很坚固，士气非常高涨，双方你攻我守，交战三日，依然难分难解。

攻城第三天，城里飞出一支无名之箭，不偏不倚，正好射中脱忽察儿。脱忽察儿中箭落马，当场命丧疆场。蒙古军看到主将阵亡，顿时军心大乱，无心恋战，急急忙忙撤出战场。

得知丈夫身亡的消息，秃满伦悲痛欲绝，像一只发狂的母狼，在长夜发出嘶哑的嚎叫。拖雷看在眼里，痛在心头，发誓一定要用你沙不儿人的鲜血和眼泪来抚平妹妹心头的伤痛。

击退敌人所带来的胜利欢悦在你沙不儿人心头没有停留太久，战争的阴云很快再次弥漫在城市的上空。

从城头远远望去，斗大的山石，在蒙古人的皮鞭抽打和吆喝声中，被俘虏们源源不断地搬到你沙不儿城下，垒得跟小山一样高。

城内守军明白了，这是蒙古人攻城用的抛石，一旦它们被发射出来，城墙会被击为齑粉。

你沙不儿守军知道再抵抗下去毫无意义，遂派一名教长到拖雷军营求和，表示愿意向蒙古人投降纳贡。然而，拖雷此时的心思根本不在财帛，只想给妹夫复仇，一口回绝了你沙不儿人的乞降请求。城内守军久久等不到回音，殊不知，那位教长被拖雷扣押了，根本就回不来了。

1221 年 4 月 7 日，蒙古人正式发起攻城战役。城内守军知道投降无望，便拼死抵抗，战斗异常惨烈。

战争整整进行了三天后，蒙古人终于攻上城头，将蒙古军旗插在你沙不儿城头，眼看城池易主在即，没想到，你沙不儿军队爆发出异常勇猛的斗志，待到黄昏时分，愣是将阵地夺了回来，蒙古人又被赶下城头。

然而，没持续多久，第二天，也就是 4 月 10 日的夜幕降临时分，你沙不儿再次易手，蒙古军又一次攻上城头，紧接着，大军杀进城来。

你沙不儿守军拼死抵抗，然而这一次没有阻敌成功，蒙古人如潮水般涌进了你沙不儿城。

秃满伦带领她的卫队，满怀为夫报仇的念头，杀进城内。失去有效组织和统一指挥后，你沙不儿人的斗志彻底崩溃，城内的人们犹如无头苍蝇般到处乱撞，结果无一例外全部被蒙古人杀戮。

被仇恨蒙住了眼睛的秃满伦下令绝不放过一个活物，经过此次大屠杀，除了选拔的四百名工匠外，城里凡是带生命气息的全部被杀戮，就是街上的猫狗也不放过。

在冷兵器时代，战争中总有一些人采用各种办法活下来，比如躲在死人堆里装死。拖雷为了防止你沙不儿人装死逃脱惩罚，下令将城内死尸的头全部割下来，男人一堆，女人一堆，孩童一堆，垒成三座巨大的头颅京观。

纵然如此，拖雷依然不放心，特意留下三百名波斯人，命令他们守在现场，如果发现还有生命活动迹象，全部处死。

最后，拖雷下令将你沙不儿城池宫室彻底拆除，任马来回践踏，直到这片浸透了鲜血和泪水的土地完全适合耕种为止，数以万计的尸骨化为腐朽，融为泥土。

当拖雷带领蒙古大军离开你沙不儿的时候，这里已丝毫看不出曾是繁华都市的痕迹，唯有漫天蚊蝇围绕成千上万的死尸嗡嗡作响，除此之外，一无所有。

你沙不儿之战后，拖雷大军又攻占了呼罗珊另外一座著名城市也里城（今阿富汗赫拉特），攻城战役前后打了八天，守城长官战死，城内居民投降。拖雷处死守城的一万八千名守军，没有对城内平民展开屠杀。

攻占也里城后，拖雷率领大军赶去和父亲成吉思汗会师，成吉思汗当时正在攻打纳思来忒忽（今阿富汗巴达克山省塔利罕县境内）。

纳思来忒忽城堡不是太大，但地势险要，非常牢固。城内守军都是异常勇猛的勇士，任凭成吉思汗诱降还是猛攻，都无济于事，六个月过去后，城堡还是牢牢掌握在对方手里。

成吉思汗遇到了前所未有的挫折，气急败坏，命令主将轮流攻城，但依然无可奈何。

拖雷带领的是蒙古军队的精华，手下将士无一不是能征善战之士，会师后，敌我双方形势才逐渐扭转。

拖雷大军裹挟着许多从各地俘获的俘虏，成吉思汗命令他们冲在最前面充当炮灰。蒙古人从别处运来土石，直垒到和城墙一样高，然后骑马踏上城墙，居高临下，俯视城内，从高处攻击。

城内守军没想到蒙古人会想出如此神奇的办法，一时间，所有守城的计策都失灵了，只好豁出命来向外突围，部分骑兵冲了出来，满山坡到处逃散，以至于步兵全都被蒙古骑兵践踏而死。

纳思来忒忽城被拆除，遭到完全毁灭，城内居民无一幸免地被杀戮。

就这样，蒙古大军在成吉思汗的带领下，在1221年的上半年，彻底征服了呼罗珊这一花剌子模的核心区域。

呼罗珊，先后被波斯帝国、阿拉伯帝国、塞尔柱帝国、西辽帝国、花剌子模帝国统治，多重文明在这里交汇，留下来灿烂的文化和诸多富庶繁荣的城市。但这块沐浴千年文明曙光的土地，在1221年遇到了暴风骤雨般的蒙古人铁骑，最后只剩下一片残墙断壁，田园被毁，文明沉沦。

第二节

征服阿塞拜疆和格鲁吉亚

哲别和速不台在追击摩诃末途中，蒙古大军先后毁了剌夷城（今伊朗德黑兰南郊）和忽木城（在德黑兰南部）。

攻下忽木城后，蒙古人尚未决定如何处理城内居民，有一些早先投靠了蒙古人的伊斯兰教徒建议屠城，理由是城中居民信仰阿里派（即伊斯兰教什叶派，该派只承认穆罕默德的堂弟兼女婿阿里及其后裔为合法继承人，将其尊奉为“伊玛目”），被他们视为异端，想借助蒙古人之手铲除。哲别听从他们之言，下令将忽木城中的男子无论长幼皆屠杀，掳走妇孺。

随后，哲别和速不台轻松占领了哈马丹（今伊朗哈马丹省省城）、屠速扎思、祖赞（位于伊朗和阿塞拜疆边界地带的小城），不过在可疾云（今伊拉克境内）白刃战中，双方皆伤亡惨重，共死亡五万多人。

紧接着，蒙古人进入阿塞拜疆境内，阿塞拜疆自七世纪中叶以后就由阿拉伯帝国控制。阿拔斯王朝（即中国史书中的黑衣大食，阿拉伯第二世袭王朝，定都巴格达，后被成吉思汗孙子旭烈兀所灭）哈里发穆克塔菲，于1146年封一名备受宠幸的突厥奴隶为主管阿塞拜疆的阿答毕（官职头衔），以后便称该王朝为阿答毕王朝，定都帖必力思（今阿塞拜疆大不里士）。

此时阿答毕王朝国王叫斡思别，此人年老昏聩，整日沉湎酒色，国政荒废，武备废弛，听说蒙古大军到来，吓得魂飞魄散，丢下城中百姓不顾，带上嫔妃亲信远走高飞，以避兵锋。

临行前，斡思别要求城中留守官员不管蒙古人提什么要求，都尽量满足。有了国王旨意，众臣哪敢懈怠，恨不得将帖必力思城深掘三尺，只是可怜了普通百姓，被搜刮一空。

面对帖必力思城交上来的堆积如山的金银珠宝，蒙古人很满意，成吉思汗特意授意不要屠杀城内百姓。帖必力思花钱买平安，总算逃过了一劫，蒙古人取道里海西岸的木干草原（今属阿塞拜疆），进入今格鲁吉亚境内。

当时回教徒和基督徒之间的矛盾很深，听说哲别和速不台要经过格鲁吉亚，一部分阿塞拜疆信奉伊斯兰教的突厥人，在一名叫阿忽失头领的带领下加入了蒙古军团。

这些人意图很明显，格鲁吉亚境内的谷儿只人（即格鲁吉亚人）多信奉基督教，与他们宿怨已久，他们趁机想狐假虎威，借蒙古人之手泄愤。

蒙古人非常狡黠，岂能让他们当枪使。1221 年 2 月，蒙古人至梯弗利思（今格鲁吉亚首都第比利斯），遇到谷儿只人的抵抗，蒙古人让突厥人打头阵，等他们打得两败俱伤之际，蒙古人再出来收拾残局，约一万多人被歼灭。

在以后的远征中，蒙古人经常巧妙地利用当地的民族、宗教矛盾，让他们自相残杀，然后自己收渔翁之利。

梯弗利思之战后，谷儿只人四处逃散，多逃入高加索山脉。高加索山脉山势险峻，又多丛林，蒙古人对当地地形不熟，实在无法前行，只好返回。

返回途中，蒙古大军再次路过帖必力思，当地官员郊迎劳军，献上财物，态度毕恭毕敬，蒙古人很满意，就没有入城，直接离开了。当年秋天，蒙古大军第三次路过帖必力思，国王斡思别之子哈木失亲自到蒙古军营奉上降书，蒙古人将成吉思汗的诏书和令牌授予他们，保证他们的安全不会受到侵犯。

然而，并不是所有的地方，都像帖必力思人这样甘愿俯首称臣。

当蒙古人来到蔑剌合城（今属伊朗东阿塞拜疆省马腊格），要求城内居民投降时，由于蔑剌合城女王常住鲁音的思（位于帖必力思附近的城堡），城内无人做主，城内居民惶惶然不知计将安出，但部分军民还是勇敢地拿起武器抵抗。几天后，蒙古人攻下了蔑剌合城，对城内居民展开了大屠杀。

蔑剌合城一带承平已久，平民不知刀兵多年，蒙古人杀进城时，许多人怯懦地聚在一起，唯有引颈待戮。

据《多桑蒙古史》记载，有一名蒙古妇女，骑马持刀闯进蔑剌合城一处民宅，院内多男子，竟然无一人敢反抗，全被她杀死。她一人俘获了许多俘虏，在押解途中，有一人察觉到她是女子才敢反抗，跳出来将她杀死。另外有一名蒙古兵，骑马从一条街上杀过去，街上竟无一人敢反抗，胆怯如斯，超乎想象之外。

最终，蔑剌合城阖城居民被屠杀，无一幸免。

就在攻占蔑剌合城之时，哈马丹城反叛了。

当初哈马丹城投降后，蒙古人安排了一名官员驻守。等哲别和速不台率领蒙古大军离开后，没过多久，当地人就起来造反，杀死了驻地的蒙古官员，要求摆脱蒙古统治。

哲别和速不台得知后，遂率领大军杀回哈马丹城。为首作乱者听说蒙古人来了，知道凶多吉少，便主动到军营投降，但没有得到饶恕，在经历各种酷刑折磨后全部遇难。

哈马丹城军民初期斗志高涨，作战非常勇敢，给蒙古人带来很大打击。不过谁也没料到，交战第三天，出现了戏剧性一幕，市长临阵脱逃，带领家人从地道逃之夭夭，城内没有了主心骨，顿时乱了。

当时，蒙古人眼看伤亡惨重，认为取胜无望，已打算撤兵，但后来觉察出城内风向有变，便加大攻城力度。虽然城内军民拼死抵抗，但由于缺乏有效组织，蒙古人最终攻入城来，将城内居民屠之一空，然后放火焚城，少数藏在地窖中的人逃过一劫，大多数人都死于此次劫难。

1221 年 10 月，哲别和速不台率领的蒙古军开始向阿儿兰（西方史书称为阿兰班尼国，其国土基本在今阿塞拜疆境内，部分在亚美尼亚）行进，兵临拜勒寒城下。

拜勒寒城郊一带没有山石可用，蒙古人遂砍伐树木，替代炮石，很快攻占了该城，城内男子全部遭到杀戮，妇女遭受凌辱之后犹未幸免，许多怀有身孕的妇女被残忍地剖开肚子，拽出胎儿戕杀，其暴行令人发指。

紧接着，蒙古人摧毁了阿儿兰大城吉阳札，再次发起了对谷儿只人的进攻。

谷儿只人虽然此前败北于蒙古人，但他们久居高加索山脉一带，苦寒之地磨炼出他们坚韧不拔的性格，且常与周边诸族征战，作战经验丰富，所以他们并不怯敌。

蒙古人知道不能与谷儿只人长期周旋，想速战速决，遂采取诱敌深入之计。速不台带领人马去诱敌，哲别设伏，等谷儿只人被引入埋伏圈后，一举将三万多谷儿只人消灭殆尽。

高加索山脉一带地形复杂，要想全部消灭谷儿只人几乎不可能，况且，哲别和速不台的重要目标是占领钦察草原，因此他们开始着手准备翻越高加索山脉，进入钦察草原。

第三节

远征钦察草原

摩诃末死后，按照当初成吉思汗的命令，哲别和速不台的使命已完成，接下来，两人决定取道钦察草原，返回蒙古本土。

两人向成吉思汗请示是否可以动身，很快得到同意。令人疑惑的是，此时整个西域已经完全在蒙古人掌控之中，按理说，哲别和速不台完全可原路返回，这样既轻车熟路，又很安全，为何成吉思汗要让他们绕道从一个陌生的区域返回？

其中答案，只能说，时势使然也。

西征之初，成吉思汗打着为商人使团复仇的旗号，其实暗藏趁机扩张的野心，但是他绝对没有想到，西征以来，万里崎岖，历经数年，占领了如此广大的土地。

人的野心永远不会满足，西征取得的成就让成吉思汗大开眼界，他看到了一片与蒙古草原截然不同的世界，敌人基本逢战必败，完全超出了想象，使得他的野心进一步膨胀。

占领花剌子模后，成吉思汗并不满足，他想征服更多更广的土地，钦察草原很快进入他的视野。

钦察草原位于今俄罗斯西南部，是伏尔加河下游一带的广大区域，它南至里海，东起乌拉尔海，西达顿河，水草丰美，土地肥沃，对任何一个游牧民族而言都是无法拒绝的诱惑。

成吉思汗明白，自己的儿子们之间，尤其是长子术赤和次子察合台，有着天然不可调和的矛盾，自己活着的时候尚且如此，哪一天归西了，还不知闹出什么矛盾来。为了子孙后代着想，最好的办法就是让他们远远离开，各自待在自己的封国内，老死不相往来。

这种想法在成吉思汗头脑中酝酿已久。很早以前，他就提出将西域金山以西的地方封给术赤，其中包含钦察草原，也算是对这位饱受排挤的长子的一个补偿吧。

发动征讨钦察草原总得需要个理由，不过一旦决定打仗，找个理由还不简单。有些史书指出，成吉思汗认为西域商道不安全，派个使节都需要三四百人保护，为了清除这些不安定的因素，必须继续对周边区域进行征讨，这个理由实在牵强。

也有些史书，如《蒙兀儿史记》记载，钦察人收留了蒙古人的敌人蔑儿乞人，成为成吉思汗征讨钦察草原的诱因。其实，所有的这一切，都不过是蒙古人为对外扩张找的借口罢了。

征服格鲁吉亚和阿塞拜疆之后，蒙古人通往高加索山脉的道路打通了。然而，高加索山脉的海拔多在三四千米之间，山顶多积雪覆盖，山势陡峭。当地民谚称，“雄鹰无法飞越高加索山。”所以带领大军直接翻山越岭，其困难可想而知。

蒙古人驰骋万里，无人能敌，但面对大自然的天险，也深感自身之渺小。如何翻越高加索山脉，哲别和速不台陷入深思之中，来自万里之外蒙古大草原的他们，对当地的地理环境一无所知。

从里海到钦察草原，人员往来唯有一条通道，且必须经过一座雄关——打耳班城（今为阿塞拜疆的港口城市，中国古籍中称作铁门关），它关隘险要，扼守要道，想要硬攻下来，几乎不可能。打耳班城当时掌握在设立汪王国手中。

蒙古人很快攻下了设立汪王国的首都舍马哈城，但在打耳班城面前一筹莫展，恰好此时蒙古军营来了设立汪国王派来的使团。使团共有十人，他们奉国王之命前来与蒙古人交涉。

哲别和速不台一合计，决定吓唬一下他们，便当着众人的面，将其中一人拉出去斩了，然后对他们说，要么你们告诉我们如何穿过太和岭（即高加索山脉），要么全都去死。

这些人当时被吓得魂飞魄散，马上将一条秘密通道告诉蒙古人。蒙古人随后绕过打耳班城，踏上了穿越高加索山脉之路。这条通道并非严格意义上的道路，不过是山中伐薪樵夫及往来商贾驮队踩踏出来的小道，许多地方险象环生，根本难以供千军万马通行。

哲别和速不台命令大军一边前行，一边劈山开路，缓慢前行，终于有惊无险地穿越了高加索山脉，进入位于今天俄罗斯南部的钦察草原。

当时在钦察草原游牧的主要有钦察和阿兰两大族群。

阿兰人在有的史书中被称作阿速部，他们和阿儿兰人同属一个部族，为今伊朗沃舍梯人的祖先。钦察人属于突厥语系族群，东西方史书中对他们的称呼也不尽一致，拜占庭称之为“库蛮”，俄罗斯称他们为“波洛维赤”，“钦察”是中亚伊斯兰教徒书籍中对他们的称呼。

钦察人多数信仰伊斯兰教，也有部分信仰基督教，而阿兰人基本信仰基督教。

蒙古人贸然进入一片陌生的草原，人生地不熟，两眼一抹黑，面对人数众多的钦察人和阿兰人，想要征服他们几乎不可能。蒙古人发动战争之初，阿兰人和钦察人联手抵抗，几仗下来，没有占到任何便宜，损兵折将却不少。

哲别和速不台认为这样下去肯定不行，必须要调整战略战术。他们决定用分化手段，离间钦察人和阿兰人的同盟关系。蒙古人的主要目标是钦察人，只有先稳住钦察人，打败阿兰人，就等于斩断了钦察人的一条臂膀，接下来再全力对付钦察人。

哲别和速不台派出使者到钦察人那里，称咱们两家是大水冲了龙王庙，以前都是误会，我们都是近亲（突厥和蒙古族源相近），从现在起我们结盟，让以前的不愉快成为往事，翻过这一页，往后就是结盟的好兄弟。

为了笼络钦察人，蒙古人一面甜言蜜语，一面送给他们大量金银财物。钦察人见钱眼开，忘了唇亡齿寒的古训，很快将盟友阿兰人出卖了。

没有了帮手，阿兰部很快在蒙古人的穷追猛打之下土崩瓦解，钦察人在旁冷眼旁观，拒不支援。

然而，很快就轮到钦察人后悔了，消灭阿兰人之后，蒙古人立刻对钦察人下手。早已放松戒备的钦察人，没来得及组织人马应战，就被蒙古人杀得七零八落。

那些送到钦察人手中的财物，还没来得及焐热，又重新回到了蒙古人手中。落荒而逃的钦察人跑到伏尔加河和第聂伯河一带，向其他钦察部族求助。

当地钦察部族各王公之间，平常尔虞我诈，互相拆台，如今见远方的族人来求助，大多数人都抱着事不关己、高高挂起的态度。唯有客察客汗富有声望，颇有远见，他看出来了，如果现在还不抱团取暖，下一个倒在蒙古人屠刀下的就是自己。

客察客汗派人向斡罗斯(即今俄罗斯)人求助。钦察人和斡罗斯人互为姻亲，关键时刻，还是亲戚靠得住，客察客汗派人给女婿俄罗斯加里宁大公姆斯基斯拉夫捎信，让他立刻联合斡罗斯各诸侯，共同对付蒙古人。

客察客汗在信中指出，如果今天我们钦察人彻底完蛋，下一步就轮到你们斡罗斯人了，届时你们绝不会有好日子过，好好掂量一下其中的利害关系吧。

老泰山有难，姑爷自然不能坐视不理，姆斯基斯拉夫立刻写信给俄罗斯其他诸公国，在信中给大家重申了一遍唇亡齿寒的道理。

道理谁都明白，但谁都不愿意当出头鸟，在每个时代，每个国度总有那么一些人，永远内斗内行，外斗外行，斡罗斯人概莫例外。

南部濒临钦察的一些大公们，切实感受到了蒙古人的侵略气息，决定出手援助，但大多数王公们还是放不下心中的小算盘：万一我出兵援助之际，你背后放我冷枪怎么办？或者你保存实力，去让我去送死，这种傻事我才不去做。

经过反复动员，总算有一些王公在基辅会盟，共商如何抵抗蒙古人入侵。

蒙古人想故伎重演，派使团到斡罗斯，对诸王公游说："我们蒙古人只想讨伐钦察人，绝无侵犯你们之意。想想当年钦察人是如何欺负你们的，不如我们联起手来，共同对付钦察人，然后均分战利品，岂不快哉！"

钦察人之于俄罗斯人，犹如匈奴之于汉，突厥之于唐，日耳曼人之于罗马。他们以前时常越过伏尔加河，劫掠斡罗斯人，这也是全世界古代游牧民族共同的特征。他们来去如风，机动性强，定居民族对他们的袭扰除了被动防御，可采用的办法并不多。

相对而言，成本最低和较有效果的还是联姻，昭君出塞这种故事并非中国特有，钦察人和斡罗斯人之间的联姻就是这种产物。

斡罗斯人对钦察人的新仇旧恨，不会在一时半会犹如雪水般融化，不过好在斡罗斯大公们这一次看得比较明白，蒙古人的离间计并没有发挥作用。相反，为了表明与蒙古人斗争到底的决心，他们下令将十名来使统统斩首，好让蒙古人彻底死心，也让那些摇摆不定的斡罗斯王公们下定决心。

1223 年 4 月，第聂伯河(今乌克兰境内)右岸，俄罗斯诸公国近十万人马集结，决心与蒙古人决一死战。

联军云集，人强马壮，衣甲鲜明，旌旗蔽日，一场鏖战眼看就要在第聂伯河展开。

但斡罗斯当时邦国林立，犹如中国的春秋战国之时。东周之时，好歹还有个名义上的共主周天子，但斡罗斯当时连这样一个象征性的人物都没有。十万人马在一起，缺乏统一调度，各自为政，诸军团都只听自家大公的，别人根本指挥不动。

说白了，这支联军就是为了共同利益临时拼凑起来的乌合之众，一旦有好处，就会拼命往前冲；万一战场出现不利局面，马上会调转马头，撤出战场，别人也无法节制。

反观蒙古人，人数虽不多，但都是历经千百次战役的精锐之师，能够令行禁止，号令统一，协同作战能力极强。蒙古人作战勇猛，战场上奋不顾身，视死在疆场如归乐途，但这并不意味着他们会逞匹夫之勇做无谓牺牲。看到斡罗斯联军来势凶猛，声势浩大，哲别和速不台经过一番分析，觉得如果硬拼，绝对会吃大亏，遂决定主动撤退，暂避斡罗斯人的锋芒。

一看敌人后退，加里宁大公姆斯基斯拉夫便按捺不住，开始轻敌冒进，一位叫丹尼尔（也是一位大公）的年轻人紧随其后，渡过第聂伯河，纵马疾驰，恨不得灭此朝食。

斡罗斯兵锋正健，蒙古人的前锋部队很快被撕开一条口子，斡罗斯人还抢了一些兵马辎重，初战告捷，斡罗斯人士气如虹，决定乘胜追击。

在第聂伯河后方的斡罗斯联军看见有利可图，也纷纷渡河杀了过来。姆斯基斯拉夫唯恐别人抢了他的头功，一马当先，率领部下，冲在最前面，将其他人远远甩在了后面。

蒙古人前面跑，斡罗斯人后面追，在钦察草原上展开了一场马背马拉松比赛，斡罗斯联军没有并肩齐进，逐渐拉开距离，稀稀拉拉形成了一字长蛇阵，无形中弱化了战斗力。

看见姆斯基斯拉夫追得这么欢，梁赞公国和弗拉基米尔公国干脆按兵不动（不过他们后来也没逃过一劫，在蒙古二次西征时被灭）。

斡罗斯人被小胜利冲昏了头，根本没有觉察出，蒙古人败逃绝非是慌不择路的溃逃，而是有条不紊、阵列有序的撤退。

斡罗斯人在钦察草原上将蒙古人追撵了整整十二天，连日急行军使得斡罗斯人不堪疲惫，人困马乏，但长期在马背上生活的蒙古人依然精神抖擞。蒙古马耐饥渴，耐力也很强，适合长途奔跑，也不至于疲惫不堪。

哲别和速不台见疲敌之策已生效，便不再后撤，大军在迦勒迦河（顿河附近，濒临亚速海）停下来，决定与斡罗斯人决战。

两军交战之初，旗鼓相当，斡罗斯人也是英勇善战，与蒙古人你来我往，交战正酣。当时交战双方谁也没料到，他们正在进行的是一场决定斡罗斯未来命运的生死之战。

斡罗斯人无论在人数还是装备上都要优于蒙古人，另外还有钦察人助阵，如果全力以赴，此战鹿死谁手，尚在两可之间，然而决定一场战争胜负的往往是一些意想不到的偶然因素。

蒙古人是在背水一战，战斗士气很高，反观本来处于优势的斡罗斯联军方面，却出现了一些微妙情况。

发起本次联军会盟的加里宁大公姆斯基斯拉夫，是此战的倡导者。而基辅大公在诸侯中力量最强大，类似诸侯盟主。姆斯基斯拉夫在初次作战中出尽风头，招来了同一战壕的基辅大公的嫉妒，与姆斯基斯拉夫暗生瑜亮情结。

正因为如此，在加里宁大公与蒙古人浴血奋战之际，基辅大公却立马迦勒迦河对岸的高岗之上，坐观成败。

蒙古人的手下败将钦察人，在战场上与蒙古人重逢时，心里不由得发怵，战战兢兢。战争开始没多久，犹如惊弓之鸟的钦察人开始临阵脱逃，慌乱之中，反将自家盟友斡罗斯人的阵形冲散，踏伤了不少人。

战场上，一旦军队失去秩序，将领的军事素质再强也无济于事。斡罗斯士兵被钦察人一冲击，顿时懵了，还以为自己一方不敌，也开始溃逃。

顿时斡罗斯人军阵大乱，任凭姆斯基斯拉夫怎么吆喝命令，也按不住阵脚，大军裹挟之下，也只好和丹尼尔大公一起后撤。此次战役中，有六位斡罗斯大公命丧沙场。

姆斯基斯拉夫和丹尼尔大公率领残兵败将，一路狂奔，蒙古人群追不舍，直追到第聂伯河边。斡罗斯人渡河后，凿沉了所有船只，蒙古人因无法渡河，只好作罢，姆斯基斯拉夫和丹尼尔大公总算捡回了一条命。

蒙古人本来对基辅大公军队有所顾忌，但看他不为战局变化所动，便放开手脚追杀溃散的斡罗斯残兵败将。

如果此时基辅大公率军掩杀而出，就算不能扭转战局，至少还可以保证斡罗斯军队全身而退。然而，基辅大公心中盘算的是，一旦姆斯基斯拉夫取胜，就冲过来争夺胜利果实；反之如果失败，就保存自己的势力，绝不掺和，好全身而退。

蒙古人击败姆斯基斯拉夫之后，回过头来就包围了基辅大公屯军的山冈。

基辅大公也绝非无能之辈，他之所以瞧不起姆斯基斯拉夫，是因为他有过人的资本，他曾打败波兰人和匈牙利人，以前作战从没有过败绩，故被称作常胜将军。

基辅大公眼看就要被蒙古人包围，便率军奋力厮杀，企图冲下山岗，突破重围。但是战争进行了三天，依然被蒙古人死死困在山冈上，根本冲不出去。

基辅大公此时深为蒙古人的强悍所折服，一时不知所措。蒙古人也领教了基辅大公带领的斡罗斯军团的勇猛战斗力，哲别和速不台心想，如此长期纠缠下去，最终会两败俱伤。自古兵不厌诈，他们决定采用诱降之计。

蒙古人对山上的斡罗斯人喊话："只要你们放下武器投降，我们绝对保证你们的人身安全，你们可以安心回家。"

基辅大公觉得按目前形势，想要突围，几无可能。如果长期困在山头，日子一久，等粮草消耗完，也是死路一条。何况自古杀降不祥，便信以为真，抛下武器，走下山来投降。

没有了爪牙的老虎就是绵羊，与其放虎归山留下后患，不如趁早斩草除根，蒙古人遂将所有降卒全部杀死。

至于那些归降和俘虏的斡罗斯王公们，速不台决不会让他们体面地去死，要好好羞辱一番才行。

斡罗斯王公们被捆绑在地上，然后在他们身上压上木板，蒙古人坐在木板上纵酒行乐，不堪重负的王公们起初还在痛苦呻吟，渐渐没了声息，等次日酒醒后，蒙古人掀开木板，看到王公们早已七窍流血，气绝身亡。

经过迦勒迦河之战，斡罗斯诸王公联军伤亡惨重，精锐之师失之十有八九，仅有不到十分之一的人逃生，摧毁了斡罗斯的绝大多数有生力量，自此斡罗斯一蹶不振，再也无力与蒙古人抵抗。

迦勒迦河之战取得了辉煌战果，但战利品收获并不多，为了掠夺更多财物，蒙古人袭扰了所遇到的斡罗斯境内每一座城市，将其洗劫一空后，扬长而去。

蒙古人后来进入克里米亚半岛，当地城市速答黑城居民听说蒙古人来了，早已逃之一空，或藏身于深山密林，或渡黑海投奔他国，将一座空城留给了蒙古人。

蒙古人没有费吹灰之力，就大摇大摆地进入了速答黑城，将城内库藏金银全部收入囊中，满载而归。

哲别和速不台听说不里阿耳国很富庶，1223 年底，他们带领蒙古大军进入不里阿耳境内（俄罗斯与保加利亚接壤地区），围困了不里阿耳城。出乎意料的是，不里阿耳人（即今天保加利亚人）不好对付，蒙古人费了九牛二虎之力，依然没有拿下城池，非但如此，由于不里阿耳人的频频偷袭，蒙古人损失了许多士兵。

哲别和速不台看出来了，攻占不里阿耳城绝非一朝一夕之功，便带领人马离开。速不台临行前，特意看了看不里阿耳城高大的城墙，心中默念：我还会回来的。

十多年后，时在 1236 年，速不台带领蒙古大军再次来到了不里阿耳城。这一次，不里阿耳城没有等来幸运之神的垂青，终被陷落。

不过，这一次和速不台同来的不再是哲别，而是成吉思汗的孙子，术赤的儿子拔都，哲别早在十年前死在了东归途中。

哲别和速不台此次远征，前后辗转于今天的伊朗、伊拉克、格鲁吉亚、阿塞拜疆，翻越高加索山脉后，长途奔袭于俄罗斯钦察草原，溯第聂伯河及黑海北岸，抵克里米亚半岛，后又渡过察里津（今俄罗斯伏尔加格勒），攻击卡马河口的不里阿耳，经里海、咸海后东归，横穿哈萨克斯坦大草原，于锡尔河北边草原和成吉思汗会师，此时已是 1223 年隆冬。

此次远征，可谓是古代战争史上的神来之笔。

1236 年，速不台随拔都二次西征，首先灭掉不里阿耳，占领梁赞，攻破莫斯科，随后东征西讨，以钦察草原为中心，建立了钦察汗国。

第十二章

西游与东归

第一节

神兽劝归

哲别和速不台远征钦察草原之际，成吉思汗也没闲着，札兰丁遁逃印度，他觉得这是个绝佳的借口，可以趁机入侵印度，将其收入囊中，将蒙古的边界推得更远。

大将八剌奉命带两万蒙古军，入侵印度。蒙古军攻陷了不少印度的边境城市，但札兰丁杳无音信。

成吉思汗志在饮马恒河，占领印度全境，实现他成为世界之王的梦想，然后取道吐蕃（西藏），从青藏高原北返，顺道讨伐那个不听话的唐兀特（即西夏）。

世界之大，已经容不下成吉思汗的雄心了。

成吉思汗总觉得遥远陌生的地区在召唤着他，远方神秘的气息不断激发他的征服欲望，他想不断跃马向前，直到征服整个世界。成吉思汗是帝王，也是一名蒙古勇士，宁愿选择倒在征途中，也不愿安死床箦之上。

蒙古西征以来，掠地万里，屠城过百，无数无辜的黎民百姓由于帝王的野心而抛尸荒野，对于这种做法，并不是所有人都赞成。

深受儒学影响的耶律楚材，对此就颇有微词。作为孔孟之道的追随者，他更向往王道仁政，而不是以杀伐为乐。自随成吉思汗西征以来，目睹许多繁华盛景转瞬间变成一片废墟，他内心感到非常痛惜。

蒙古军进入印度以来，面临的是一个从未遇到过的环境。地处南亚的印度气候潮湿，密林多雨，这与他们以前经历的干燥清爽的中亚地区和蒙古本土气候完全不同，不少人在此染上了瘟疫，加上离家数年，将士们无不思乡心切，想早日回家。

蒙古大军在行军途中，突然被一条大河拦住去路。四周大雾弥漫，一片朦胧，太阳在迷雾中若隐若现。将士们饥渴难耐，纷纷跑上去想饮水，不料河水翻滚，犹如开水，难以入口。

此时，河对岸出现了一只怪兽，鹿身马尾，它忽然开口说了一句："汝主早回!"说完便消失在茫茫大雾之中。将士们感到很奇怪，便跑回去向成吉思汗汇报。

成吉思汗听后，也觉得好奇，便问身边的耶律楚材："长胡子，你博学多才，此事你怎么看?"

耶律楚材觉得是时候劝成吉思汗结束这次劳师远征了，便说："此兽叫角端，能够日行一万八千里，会懂各种语言，它好生恶杀。大汗您是上天之子，天下万民都是您的子民，如今角端出现，说明上天开始厌恶人间杀戮，所以派它来告诫您，希望您遵从上天之意，宽恕这几国人民性命，这也会给您带来莫大的福报。"

成吉思汗笃信长生天，听了耶律楚才一番话后，遂有罢兵东归之意，遂命令大军向吐蕃进发，只是山高林密，路途艰难，无法通行，只好改变路线，原路折返，返回阿富汗。

成吉思汗遇神兽罢兵的事，在诸多史书中都有记载，细节问题也是大同小异。蒙古人长期生活在高原，来到遥远的南亚雨林，遇到一些以前根本没见过的稀奇动物本不足为奇。至于神兽以人言劝谏之事，一看就是很荒诞，根本不值得一驳，很有可能是耶律楚材利用成吉思汗崇信长生天的心理，借机发挥的穿凿附会之言。

诚然，成吉思汗很倚重耶律楚材，但如果认为他单凭耶律楚材的只言片语，就产生罢征东归之意，那也未免将他想象得太简单了。

成吉思汗西征是中古时期的中国历史乃至世界历史上的重大事件，像罢兵东归这么重大的决策，绝非仅有单一原因。

自 1219 年西征以来，历时数载，劳师远征，将士皆已疲惫不堪，厌战情绪在军中蔓延。此外，孤战异域，士卒们思乡心切，想念亲人(成吉思汗的母亲就在西征时期去世)，无不想早日重返故乡。

此外，在西征途中大量屠城，造成骇人听闻的死亡，蒙古人自然不会处理这些尸体，加上水土不服，导致瘟疫流行，许多士兵染病死去，使得将士们想早点回去。

还有一个重要因素，就是西夏的反叛。

西夏和蒙古的关系一直很微妙。西夏最初和克烈部一直保持友好往来，随着克烈部被成吉思汗消灭，蒙古和西夏之间没有了缓冲地带，两国直接接壤，产生冲突在所难免。

此后，蒙古和西夏时战时和。当时蒙古人主要的敌人还是金朝，首要策略是联夏伐金。但西夏的政策一直摇摆不停，时而联合金人对付蒙古，时而又联合蒙古人对付金人。

蒙古西征之际，成吉思汗曾要求西夏出兵跟随，但被拒绝，后又趁着蒙古人西征之际，西夏还企图联合与成吉思汗作对的部族南北夹击蒙古本部。

消息传到成吉思汗耳中，他非常愤怒，开始倾向于班师东归。

多年的征战，对成吉思汗的身体造成了很大影响，战争劳疾不断地侵蚀他的健康，像历史上任何一个帝王一样，成吉思汗赢得天下之后，就开始考虑如何永久地拥有江山。

秦皇汉武，雄才伟略，但等建立旷世伟业，一统天下之后，就想千秋万世，永远保持大权在握，长生不老。于是，许多江湖术士利用帝王的这种心理，以追求长生不老药为诱饵，实现个人的阴谋，做了不少荒唐的祸国殃民之事。然而，后世帝王仍然不自省，继续蹈前人的覆辙。

秦始皇听信卢生、徐福等人的鬼话，为了实现长生不老，劳民伤财，派船入海，企图到海外求仙药，结果不过五十岁就死了。汉武帝晚年也受李少君、江充等的蛊惑，痴迷于追求长生不老。唐代，唐太宗、唐武宗、唐宪宗都因误食丹药而丧命。

庆幸的是，成吉思汗遇到的不是江湖术士，而是一位奇人，由于他的到来，成吉思汗放弃了长生不老的幻想，而且受他影响，数以万计的人得以避免被杀戮。

他就是丘处机。

第二节

西行论道

道教作为中国的本土宗教，兴起于东汉末年，对中国的政治、思想、文化产生了深远影响。在长期传播发展过程中，先后形成了太平道、正一道等。宋金之际，王喆

（即王重阳）创立全真道，在中国北方备受信众推崇。王喆去世后，他的弟子丘处机在金人统治下的山东莱州、崂山一带传道。

丘处机，字通密，道号长春子，世称长春真人，登州栖霞人，早年曾在磻溪、陇州一带传道，后归隐家乡，被尊为全真"七真"之一，后来创立全真龙门派。

丘处机早年抱有济世之心，这一点从他早年潜隐磻溪（周朝开国元勋姜尚曾隐居于此，后受周文王邀请出山，开创周王朝八百年基业）可见一斑。

当时宋金朝廷皆腐败不堪，宫廷奢靡，完全不顾百姓死活，丘处机渐渐对他们失望透顶，不再抱任何幻想。

丘处机备受宋金两国朝野推崇，两国皆派人去迎接他，希望为自己服务，但都被丘处机婉拒。

成吉思汗身边有名叫刘仲禄（刘温，字仲禄）的侍从官，颇通医道，他早就听说丘处机的大名。当时风传丘处机已是三百多岁高寿，在给成吉思汗献药之际，刘仲禄推荐了丘处机。

成吉思汗听后大喜，便命刘仲禄带上诏书前去召丘处机。

成吉思汗不远万里，派人邀请丘处机西行，固有帝王企图延年长寿的想法，但作为政治家，其身份决定了他考虑得绝不如此简单。

丘处机作为当时著名的宗教领袖，在中国北方享有很高威望，具有很强号召力。成吉思汗志在统一四海，在西行之时，已经考虑了下一步对金的作战，因此，希望借助于丘处机的名望，恐怕才是他最重要的目的。

1219 年岁暮之际，丘处机正在山东莱州昊天观讲道。刘仲禄风尘仆仆，从遥远的西域带着铸有成吉思汗"如朕亲临"字样的虎头金牌和诏书出现在丘处机面前。

诏书内容大略如下：

天厌中原骄华太极之性，朕居北野嗜欲莫生之情，返朴还淳，去奢从俭，每一衣一食，与牛竖马圉共弊同飧。视民如赤子，养士若弟兄。……七载之中成大业，六合之内为一统，非朕之行有德，盖金之政无恒，是以受之天祐……然而任大守重，治平扰惧有阙……聘贤选佐，将已安天下也。……访闻丘师先生，体真履规，博物洽闻，探赜穷理，道冲德著……朕心仰怀无以。岂不闻渭水同车，茅庐三顾之事，奈何山川弘阔，有失躬迎之礼。……遣差近侍官刘仲禄备轻骑素车，不远数千里，谨邀先生暂屈仙步，不以沙漠游远为念，或以忧民当世之务，或以恤朕保身之术。朕亲侍仙座，钦惟先生将咳唾之余，但授一言，斯可矣……

这份诏书洋洋洒洒，历书古来典故，肯定是出自饱读诗书臣子之手（极有可能出自耶律楚材之手）。从诏书可以看出，成吉思汗将丘处机视如姜子牙、诸葛亮一类的治世能臣，而非术士之流，希望他对自己指点一二。

丘处机思考一番后同意了，遂跟刘仲禄前往，但抵达燕京（今北京）后，得知成吉思汗已远征。丘处机时已年过七旬，在当时已是相当高寿了，万里驱驰，他担心自己这把老骨头经不起颠簸，恐尚未见到成吉思汗，已命丧路上，便提议等成吉思汗远征归来后再拜见。

打定主意后，丘处机斟字酌句写了一封陈情表交给刘仲禄，信中自称，他没有姜尚、诸葛亮等人的治国才华，只是略懂道家“道德之心”，希望成吉思汗体量他年事已高，不能远行。

刘仲禄左右两难，最后只好先差人将丘处机的书信捎给成吉思汗，自己则等候命令，以便相宜行事。

使者一路西行，等追上蒙古大军时，成吉思汗已攻陷撒马尔干，正在城中休整。看了丘处机的陈情表以后，成吉思汗让耶律楚材拟诏，再次邀请丘处机西来。

诏书中称，因西部花剌子模挑衅，不得已万里西征，如今已基本平定，既然真人（指丘处机）志不在军国大事，还是希望在“道德之心”方面多听听你的教诲。诏书中，还举例达摩东来中原弘扬佛法，老子西行化胡传道故事勉励丘处机西行。

或许此刻成吉思汗已经意识到，弓马杀伐可以征服国土，但要征服人心，一味杀戮解决不了问题，必须依靠文化意识领域的收复。

丘处机接到成吉思汗的第二份诏书后，没有再犹豫，毅然启程，踏上了漫漫西游路。丘处机不顾年迈，下定决心西行，估计还是看到了成吉思汗诏书中想听“道德之心”的语句。

丘处机久居金国，对蒙古与金北部的边境征战很了解，他路过已被蒙古人占领的燕京，目睹战争的破坏以及战争对广大普通百姓造成的深重苦难。

道教虽然强调出世隐居，但也多关怀民生疾苦。丘处机明白，蒙古人在战争中的残酷杀戮、屠城是造成一切苦难的根源，但自己不过一介年迈道士，根本无力阻止战争。如果能够趁此机会，劝说成吉思汗减少杀戮，弘扬道教，无论对广大黎民百姓，还是道教的传播而言，都是善莫大焉。

正是怀着这样的理想，丘处机带领数名弟子，跟随刘仲禄西行。弟子李常志负责记录旅途事项，后来结集成书，即为《长春真人西游记》。后人正是通过这本书，得以了解这次具有伟大而深远意义的西行。

即使在今天，从中国华北出发，前往中亚，也是相当不易。一路要经历草原，穿过大漠，翻越雪山，其中绝大多数是荒无人烟之地，不少路段由于高海拔会造成严重缺氧。一路上，除了不时出没的野兽，还有各种自然灾害，比如沙尘暴、雪崩等等。试想八百多年前，一个年过七十的老人，靠着车马，踏上漫长旅途，一走就是一年多，其艰难可想而知，谓其九死一生，毫不为过。估计出发前，丘处机已做好了死在半道上的最坏打算。

出发前，丘处机发现队伍中多了一部分女眷，她们是刘仲禄带给成吉思汗的，觉得反正是顺道，大家一起结伴同行也不错。不过，丘处机坚决抵制了这种做法，觉得自己师徒都是出家之人，与女眷同行，很是不妥。

刘仲禄很快表示尊重丘处机的意见，便没有让她们同行。丘处机的思虑固然出于道教教义，另外考虑到此去行程漫漫，一路险阻自不待言，路程中寂寥无助之时，队伍中男女同行，若出现暧昧之事，会给他此番关山万里远行蒙上不好的声誉，这是他不得不考虑的。

为保证旅途安全，蒙古人给丘处机师徒派来一支卫队。丘处机一行没有直线西行，而是先北走漠北，然后绕道西行，这样一来，无疑增加了路程，但这也是比较稳妥的做法。因为西域一路虽皆被蒙古征服，但沿途人心不稳，并不安全。何况，西夏和蒙古已生龃龉，如果选择直行，必然要穿越由党项人掌握的河西走廊，为避免不必要的麻烦，故选择北行经蒙古本部，然后西行，绕过西夏地盘。

1220 年 5 月 19 日，丘处机一行离开燕京，出长城，进入大漠草原。丘处机久居中土，所见皆是巷陌田园，眼前却是另外一番神奇壮丽的景象：长天白云，四下皆是空旷无垠的戈壁草原，人烟稀少，唯有移动的羊群，偶尔会遇到牧人的穹庐毡房。

成吉思汗西征时，安排幼弟帖木格留守老营。1221 年 4 月 1 日，丘处机抵达帖木格驻地，正赶上一场盛大婚礼，场面非常奢华隆重，周围四五百里的人们都纷纷骑马赶来，帐房绵延不绝，足足有数千顶。婚礼气氛非常热烈，婚俗礼仪与中原汉俗截然不同，令丘处机大开眼界。

4 月 30 日，帖木格接见了丘处机，向他赠送了一百匹马和一百头牛。期间，他也想向丘处机求助长生之术，恰逢天降风雪，认为是长生天的警告，只好作罢。

丘处机辞别帖木格，沿土拉河西行，经过昔日王罕克烈部旧地。一路上，所过之地犹如巨大无比的绿茵地毯，点缀着许多无名小花，美不胜收。

接下来，过杭爱山，渡鄂尔浑河，涉博尔加泰河，沿查甘泊湖前行。7 月 19 日，丘处机一行抵达斡儿朵金帐。成吉思汗西征时，将嫔妃安置于此，其中有金国公主和西夏公主。她们听说中原来人，没想到在万里之外，能够见到故土之人，激动不已，向丘处机赠送了大量礼物。

丘处机休憩十日后，继续前行，从西南方向进入乃蛮人故地，镇守当地的将军田镇海得知成吉思汗急于见到丘处机，便亲自陪同丘处机上路，速度加快了许多。

9 月 2 日，丘处机一行抵达金山北麓，山间只有早先窝阔台开辟的一条狭窄道路，车辆难以通行，只好丢弃，改换骑马。

翻过金山，至 9 月末，西行队伍到达别失巴里城，此处是佛教最西边的一座城市，当地僧侣、畏吾儿头领、民众纷纷涌出城来，夹道迎接远道而来的丘处机。

再往西，就进入伊斯兰世界了。

丘处机沿着伊犁河谷西行，进入阿力麻里城，稍作休息后，继续西行。11 月，过锡尔河，进入河中。12 月 3 日，抵达撒马尔干。

此时，成吉思汗正率领大军追撵札兰丁，驻守撒马尔干的耶律楚材、耶律阿海等欢迎丘处机万里西来，丘处机便在撒马尔干歇脚过冬，等待成吉思汗的召见。

从 1221 年冬到次年春数月间，丘处机师徒皆逗留在撒马尔干城。在此期间，丘处机与耶律楚材有过一段时间的交游。

丘处机崇道，耶律楚材信佛尊儒，两人在万里之外的中亚伊斯兰世界相逢，自然感慨万千。两人一起郊游，焚香煮茗，诗歌唱和，留下了不少佳句。一位释家居士和一位道门高人，在异国他乡一起度过了一段很融洽的时光。

1222 年 4 月，战事暂告一段落，成吉思汗即给丘处机捎信，信中说："真人从太阳升起之地，一路跋山涉水，实在太辛苦了。我不久便要返程，急切想听你的教诲，还要劳烦你不辞辛苦前来我的营地。"（"真人来自日出之地，跋涉山川，勤劳至矣。今朕已回，亟欲闻道，无倦迎我。"①）

---

① 此句"真人来自日出之地……无倦迎我。"来自（元）李志常《长春真人西游记》。

于是，丘处机在刘仲禄等人的陪同下，渡阿姆河，赶往八鲁湾附近的成吉思汗行宫。

一个蒙古大汗，一名中原道士，就这样在遥远的阿富汗，展开了一场对后世产生深远意义的对话。

开场白中，成吉思汗表示，丘处机能够拒绝宋金征聘，却不远万里来参见自己，很让人感动。

丘处机回答得很巧妙，说自己奉诏万里西来，完全是天意。

一番客套话之后，成吉思汗单刀直入，切入正题："真人远来，有何长生之药?"

丘处机很坦然地实话实说，回答道："世间只有卫生之道，而无长生之药。"

成吉思汗失望之余，也很赞赏丘处机的坦诚，并没有迁怒于他，而是请教养生之道。

丘处机向成吉思汗传授了道家清心寡欲的理念和精气神的理论，希望他能够节制欲念，顺乎自然，善于养生，自然会益寿延年。

成吉思汗听完，感触颇深，让丘处机驻在自己营帐附近，以便随时请教，尊称丘处机为活神仙，礼遇殊加，倍加尊崇。

不过，丘处机表示自己是山野之人，习惯了清静生活，希望离大汗大帐远一些，成吉思汗也没勉强他。

没多久，巴里黑发生了叛乱，成吉思汗带兵亲征，丘处机便返回撒马尔干。等他们再次见面，已是 1222 年秋。

9 月 15 日，丘处机奉命北渡阿姆河，赴蒙古大营谒见成吉思汗。就在当晚，成吉思汗屏退左右，接见丘处机，让他教授一些道家养生之术，耶律阿海担任翻译，阿里鲜作陪。丘处机提议，刘仲禄和田镇海万里护送有功，不妨让他们也留下来听听，成吉思汗表示同意，遂让他们二人入帐旁听。丘处机此次西来，自然不仅仅是和成吉思汗谈养生之道。

自古以来，任何宗教的发展都离不开政治势力的支持，丘处机看出来了，如今的中原，宋、金、西夏对峙，但皆气数已尽，蒙古一统海内是大势所趋，想保持道教香火不绝，必须争取成吉思汗的支持。

此外，丘处机一路西来，所过之处，经蒙古攻占破坏之地，无不城郭荒芜，民生凋敝，百姓惨遭屠杀。进入花剌子模以来，耳闻蒙古人屠城，像不花剌、玉龙杰赤这样动辄数以万计甚至百万计的屠城比比皆是。

道家素怀悲天悯人之心，关注民生。上天有好生之德，岂能眼睁睁坐视无数黎民百姓惨遭屠杀？丘处机决定设法劝谏成吉思汗，尽量减少无辜百姓的伤亡。

成吉思汗耳闻丘处机的一番高论后，对他非常尊崇，也不满足于仅仅听养生之道，希望他能够讲一下对治国方面的真知灼见。

其后，于当月19日、23日，成吉思汗与丘处机又进行了两次密谈，两人交谈很愉快，在整个谈话过程中，成吉思汗都面露愉悦，对身边人说："神仙说的养生之术，甚合我意，希望不要对外泄露。"

不过，成吉思汗让人用汉蒙两种文字将谈话记录了下来，留给子孙后世。这份会谈纪要名叫《玄风庆会录》①，随着它的出现，后世方对这次会谈的内容有所了解。

在会谈中，丘处机用宗教理论展开谈话，提出古今帝王皆是受上天之命临凡，须有慈善之心，慎用杀伐，行善修福，升天后则官复原职；反之，恐怕归天后，要遭受严惩。

丘处机指出，中原历来是富庶之地，但近世以来，屡遭战火，百姓流离失所，大汗将来得中原，需选择干吏前往治理，应先免除三年赋税，让老百姓得以休养生息。

同时，丘处机建议治理中原，不妨参照金人，先建立代理人政权，等熟悉中原典章制度和风土人情后，再自行统治不迟。

长期以来，蒙古人以攻伐掠夺为业，纵然耶律楚材跟成吉思汗讲过儒家仁政之说，但成吉思汗及其子孙很难理解儒家理论，直到和丘处机会谈以后，成吉思汗眼界大开，遂令将丘处机的这一番理论记录下来，传给后世子孙学习执行。

蒙古帝国及后来元朝之初，道教备受尊崇。后来，喇嘛教被元朝皇帝接受，道教受到一定程度的抑制，但总体上，道教一直盛行。反观儒学，则长期处于末流。丘处机对成吉思汗及其子孙的影响力，由此可见一斑。

丘处机与成吉思汗前后有过三次畅谈，成吉思汗差不多对他言听计从。丘处机觉得，此次西行的目的差不多达到了，便提出辞行。

成吉思汗虽舍不得，但丘处机一再称，身为山野修道之人，喜欢清静无为，长期待在军营，颇为不习惯。

---

① 《玄风庆会录》出自《正统道藏》，为耶律楚材奉敕所撰。

成吉思汗只好同意,赠予丘处机大量金银礼物。丘处机视钱财为身外之物,分文不取,全部分散给了撒马尔干的穷苦之人。

时至隆冬,天降风雪,成吉思汗遂一再挽留,丘处机只好暂时留下,等雪停后再上路。

此时,发生了冬雷。对于这种罕见的自然现象,成吉思汗非常惶恐,认为是长生天在警示自己,便向丘处机请教。丘处机因势利导,劝他重视提倡孝道。

游牧民族多重青壮、轻老弱,匈奴、突厥皆如是,蒙古也不例外。丘处机借题发挥说:"尝闻三千之罪,莫大于不孝者,天故以示警之。今闻国俗多不孝父母,帝乘德威,或戒其众。"

成吉思汗听后,命令将此事用畏吾儿文记录下来,颁诏全国,要大家尽孝道,告诫诸王大臣说:"汉人尊重神仙,就像你们敬天一样。我今天愈加敬重他,真是天人啊!"

成吉思汗将他和丘处机的对话记录发给诸王学习,并说:"上天借神仙之口告诉我这些道理,你们一定要铭记于心。"

围猎是蒙古人生活中必不可缺的一部分,成吉思汗尽管年事渐高,但对狩猎的酷爱依然不减。1223 年 2 月 8 日,在打猎时候,一只受伤的野猪突然发疯般冲到成吉思汗马前,马受惊,一个前蹶将成吉思汗摔下马背,野猪险些伤到他,当时的情景万分惊险。

丘处机借此劝谏道:"上天有好生之德,陛下现在圣寿已高,应减少打猎。此次意外坠马,是上天在警示您啊!"

成吉思汗听后,解释说:"狩猎是蒙古人自幼养成的习惯,想一时戒掉,恐怕很难,不过神仙你的教导,我会铭记于心。"他对身边人说:"凡是神仙劝谏的,都要照办。"

此后相当长的一段时间,成吉思汗果真不再外出打猎。但想让蒙古人完全停止参与围猎,是不可能的。后来,成吉思汗攻打西夏时,又在一次打猎中意外坠马,最终因伤势过重而去世,或许,临终时想起丘处机的劝诫,他会有一丝悔意吧。

冬雪最终融化,撒马尔干的春季姗姗来迟。1223 年 4 月,丘处机再次辞行。成吉思汗心有不舍,但也不便再强留,再次赠送大量牛羊等礼物,都被丘处机婉言谢绝。

丘处机的高尚情操让成吉思汗钦佩不已，心想丘处机在古稀之年，万里西行来参见自己，不为他做点什么，总觉得心里过不去，便问阿里鲜："神仙徒弟有多少？"

阿里鲜知道，在汉地，丘处机的信众数不胜数，便如实回答："实在太多了。"

成吉思汗心想这好办，遂颁布一道盖有大汗宝玺的圣旨，宣布免除丘处机门下道教门徒的一切赋税，并派五千蒙古士兵送丘处机师徒返程。

丘处机回到燕京后，成吉思汗再次颁旨叮嘱阿里鲜，神仙年寿已高，要善加护持，盈盈关爱之意流露于表。

后来，成吉思汗抵达蒙古本土后，又传旨给丘处机，其中云："神仙离开以后，我未曾一日忘怀，神仙也别忘了我啊。凡是我拥有的土地，神仙想住哪里就去哪里，希望你的门人也多为我诵经祝寿。"

王者高高在上，但内心永远是孤独的，无人可以推心置腹。成吉思汗一生杀伐攻略，灭国数十，掠地万里，杀人盈野，雄冠寰宇，但真正投缘的唯有丘处机和耶律楚材二人，然若说交心，唯丘处机一人耳。

直到成吉思汗临终前，对丘处机依然念念不忘，下诏将燕京天长观改为长春宫（今北京白云观），让丘处机居住修道，并颁给虎头符，让他掌管天下一切道教事宜。丘处机自此成了全真教教主，蒙古帝国的国师。

丘处机的西行，在十三世纪的世界史上，其意义之重大，怎么评价都不为过，数以万计的中亚一带百姓，赖丘处机的劝谏，逃过了蒙古人的屠刀。

与丘处机会谈之后，成吉思汗受其好生慎杀的影响，在中亚再也没有进行大规模的屠城。临终前，成吉思汗颁布了著名的止杀令，要求此后不得随意屠杀。

蒙古人攻灭金朝、南宋之际，在花剌子模发生的动辄数以万计甚至百万计的屠杀没有重现。南宋在钓鱼城抗击蒙古数十年，蒙古大汗蒙哥也死在城下，但钓鱼城投降后，也没有对其展开大规模的报复性屠杀。

善哉！长春真人丘处机，一言止杀，使得万民得以存活，其功善莫大焉！

蒙古人进入中原之际，到处劫掠人口，随意驱赶，形同牲畜。丘处机让弟子们拿着成吉思汗颁予他的虎头符到处去救人，前后二三万人逃过一劫。多年过去后，老百姓们还念念不忘丘处机的恩德。（"由是为人奴者得复为良，与濒死而得更生者，毋虑二三万人。中州人至今称道之。”①)

民间得丘处机一纸诗文，如获护身符，可免遭蒙古人屠杀，致使丘处机的笔墨虽千金而难得。

蒙古人的暴行，势必逼得一些民众起来反抗，阿里鲜往山东招降，他特意前往丘处机处，希望派个弟子同往。丘处机心中对蒙古人任意劫掠、不顾老百姓死活的做法很厌恶，没有立即同意。

阿里鲜劝他说：“若成吉思汗派大军来征剿，必然会造成大量无辜百姓的死亡，希望真人为了生灵免遭涂炭而大发慈悲。”丘处机想想也对，便派弟子同行，化解了此场危机。

1227 年，丘处机在燕京长春观去世，享年八十，弟子尹志平继任全真教教主。成吉思汗之孙忽必烈南下统一中原之际，尹志平凭借丘处机的威望，和弟子们一起救助了不少人。

由于丘处机师徒的原因，道教迅速广泛传播，成为元初最重要的宗教之一，对蒙古皇室乃至元初的政治格局都产生了巨大影响。

第三节

帝国初肇

至 1223 年春，花剌子模的战事基本结束，成吉思汗将面临新的挑战：如何管理这片新征服的国土。相比中原宋金，以及中亚的西辽、花剌子模等，蒙古人明显是缺乏管理经验的，或者说这个马背上崛起的民族，更多的志趣在对外扩张和掠夺上，至于如何治理，显然没有太多的考虑。

① 此句“由是为人奴者……至今称道之。”出自宋濂等编《元史・释老传・丘处机》。

蒙古人推行的是贵族集体管理制度，无论军国大事，还是帝国的继承人方面，所有参会的贵族都有发言权，这种制度在帝国肇始之初，的确能够集思广益，将集体利益绑在一起，使所有力量能够拧成一股绳。因此，蒙古人在欧亚大陆所向披靡，无敌于天下。

但是，扩张不能无限制进行下去，一旦扩张停止，内部矛盾就会激化凸显出来，或者说，内部的矛盾冲突削弱了蒙古人继续对外扩张的能力。

1222 年至 1223 年，冬春之交时期，成吉思汗组织诸子、诸王和群臣展开了一场大规模的围猎活动，时间长达数月。成吉思汗想通过围猎活动，让长期征战的将士们放松一下。

蒙古勇士们弯弓纵马，欢呼雀跃，但成吉思汗的内心一直很沉重。长子术赤以生病为由，待在封国，自始至终没有露面。为了不让父汗太过于尴尬，术赤下令，将自己封国的野兽向成吉思汗的围猎场驱赶。

看见黑压压铺天盖地而来的野驴等猎物，成吉思汗反而没了兴致，觉得索然无味。

成吉思汗和术赤的父子关系一直很微妙，相互猜疑、提防。术赤无疑是个悲剧性人物，他的身上有太多谜，如同他的出生，他的死亡也是个谜。

当时有传言术赤装病，图谋不轨，引发成吉思汗的嫉恨。不过不久之后，术赤就去世了。成吉思汗所担心的诸子之争，在他有生之年总算没有出现。对于术赤的死因，历来有种种猜疑。有人说，成吉思汗为了蒙古帝国的稳定，对他下了毒手，使他中毒身亡，但这种说法缺乏有力的史料支撑。

令术赤欣慰的是，他有一个非常出色的儿子拔都。拔都在蒙古二次西征中，令西方诸国闻名颤抖，他将蒙古帝国的边疆推向更遥远的地方，不过所有这一切，术赤注定无法看到了。

1223 年岁末，成吉思汗在撒马尔干度过了在花剌子模的最后一个冬天，正式颁诏，宣布东归。

关于成吉思汗启程东归的时间，各种史书有不同记载，有 1223 年、1224 年，1225 年三种说法，经过各种考证，笔者更倾向于 1224 年。

1224 年春，成吉思汗正式启程东归，为防止花剌子模王室死灰复燃，并让花剌子模人彻底断了复国的念头，他下令摩诃末的母亲秃儿罕哈敦、嫔妃及近亲都随蒙古大军同行。

秃儿罕哈敦别离故国之际，回望撒马尔干城阙，纵是万般不舍，又能如何，唯有相拥号啕大哭，于步步回头中踏上东行的漫漫之路，去遥远而又陌生的东方，最终死在蒙古草原。

1224 年夏季，成吉思汗在也儿的石河消暑。天气变凉之后，再次启程东归。当年秋，东归至叶密立河，拖雷的两个儿子，十岁的忽必烈和八岁的旭烈兀前来迎接。

成吉思汗亲自为两位孙子主持了初猎仪式，这是每个蒙古男子相当重要的典礼。成吉思汗估计没料到，眼前这两张稚嫩的面孔，将来一个会开创中原的大元王朝，另一个将在西亚建立伊利汗国。

在东归的路上，成吉思汗利用这段难得的清闲时光，开始整理完善札撒（蒙古法律），构建相关制度。对蒙古帝国影响至深的分封制度，也是在此时构思完成。

成吉思汗的分封总体上是两大部分，大汗汗廷东部分给诸弟，汗廷西部分给诸子。东部诸弟的分封在西征之前已经完成，他们被称作东道诸王，或者左手诸王。

东归途中分封的主要是由孛儿帖所出的嫡系诸王，即术赤、察合台、窝阔台、拖雷四人，他们被称作西道诸王，或右手诸王。成吉思汗规定，他的汗位必须在西道诸王中产生，任何人不得违背。这次分封基本奠定了未来蒙古帝国的雏形。

诸子封地被称作兀鲁思（出自畏吾儿语，意为国家、人民）。分封具体情况大致如下：

额尔齐斯河以西、花剌子模以北为长子术赤的封国，斡尔朵（行宫驻地）设额尔齐斯河流域，并说在西方，凡是蒙古人马蹄所至地方皆归术赤。后来经过术赤儿子拔都西征之后，扩展到斡罗斯钦察草原，高加索地区、保加尔等地，建立钦察汗国（亦称作金帐汗国，因汗廷帐篷呈金色，故名）。

钦察汗国全盛之时，疆域东起额尔齐斯河，西至第聂伯河，南起巴尔喀什湖、里海、黑海，包括北高加索及花剌子模北部和锡尔河下游地区，北濒北极圈，以伏尔加河下游萨莱城（今俄罗斯阿斯特拉罕附近）为都城，斡罗斯诸公国为钦察汗国藩属。

后来，拔都将位于今天哈萨克斯坦一带封给兄长斡儿答，建立白帐汗国。白帐汗国表面上从属于金帐汗国，实际独立自主，金帐汗国根本无力干预其内政。

次子察合台的封国基本上是西辽故土，领土包括天山南北及阿姆河与锡尔河之间的河中地区，建都阿力麻里（今新疆霍城县）虎牙思。成吉思汗死后，窝阔台继承大汗宝座。在窝阔台被选为继承人的过程中，察合台首先挑头支持，所以太宗（窝阔台死后的追谥）时期，察合台汗国风光一时，窝阔台对他这位二哥尊崇有加，军国大事必征求他的意见，两人取得一致后，才颁布执行。

蒙古大汗由窝阔台系转移到拖雷一脉后，察合台汗国追随窝阔台系，对抗蒙哥汗，被剥夺河中府，交给拔都。在阿鲁忽汗时期，又一度占领了河中府，重振察合台汗国。此后，察合台汗国参与忽必烈和阿里不哥大汗之争，与大元帝国之间矛盾重重，至元成宗之际，迫于压力，被迫再度承认大元皇帝为蒙古大汗。

察合台汗国也是内讧不断，表面原因是继承人引发的斗争，实际上是随着蒙古贵族在河中地区日久，围绕本土化还是坚守蒙古传统引发的纷争。

一部分人久居都市，放弃蒙古人传统的游牧生活习惯，开始突厥化，后来干脆放弃蒙古的萨满信仰，改奉伊斯兰教，这种趋势以不可逆转的方式变为汗国的主流，直到察合台汗国的汗王都改奉伊斯兰教为止。另一部分人则希望坚守蒙古人的传统，保留原有的游牧生活习惯和萨满信仰。1321 年，察合台汗国东西分裂，西部称作马维兰纳儿，东部称作蒙兀儿斯坦。

三子窝阔台得到乃蛮部故地和部分西辽土地，即额尔齐斯河上游和巴尔喀什湖以东地区。建都也迷里城（今新疆额敏县），称作窝阔台汗国。

窝阔台汗国面积狭小，存在时间也最短，前后不过八十余年。窝阔台被成吉思汗指定为大汗继承人，理论上，他拥有整个蒙古帝国，但封地不过是驻跸之地。

窝阔台继承大汗之位后，将也迷里封给长子贵由，将河西地区封给次子阔端。窝阔台死后，贵由继位。贵由没几年便死去，大汗之位被拖雷儿子蒙哥夺取。

自此以后，蒙古大汗世代被拖雷一支继承，窝阔台系受到不断打压，窝阔台诸子除阔端外，大多数被剥夺封地，贬斥流放。

及忽必烈和阿里不哥争位之际，窝阔台孙子海都（合失之子）支持阿里不哥，据也迷里发动叛乱。

海都想夺回窝阔台系的大汗宝座。得到钦察汗国、察合台汗国的支持后，他一度攻占蒙古帝国都城哈拉和林（今蒙古国境内），对大汗汗廷构成威胁，忽必烈多次反击，但海都都成功逃脱。直到元成宗之时，元廷才将海都击溃。海都死于军中，其子察八儿归顺，海都之乱才算结束。

察八儿虽然归顺，但犹不甘心，后又起兵反叛，趁着察合台汗国内乱之际，攻击察合台汗国，最终兵败，只好再次归顺元朝。窝阔台汗国之地被察合台和元朝瓜分，自此不复存在。

按照蒙古人幼子守灶传统，拖雷继承了成吉思汗在漠北及漠南的土地，至拖雷长子蒙哥从窝阔台系夺得帝国大汗宝座后，皆由拖雷一脉继承大汗宝座。

蒙哥死后，拖雷二子忽必烈和四子阿里不哥争位，最后忽必烈胜出，开创了大元帝国，在蒙古贵族内部引起了很大争议，自此帝国分裂。

除了元成宗时，其他几个汗国一度被迫承认元廷为宗主国外，大多数时期都是各自为政的独立汗国，元朝无力干预其内政，元朝皇帝也将主要精力放在经营汉地上，满足于做中原天子。不过名义上，元朝皇帝一直兼任蒙古帝国的大汗。

元廷一直没有处理好蒙古传统和中原汉文化之间的关系，直到被朱元璋逐出中原。

一般史学界，将成吉思汗四个嫡子建立的钦察汗国、察合台汗国、窝阔台汗国、大元帝国称作蒙古帝国的四大汗国。不过，另外还有一个版本，即视大元帝国为蒙古诸汗国之宗主国，而将拖雷三子旭烈兀在波斯、伊拉克一带建立的伊利汗国（或称作伊尔汗国）列入四大汗国。

顺便交代一下伊利汗国。成吉思汗西征东归后，札兰丁一度在花剌子模非常活跃，收复了不少土地，壮志踌躇，做着复国春秋梦。1231 年，窝阔台汗遣大将搠里蛮统诸部军三万再次西征，彻底粉碎了札兰丁的复国梦，使其没多久身死国灭。

1252 年，蒙哥汗命三弟旭烈兀发动蒙古第三次西征（拔都发动的“长子西征”为第二次），先后用数年时间攻占了祃拶答而（今伊朗马赞德兰省）诸山城的“木剌夷国”，攻陷了巴格达，灭阿拉伯帝国阿拔斯王朝（即我国史书中的黑衣大食），紧接着，攻入叙利亚。

旭烈兀在西方战场一路凯歌之时，1259 年春，从东方战场传来消息，蒙古大汗蒙哥亲征南宋之时，在四川钓鱼城被宋军击伤后去世。旭烈兀便命怯的不花继续征战，自己带领人马退回波斯，准备返回蒙古奔丧。

旭烈兀离开后，怯的不花军派遣使者入埃及，劝埃及苏丹忽秃思投降，遭到拒绝，并将使者斩首。忽秃思以伊斯兰圣战名义传檄北非诸部，共纠集十二万大军，在阿音扎鲁特（在今巴勒斯坦境内）迎战蒙古人，此战蒙古人全军覆灭，被驱逐出叙利亚，蒙古西征之路自此戛然而止。

旭烈兀本打算东归，得知忽必烈和阿里不哥争位，便停下脚步，遣使表示支持忽必烈。忽必烈遂将波斯之地分封给旭烈兀，伊利汗国随即成立。

伊利汗国疆域东起阿姆河和印度河，西至埃及，南抵波斯湾，北至高加索山，建都蔑剌哈（今伊朗东阿塞拜疆省马腊格）。伊利汗国与大元帝国一直保持友好关系，但与北方钦察汗国长期陷入领土纷争。

1335 年，伊利汗国内部分裂，钦察汗国趁机攻入大不里士，伊利汗努失儿下落不明，此后汗国内部四分五裂，名存实亡，直到被帖木儿帝国所灭。

这些后事，成吉思汗是没法预料到。

经过漫长旅程之后，终于在 1225 年春天来临之时，蒙古西征大军回到了阔别数载的蒙古草原。

从 1119 年踏上西征之路算起，已经整整过去了七个年头。

第十三章

西夏，最后的征战

第一节

经略中原

成吉思汗西征之际，并没有放松对中原的关注，派大将木华黎继续南征金朝。1217 年，西征前夕，成吉思汗封木华黎为太师国王，赐九斿白纛，授予全权，代表成吉思汗南征中原汉地。

金朝兴起于辽东白山黑水之间，后来步步向南扩张，灭辽侵宋，统治中心逐步向南方迁移，从辽东迁到燕京。金朝的版图犹如一只舒展双翼的雄鹰，一翼在中原，一翼在辽东，心脏地带在燕京。

成吉思汗决定先侵占辽东，斩断金人右翼，削弱其国力，然后再南下中原。蒙古崛起之初，南攻金朝，金人节节败退。金北边千户耶律留哥趁机叛乱，集结契丹人，企图借助蒙古人的力量，恢复契丹人往日的天下。

1212 年，金上京（今黑龙江阿城）、泰州（今吉林洮安一带）守兵换防，耶律留哥趁机叛乱称王，恢复辽国国号，契丹人闻风前来归附，达数十万众。

金派蒲鲜万奴率四十万大军前去围剿耶律留哥，结果不敌，大败而归。耶律留哥遂占领辽东全境，然后审时度势，拒绝群臣劝进称帝，北上觐见成吉思汗，接受册封，被授予虎符金印，封辽王。

蒲鲜万奴眼看征耶律留哥不成，回去难逃惩处，干脆叛金，占据上京，改国号东夏，称王。成吉思汗得知后，遂派木华黎为主将，前往征讨，蒲鲜万奴不敌投降（后趁成吉思汗西征复叛，1233 年，窝阔台汗派皇子贵由灭之）。

木华黎征战辽东时，当地女真人尚不知成吉思汗，以为木华黎就是蒙古人国王，皆以国王称呼他。换了其他人，这无疑是大忌，但成吉思汗却表现出了超凡的度量，干脆任命木华黎为国王。

木华黎南下伐金之际，蒙古的精锐之师都被成吉思汗带去西征，留给木华黎的兵力相对较弱，使得南征困难重重。

本次作战的主力部队由汪古部一万人、蒙古探马赤军（主要来自弘吉剌部、扎剌儿部）一万两千人组成，外加部分契丹人、汉人组成的杂牌军，军力总共约十万。

经过蒙古的几番沉重打击，金朝元气大伤，但依然不失为一个大国。成吉思汗率主力西征，对金来说，无疑是恢复元气、重整国力的良好时机。然而，金朝君臣此时却做了一个愚蠢的决策，他们自知打不过蒙古，便转过身来，集中优势兵力南下攻击南宋。

1206 年，即成吉思汗称汗建国当年，南宋韩侂胄主导开禧北伐，旋被金人挫败。在金人施压下，韩侂胄被南宋小朝廷斩首，传首金国，宋金签订嘉定和议，宋向金纳贡三十万两岁币。

蒙古异军突起后，南宋朝廷有人开始主张联合蒙古，牵制金国，向金提出废除岁币。金内部也有人提议同意南宋要求，与宋和解。当时，金人西面与西夏连年征战不休，北面蒙古又咄咄逼人，金军接连失败，如果还与南宋对立，三面树敌，无疑是将自己置于危险之地。

但金宣宗拒绝与宋和解，企图通过侵宋扩大疆土，想把从蒙古那里失去的，在南宋那里弥补回来。

在成吉思汗西征期间，金人北部的边境压力骤减，金宣宗遂从 1217 至 1223 年，连年发动对南宋战争。直到金宣宗去世，新帝哀宗即位，想改变国策，与宋盟好，然积怨太深，为时晚矣。

成吉思汗的马鞍

金人南迁汴京后，更加腐化堕落，军纪败坏，经常扰民，抢夺平民土地，同时，蒙古军时常南下劫掠，广大普通老百姓处在水深火热之中。

最初，蒙古人并没有占据城池的意识，往往大肆抢劫一番后扬长而去。蒙古人走后，金人再返回，一来二去，老百姓遭受双重盘剥。为了自救，许多人起来组织武装自保，其中既有地主武装，也有农民义军，势力大小不一，在河北、山东一带一度出现群雄割据的局面。

这些地方势力没有固定立场，只求自保。游离于蒙古、金、宋三国之间，时而降蒙，时而归金，时而投宋。

木华黎与金作战多年，逐渐明白，想弱化对方抵抗，必须改变蒙古人攻城、屠城、掠夺等战术。他将重点放在招募这些地方武装身上，只要这些人归降，阻力无疑会减少很多。

攻占太原后，木华黎下令招募当地人继续耕种庄稼，做长期驻守的打算，渐渐有不少地方势力来投靠蒙古人，成了木华黎的同盟军和偏师部队。金人也意识到这一点，开始放弃以往的围剿手段，对这些地方武装采取招抚的方式，亦笼络了不少人。

在蒙古和金朝的操纵之下，这些武装团伙开始打代理人战争。对于归降者与敌人作战之时，蒙古人往往会及时给予支援；反观金朝方面，由于自顾不暇，除了给予头衔、征税权力外，根本做不到后勤支援。金人招募的地方团伙多数各自为战，且不说无法形成一支统一的力量，关键时刻还相互拆台。

蒙古人步步紧逼，金人招架无力。经过数年策反、招降、征伐，木华黎已占领金朝黄河以北的大部分地方。无奈之下，1221 年 4 月，金宣宗只好派使者乌古孙仲端携国书远赴中亚，向成吉思汗求和，称愿与蒙古约为兄弟之国，金主愿尊成吉思汗为兄，遭到拒绝。

次年秋，乌古孙仲端再次万里西行，求见成吉思汗，乞求议和。双方形势对比，对蒙古人有利，成吉思汗本不愿意理会金人使者，后经不住苦苦哀求，便说：“河朔之地，木华黎已经全部占领，关西数城（指凤翔等地，木华黎当时正在攻打）尚未攻下，可割让于我，我可以册封你们主子为河南王，望不要违背。”

如此苛刻的条件，金人自然不愿答应，和谈破裂。

1222 年年终，木华黎派三千人马防守潼关金军，亲自攻打凤翔，攻城月余，仍未攻破。此时，蒙古军已人困马乏，疲惫不堪，根本无力继续攻战，木华黎只好返回。

1223 年春，蒙古军渡过黄河，行至闻喜县（今属山西运城），木华黎染病不起。数年之内，木华黎攻占辽东、辽西、河北、山东，可谓战功赫赫，为蒙古国立下汗马功劳。木华黎此次南下中原，志攻克汴京，一举灭金，但看来壮志难酬了，他便满怀遗憾地对众将说："我披坚执锐四十载，东征西战，此生无憾，唯恨没有攻占汴京，以后就靠你们多加努力了！"没多久，木华黎便去世了。

木华黎去世当年底，金宣宗也死去，金哀宗完颜守绪继位，木华黎之子孛鲁根据成吉思汗的诏命子承父业，继续主持对金战争。双方最高统帅换人，蒙金战争将进入新的阶段。

金哀宗一改宣宗时期的策略，下令在宋金边境张贴榜文，宣布金不再南侵，派使者到西夏修复外交关系。金哀宗想与夏宋两国言和后，集中兵力对付蒙古人。与此同时，还派人加紧拉拢境内各地武装，严实、李全、张林等先后投靠金廷。在朝廷内部，启用胥鼎、张行信、完颜和达等一批有识之士，金朝庙堂之上出现一股清新之气。金朝采取的一系列措施，使得蒙金之间的战争格局悄然发生了改变。

木华黎攻占金境之后，陆续安排投降的地方武装头目驻守各地，这些人大多首鼠两端，见风使舵。假使蒙古大军一路势如破竹，他们自然会死心塌地为蒙古人效命，但一旦发现蒙金之间的格局出现变化，他们就会产生动摇心理。蒙古军在木华黎死后，进攻受挫，这些人就开始动了朝秦暮楚之心，很快发生了武仙叛变事件。

趁着蒙金交战，北方大乱之际，武仙纠集了一帮人马，逐渐做大，后来归降了蒙古人，木华黎安排他与史天倪一起镇守治理真定（今河北真定县），一来二去，六年时间过去了。

史天倪很早就归降了蒙古人，深受木华黎器重。武仙总觉得被他压制，心中很不痛快，后来不知从哪里得来消息，听说史天倪要对自己下手，武仙整日惶惶不安。金人趁机暗中和武仙搭上线，1225 年，武仙遂杀死史天倪，率真定投降金朝。

武仙反叛，河北、山东一带引起震动，引发示范效应，许多本已投靠蒙古的势力纷纷反水，改投金人，河北诸郡，反叛者十有八九。

在山东，蒙古、金、南宋三方犬牙交错，各种势力错综复杂。看到河北生变，李全攻陷益都（今山东青州市），将蒙古元帅张林押解到楚州，交给金人。归降南宋的彭义斌趁机扩充势力，对蒙古、金人发起反击，本已投靠金朝的严实，一看形势不对，立刻投降了彭义斌。

金人一看形势有变，立刻趁势而动，发起反击，很快收复了平阳，没多久，太原也被武仙占据。

一时间，中原风云突变，木华黎多年的经营即将毁于一旦。在这危难之际，孛鲁临危受命，沉着应对，得知史天倪弟弟史天泽拒绝降金，在与金人艰难周旋，便派三千蒙古精甲兵前往支援他。

史天泽有了蒙古精锐之师的支援，加上为兄报仇心切，立刻反击，很快攻克了中山（今河北定州）、无极（今河北无极县）、赵州（今河北石家庄赵县），节节胜利，武仙一看形势不妙，逃往汴京。

彭义斌、严实得知武仙失利，率军前来支援，占据了真定。孛鲁命孛里海前来攻打，严实本是反复无常之辈，一看蒙古人来势汹汹，便阵前倒戈，投入蒙古人怀抱，对彭义斌反击一戈，彭义斌战败被杀。

1225 年底，孛鲁领兵进入山东，围困益都李全，次年夏，城中粮尽，突围失败、走投无路的李全只好归降了蒙古。

蒙古方面，众将觉得李全是被逼无奈、形势所迫才投降，并非出自真心，为防患于未然，不如除掉他。孛鲁倚重李全威望，力排众议，释放李全，并委派他主持山东事务，果然没多久，山东平定。

眼看就要失去的河北、山东之地又重新纳入蒙古的势力范围，自此，蒙古人占领了黄河以北的广大区域，金朝被压缩到黄河南岸，苟延残喘，灭亡不过是时间问题罢了。

孛鲁平定河北、山东之时，成吉思汗已西征归来，开始谋划消灭西夏。木华黎父子多年经营，成功在中原站稳脚跟，牵制了金人的绝大多数兵力，无暇西顾，使得灭夏之时没有后顾之忧，也为以后灭金奠定了基础。

第二节

前因后果

1225年春，成吉思汗率领西征大军回到土拉河蒙古大营，经短暂休息之后，当年秋天，他再次出征，迎来人生中最后一场征战——消灭西夏。

西夏，由党项羌建立，初兴起于夏州（今陕西横山县），故自称大夏，或邦泥定国（汉意白高大夏国），因地处宋辽之西，故史称西夏。此外，在中外史籍中，还有唐兀、唐古忒、唐兀特、唐兀惕等不同的称呼。

党项羌在唐朝中后期从青藏高原东迁，趁唐宋之交中原大乱，无暇西顾之际，崛起于贺兰山下，靠强悍的战斗力，逐渐强大，建国称帝。西夏全盛之时，占据今天宁夏全境、甘肃河西走廊、陕西北部、青海东部及内蒙古部分地区，号称“方两万里，州郡二十二”，是宋、辽、金之时的西北强国。

党项人靠着巧妙的外交手腕，游走于宋辽两国之间，以小博大，在大国夹缝中顽强生存，宋辽两东方大国都奈何不得。

及金国兴起，灭辽，又南下攻宋，夺得中原地区，逼得宋廷南迁。西夏依然故我，穿梭于南宋、金两国之间，与两国时战时和。当东方出现宋、辽、金此消彼长、兴衰替代的变化时，西夏岿然不动，扼守西北，傲立于贺兰山下。

蒙古崛起时，西夏已经立国160余年。

面对蒙古、金、南宋的东方三国鼎立之势，西夏仍然以不变应万变，在蒙古和金之间，时而结盟，时而征战。

西夏扼守河西走廊，掌控进入西域的咽喉地带。因此成吉思汗西征之时，不得不绕过河西走廊，故而，他决不能允许西夏长久地存在下去。

西夏与克烈部一直保持着友好关系，1203 年，克烈部被灭后，王罕被杀，其子桑昆逃脱。1205 年，蒙古人征讨乃蛮时，从当地人口中得知，桑昆曾逃入西夏境内（其实也就是慌不择路之下，流窜路过罢了）。

蒙古初兴，决定南下征伐之时，对西夏、金两国如何取舍，内部意见不一。金是蒙古世仇，按理应该先伐金，但成吉思汗觉得，金是大国，想要征服，短期内肯定很难做到；反观西夏，虽然亦强悍，毕竟是小国。如果设法迫使西夏屈服，破坏夏金联盟，等于剪除了金之侧翼，然后可以全力攻击金人。

1205 年，成吉思汗建国前一年，蒙古人以西夏收留仇敌为由，南下攻击西夏边境，攻克力吉力寨，这是蒙古和西夏的初次交锋。不过，此次战争属于匆匆路过，顺手牵羊式的打劫，并没有深入西夏腹地。

1207 年，蒙古人再次出击，攻打西夏边城斡罗孩城（内蒙古乌拉特中后旗境内），遭到党项人的顽强抵抗，久攻不下，只好返回。

蒙古人入侵，令西夏朝野震惊，意识到如今遇到的新敌，与以往宋、辽、金截然不同。夏桓宗李纯佑下令加强边境防卫，加固都城城防，将国都兴庆府（今宁夏银川市）改名为中兴府，摆出奋发图强的姿态。没多久，西夏内部发生政变，罗太后与镇夷郡王李安全勾结，废黜桓宗，李安全即位，是为夏襄宗。

1209 年 3 月，成吉思汗亲率大军南下攻夏，经黑水城（今内蒙古额济纳旗南）北，过斡罗孩城，攻入河西，成功夺取了高昌回鹘。西夏方面，由夏襄宗儿子李承祯、大都督府令公高逸统率五万大军迎战，结果夏军战败，李承祯败逃，高逸被俘后不屈而死。

同年四月，蒙古军围困斡罗海城，夏军誓死抵抗，最终不敌，城池陷落。拿下斡罗孩城后，蒙古军逼近克夷门（其具体位置不明，一说在贺兰山三关口，也有说在今内蒙古乌海市附近），剑锋直指中兴府。

克夷门为西夏扼守中兴府的最后一道防线，一旦攻破，蒙古铁骑将直接逼近都城。克夷门本来就有七万大军驻守，夏襄宗为了确保万无一失，令大将嵬名令公（西夏建国后，李元昊改姓嵬名，估计此人是皇族成员）再带五万大军前去协防。

西夏军队在克夷门苦苦支撑了两个月，但最终没有抵挡住蒙古大军的攻势，关隘被攻破，嵬名令公被俘。

都城危在旦夕，夏襄宗亲自登城督战。正所谓屋漏偏逢连夜雨，及九月，天降大雨，黄河水暴涨，蒙古人沿河筑堤，以抬高水位，企图引黄河水灌城。中兴府被水困月余，浸泡日久的城墙眼看就要崩塌，西夏上下陷入绝望之中。

情急之下，夏襄宗向金人求助，时金章宗新丧，卫绍王完颜永济继位。金朝群臣大多数赞成出兵帮助西夏，可惜卫王永济是个草包，鼠目寸光，根本没有远见。他断然拒绝了群臣的建议，竟然称敌人相互攻战，是我国之福气，有什么好担忧的，摆出幸灾乐祸、坐观成败的姿态。

此时出现意外，黄河河堤决口，洪水冲向蒙古军营，蒙古人只得撤退。在攻陷斡罗孩城时，蒙古军俘虏了西夏太傅讹答。成吉思汗放他回中兴府，对西夏皇帝晓以利害，劝趁早投降。

在讹答的劝说下，万般无奈的夏襄宗只好向蒙古嫁女求和，将察合公主献给成吉思汗，缴纳大量财物，接受了与蒙古结盟伐金等严苛条件。蒙古人遂放回嵬名令公，撤军北返。

其后一段时期，西夏被迫追随蒙古人讨伐金人，蒙古人这种做法的巧妙之处在于，使得夏金之间无法联合起来与蒙古作战。他们自相残杀，削弱了国力，内部矛盾进一步激化，民众迁怒于朝廷，官民之间更加疏远，隔阂不断加深。

1211 年，西夏再次发生政变，夏襄宗被废除，齐王李遵顼即位，是为夏神宗。在这期间，蒙古接连发起对金战争，尤其是野狐岭一战，金人元气大伤，蒙古人进入居庸关。昔日能征善战的女真人，经过百余年的安逸生活，早已没有了当初雄风，只能连连败退，被动挨打。

西夏人恨金人当初见死不救，于是有人主张，趁金朝被蒙古人打得喘不过气来之时，趁火打劫，夺其国土。

夏神宗宣布与金人彻底决裂，连破金朝邠州、泾州，围困平凉府和东胜州。西夏还派人到南宋相约共同伐金，不过遭到了拒绝。

成吉思汗就这样不露痕迹地瓦解了夏金联盟。

金人虽然被蒙古人打得无力还手，但尚能应付西夏，他们很快还击。1216 年 12 月，金朝兵分两路，一路攻打西夏盐、宥、夏诸州，一路攻击威、灵、会诸州，夏神宗派出两路人马迎敌，战事陷入胶着状态，双方各有胜负。

1217 年 1 月，西夏追随蒙古人攻击金朝平阳府（山西临汾西南），金人顽强抵抗，蒙古人战败，西夏也只好撤兵。在返回路上，夏军在宁州（今甘肃宁县）遭到金人伏击，损失惨重。

西夏屡次随蒙古与金作战，但蒙古人并不领情。就在当年，成吉思汗再次要求西夏派兵跟随蒙古西征。西夏不过是个三百万人口的小国，连年征战，早已民生凋敝，田园荒芜，根本无力再支撑战争。

根据《蒙古秘史》记载，当时有个叫阿沙敢不（此人只在《秘史》中出现过，未见于其他史书）的权臣已把控了西夏朝局，断然拒绝了蒙古人的要求。

成吉思汗遂再度发兵攻夏，大军包围了中兴府。夏神宗惊慌失措，将中兴府的烂摊子丢给儿子李德旺，自己则带领一班亲信跑到灵州避难。蒙古大军压境，西夏自知难敌，只好委曲求全，派人求和。成吉思汗此时志在西征，同意与西夏言和。

1223 年，蒙古太师国王木华黎率军进攻金朝凤翔，派使者要求西夏派兵助战。西夏朝堂上，分为附蒙和盟金两派，两派之间，互相攻讦，势力对比也是此起彼伏。在蒙古要求派兵追随西征时，以阿沙敢不为首的盟金派占上风，如今却是附蒙派占多数。夏神宗本人立场不坚定，在两派之间摇摆不定。

太子德任坚决反对追随蒙古人伐金，夏神宗命他率军出征，德任提出宁愿削发为僧，放弃太子之位，也不遵命。夏神宗一怒之下，将他囚禁在灵州，御史中丞梁德懿也因劝谏遭罢官。

夏神宗决定派兵十万助蒙古伐金，然而，战事进展并不顺利，凤翔久攻不下，西夏觉得取胜无望，干脆中途自行撤退。木华黎遣使指责西夏背盟，派兵攻入积石州，大肆劫掠，摆出一副誓不罢休的姿态。夏神宗早被蒙古人吓破了胆，这个状元皇帝（他是中国历史上唯一既中过状元，后来又称帝的皇帝）不愿意背亡国之君的骂名，干脆撂挑子，在当年年底将皇位传给儿子李德旺，自称太上皇。

没多久，木华黎病死。夏献宗李德旺觉得成吉思汗远征花剌子模前景难料，而伐金蒙古军主帅新丧，是难得的翻身良机，于是派人联合漠北诸部，企图南北夹击蒙古。

不料计划尚未实施，就被木华黎之子孛鲁察觉，他立刻率军伐夏。1224 年 9

月，蒙古大军攻克银州（今陕西米脂），西夏人将塔海被俘，万余人阵亡，丧失马、驼、牛羊等数十万头，损失惨重。

夏献宗惊慌失措之下，派使者到蒙古军营，称愿意将儿子送到蒙古做人质，以换取和平，但没多久便后悔了，质子终没成行。

孛鲁明白，以手中兵力尚无力消灭西夏，此举意在警告党项人不要轻举妄动，怀有不切实际的幻想。然而，党项人毕竟也是马背上兴起的战斗民族，灭国亡种之时，绝不甘心就这样束手待毙，夏献宗想放手一搏。

单靠西夏自身力量，根本无力对抗蒙古人，金朝也被蒙古人打得元气大伤，为今之计，唯有两家尽释前嫌，抱团取暖，联合抗击蒙古，才能存活下去。

西夏的提议，得到了金朝方面的积极回应，两家约定，此后互为兄弟之国，使用本国年号，若遇到蒙古入侵，互为援引。

夏金结盟的消息传到蒙古，成吉思汗认为，决不能让它们的结盟图谋得逞。1225 年秋，不顾数载西征的劳疾，成吉思汗毅然决定亲率大军南下攻夏，谁也没想到，此战将是他人生中最后一场征战。

这一年，成吉思汗六十四岁。

第三节

陨　落

成吉思汗西征之际，忽兰妃陪同；此次征西夏，也遂妃相伴。成吉思汗派使者告知西夏，当初我率军远征，要求你们派兵随行，你们不但不遵从，还出言讥讽，我当时就说：“等我回来一定会秋后算账，此次带兵前来，就是为了兴师问罪，以表明我说话算话。”

夏献宗对使者解释说："我可没说过这样的话。"

的确，当初的讥讽之词出自阿沙敢不之口，阿沙敢不此人倒是敢作敢当，他站出来，对蒙古使者不屑一顾地说："回去告诉你们大汗，他想要作战，我在贺兰山下恭候大驾；想要金银财物，可到凉州来取。"

面临强大外敌，在外交场合以强硬外交辞令回击，固然勇气可嘉，但是外交的强硬需要以强大的国力、军力来支撑，否则就是一句空话，不过徒逞一时口舌之快罢了。

阿沙敢不估计被愤怒冲昏了头，当时没有考虑那么多，要知道，说大话是需要付出代价的。

1226 年春（也有说是年秋），成吉思汗在儿子窝阔台和拖雷的陪同下，率领大军经阿拉善草原穿越贺兰山，进入西夏境内。贺兰山不少地区有原始森林，常有野马出没。成吉思汗在进军途中，遇到大批野马，一时兴起，想围猎野马。没想到坐骑因迎面疾驰而来的野马群受到惊吓，成吉思汗被摔下马背。

成吉思汗常年征战，加上年事已高，经过这次事故，摔成重伤，一度高烧，昏迷不醒。幸好在也遂妃的悉心照料下，身体渐渐有了起色，然而，再也没有完全康复，直到去世。

也遂妃、诸将劝成吉思汗先撤兵回蒙古，等养好伤再说。出自晃豁塔歹氏的将领脱仑扯儿必也劝他说："唐兀惕（指西夏）百姓定居生活，有自己的城市村落，他们又不是游牧人，没法将自己的城市村落搬到别的地方去，不如延迟讨伐他们，等以后再来征讨也不迟。"

就在此时，出使西夏的使者回来了，他向成吉思汗原原本本转述了阿沙敢不充满挑衅的言辞。

成吉思汗听了西夏人的羞辱之词，岂能咽下这口气，当场表示，宁愿死在战场上，也绝不同意就此罢兵。他气愤地说："如果我们现在退兵，毫无疑问会助长唐兀惕人的气焰，他们一定会认为，我们胆怯了，不敢与他们决战。事已至此，唯有死战到底！"

为表明与西夏决战到底的决心，成吉思汗下令，将士每次吃饭必须喊问答式口号："消灭干净了吗？杀光它，消灭它！"

成吉思汗决定，这次一定要让西夏灭国。

成吉思汗定下灭西夏的作战方案：先剪除中兴府外围，彻底消灭西夏地方州府，切断中兴府与外围的一切联系，让它变成一座孤岛城市，然后围困它，逼迫城内之人不得不投降。

按照成吉思汗的部署，蒙古大军兵分两路，一路进入河西地区，至1226年5月，接连攻克沙、肃、甘、凉诸州，斩断西夏右臂。至于那位好说大话的阿沙敢不也在贺兰山一带，战败被俘。

接连失败的消息传来，疾病缠身的西夏太上皇李遵顼病情加重，很快一命呜呼，时年六十四。同年十月，四十六岁的夏献宗李德旺也在积忧成疾中死去。在一片风雨飘摇中，夏献宗的侄子南平王李晛登上皇位，是为西夏末帝。

蒙古的另外一路大军也在开辟新的战场，1226年8月，他们越过沙陀（宁夏中卫沙坡头一带），攻破应里（宁夏中卫）。两月后，又攻陷夏州。

现在就剩下西夏的重镇灵州（宁夏灵武市），前废太子德任在灵州率领夏军顽强抵抗，战争非常激烈残酷，双方皆伤亡惨重。灵州城城墙修建得异常坚固，尽管付出了沉重代价，但灵州还是牢牢掌握在西夏人手中，蒙古军一筹莫展。

十一月，成吉思汗亲率大军前来围攻灵州，西夏方面也押上了全部家当，末帝李晛命嵬名令公率十万人马前来救援（《史集》则称西夏皇帝李晛亲率五十万前往救援）。

灵州之战，注定是西夏的生死之战。党项人抱着必死的决心，蒙古人也想一战彻底消灭西夏的有生力量。

灵州临黄河，当时已是冬季，天气严寒，黄河已结冰。成吉思汗率领蒙古大军踏冰过河，恰好与嵬名令公带领的西夏援军遭遇，两军就在黄河冰面交战。成吉思汗下令专门射敌人脚背，西夏士兵中箭纷纷跌倒在冰面上。

西夏士兵纵然毫无畏惧地奋战，但最终还是惨败。灵州城被蒙古人攻陷，在城内大肆劫掠虐杀，德任被俘虏，誓死不屈，惨遭杀害。

灵州战败，西夏军队的精锐伤亡殆尽，败局已定，再也无力回天。当年十二月，蒙古大军包围了西夏首都中兴府。

蒙夏胜负大局已见分晓。1227年春，成吉思汗便命令部分人马围困中兴府，自己则率领大军攻陷临洮（甘肃临洮）、河州（甘肃临夏）、西宁（青海西宁）、积石州（青海贵德）等地。

五月，成吉思汗返回六盘山（宁夏固原东南）避暑，六月移驻清水（甘肃清水县）行宫。成吉思汗自在贺兰山行猎坠马后，伤势一直未能痊愈，强撑指挥对西夏的灭国之战，如今大局已定，身心得以放松，然而已是病入膏肓，金石难治了。

此时，西夏中兴府内早已粮草告尽，城内瘟疫流行，士气低落。六月，中兴府一带发生了一次强烈地震，导致大量房屋被毁，雪上加霜之下，西夏上下陷入绝望之中。

成吉思汗趁机派察罕（此人本是西夏人，在攻占河西时做过招降工作，比较了解情况）到中兴府劝降，西夏末主李睍感到大势已去，再做任何抵抗都是徒劳，便同意投降，前提条件是要给一个月的过渡准备期。

察罕带回西夏人的消息，成吉思汗表示同意，宽限一个月投降。

至七月，成吉思汗感到大限将至，时日无多，便召诸子、诸王及众将领到清水行宫交代后事。当时察合台留守蒙古，没有参与灭夏之战，术赤早死，在身边的嫡子只有窝阔台和拖雷。

关于大汗继承人，早在西征前就已确定下来了，成吉思汗再次重申窝阔台是汗位继承人，要求诸子，无论嫡庶，都当着他的面签下誓约，发誓在他死后一定要效忠于窝阔台。

成吉思汗语重心长地对窝阔台和拖雷说："承蒙长生天庇佑，我已经为你们打下了一片辽阔无比的江山。整个帝国，从中央到边疆需要一年的行程，想要守住它，你们必须齐心协力，一致对外。我死后，窝阔台继承我的宝座，不得违背我的遗命。"

对于察合台不安分的性子，成吉思汗临终前还有些放心不下，特意强调，察合台现在不在，告诉他，在我死后别生乱子。

交代完继承人事宜后，成吉思汗特意交代了灭金和灭夏事宜。

关于灭金，成吉思汗给出的方略是：借道于宋。他对拖雷等人说："金朝扼守潼关，潼关依山临河，地势险要，想要硬攻，恐怕很难，所以可以向南宋借道，从南部直接进入中原，攻击汴京。金人重兵多把守潼关，届时他们想回防都已来不及了，就算他们快马加鞭赶到，也已是疲惫之师，不足为虑，如此汴京可定，金朝必灭。"

至于西夏，成吉思汗告诫道："它如今已是穷途末路，但为了防止中途生变，我死后，切不可走漏风声，等西夏君臣出城投降后，兴庆府城中无论男女老幼，自父母至其子孙之子孙全部杀光，以绝后患，然后在灵前告知我，西夏已灭，党项不复存在。”

这是成吉思汗临终前的三条遗命，后来事情的发展一一证实了成吉思汗的预见。

当初，成吉思汗在围猎坠马时，脱仑扯儿必曾劝谏过他回师养病，尽管没有听从，但成吉思汗临终前特意嘉奖了他，吩咐西夏皇帝投降后，奉献的财宝全归脱仑扯儿必。

交代完后事后，成吉思汗这位被尊为世界皇帝的雄主与世长辞，时 1227 年 8 月 18 日，享年 66 岁。

成吉思汗去世后，窝阔台和拖雷遵照他的遗嘱，没有发布死讯，军营中的一切运转犹如成吉思汗生前。一个月后，西夏末主李睍如约带领宗室群臣出城投降，被蒙古军全部处死。蒙古人杀进中兴府，焚烧宫室宗庙，破坏了位于贺兰山下的西夏诸帝陵寝。历十帝，享国一百八十九年的西夏王朝就此灰飞烟灭。

屠城行动进行数日后，由于察罕的劝阻，拖雷下令叫停，但为时已晚。中兴府这座经西夏历代帝王经营的繁华之都，早已十室九空，城垣近乎废墟，昔日的繁荣连同党项这个民族一同消失在历史的烟尘之中。

及忽必烈建立元朝后，以周、秦、汉、唐等中原正统王朝继承者自居。中原王朝有一项久远的传统，新兴王朝为了表明自己是正朔所在，天命所归，均会为前朝修史。元朝对辽、金、宋都一视同仁，分别为它们修史，唯独没有为西夏王朝修史。

其中原因，历来众说纷纭，有人认为，西夏给蒙古人造成重大创伤，成吉思汗最终也死在攻夏的过程中，因此蒙古人对他们怀有刻骨铭心的仇恨，故意不为他们修史。

不能排除这个原因，但同时这也绝不是唯一的缘由。试想，金人是蒙古人的世仇，成吉思汗祖先俺巴孩汗就死在金人手中；蒙古人攻灭南宋时，钓鱼城数十年久攻不下，蒙哥汗也死在攻城过程中，宋金岂不也是深仇大恨？

可能是蒙古人攻灭西夏时破坏得太彻底，所有档案资料毁灭殆尽，以至于无法整理出足够的资料来修《西夏史》，只好分别在《辽史》《金史》《宋史》中零星记载西夏历史。

西夏的灭亡，成吉思汗的死亡，无论是对蒙古帝国史，还是对世界史而言，都是一个重大的转折点。一个属于成吉思汗的时代过去了，一个新的时代即将来临。

第十四章

生前与死后

第一节

葬地迷雾

成吉思汗去世后，蒙古帝国为他举行了盛大的葬礼。

关于成吉思汗的葬身之地，史籍中称作起辇谷，但起辇谷究竟在哪里，史书中模棱两可，众说纷纭，主要集中起来三个地方，宁夏六盘山、内蒙古鄂尔多斯、蒙古国肯特山（即史书中的不儿罕山）。

成吉思汗去世近八百多年来，人们一直没有停止对成吉思汗陵寝的探寻。近代以来，苏联、日本、蒙古先后组织了大量关于成吉思汗陵寝的考察活动。进入新世纪之后，甚至动用了卫星等先进科学技术，但成陵至今依然是个谜。

葬于六盘山之说（也有在宁夏境内贺兰山说法），主要是认为成吉思汗在当地去世，可能就地掩埋。考虑到成吉思汗在蒙古人心中的神圣地位，这种可能性比较小。剩下的就是鄂尔多斯和肯特山两地，这两地，都是成吉思汗在生前表示过，愿作为最后的安息之地。学术界一般倾向于成陵在蒙古国肯特山一带。

当年，成吉思汗在三河源头的不儿罕山萨立川发现了一处风景绝佳之地，当时就表示，希望自己百年后，将这里作为栖骨之所。

至蒙古西征时，成吉思汗率领大军经鄂尔多斯，又对这里表达了喜爱之意，想最后安息在此地。一人总不能安葬两地，成吉思汗去世后，诸子诸王决定按照成吉思汗生前遗训的先后，将遗体安葬于不儿罕山。

安放成吉思汗遗体的灵车，在一片悲号声中，缓缓北行，据说行至鄂尔多斯一带时，任凭将士们如何努力，灵柩却纹丝不动，便决定在此地建衣冠冢，供后世祭祀，灵车遂重新启动，护灵队伍继续北行。

为了防止泄露成吉思汗去世的消息，护灵队伍将沿途遇到的所有人连同他们的牲畜全部杀死，并在砍杀过程中念叨：“到地下侍奉大汗去吧！”

等护送灵柩的队伍抵达克鲁伦河上游的蒙古大营之后，成吉思汗去世的消息才对外发布。根据《多桑蒙古史》记载，成吉思汗生前共有五百多名妻妾，其中有四名地位最崇高，被称作“大妇”，分别是孛儿帖、忽兰、也遂、也速干，她们的居住地被称作斡儿朵。

成吉思汗的遗体在每个大妇斡儿朵停留一天，供祭祀瞻仰。诸王、公主为了跟蒙古帝国伟大的汗做最后的告别，从帝国的四面八方赶来。由于疆域太辽阔，路途太遥远，有些人赶到时，已是三个月后了。

蒙古人用最崇高的礼仪为成吉思汗举行了葬礼，按照蒙古人幼子守灶的传统，葬礼由拖雷主持。关于成吉思汗下葬的有关细节，在史书中记载不多，根据明人叶子奇《草子木》记载，当时是将一根巨大的梡木从中间锯开，凿出一个人形的空间，然后将成吉思汗的遗体安置到里面，再将梡木合并到一起，外面刷上漆，用黄金做的圈箍住。诸王和公主们送成吉思汗走完最后一段路程后，棺木被送到不儿罕山秘密营地安葬。

葬礼结束时，成吉思汗生前骑乘的良驹全部被杀死，供他在另一个世界驱驰。此外，选了四十名美丽的少女，用锦缎、珠玉、金银将她们盛装一新，而后为成吉思汗殉葬，这样成吉思汗在另一个世界继续有这些如花似玉的少女们陪伴，不会太寂寞了。

葬礼结束之后，万匹战马来回奔驰，直到将下葬之地踏平，然后在表面种草植树。最后在下葬之地，当着母驼面，杀死一只骆驼幼崽，使驼羔之血渗入大地，再把母驼牵走。凡是知情者，全部被处死。又在离成吉思汗安葬之地三十里外插下一簇箭，派专人看守，严禁外人进入禁地。

次年春天，等万物复苏，青草发芽时，成吉思汗的下葬之地已与四周没有任何差异。此时将母骆驼牵回来，出于母性的本能，它会嗅出幼驼洒血的地方，哀嚎不已，人们便知道这里是成吉思汗的埋葬地，在当地祭祀一番。等母骆驼老死，就再也没有人知道成吉思汗的具体埋身之地了。

许多中原帝王花费数十年，营建巨大的陵寝，或凿山为陵，或掘地修建浩大的地宫。由于这种陵寝太过引人注目，一旦改朝换代，或者天下大乱，它们往往在劫难逃，成为盗墓贼光顾的地方。地宫被刨开，大量奇珍异宝等陪葬品随之被洗劫一空，至于墓主人则抛尸荒野，无人过问。

相比而言，在过去近八百年的时光中，由于采取不树不封的密葬方式，人们至今依然无法得知成吉思汗确切的埋葬地。或许，在过去数百年的岁月中，它早已与不儿罕山融为一体，成为后人永远无法得知的秘密。

作为成吉思汗的继承者，元朝建立后，历代皇帝都采用成吉思汗这种密葬方式，所以他们的陵寝至今没有一个被发现，使得元朝成为中国历代王朝中唯一一个在亡国后，皇陵寝逃过盗墓贼侵扰的王朝。

1264 年，忽必烈建立大元帝国后，将都城从漠北哈拉和林南迁大都（原金燕京，今北京），建立太庙，共八室，制定四季祭祀制度，供奉祭祀成吉思汗等祖先。随后逐渐形成鄂尔多斯、哈拉和林、上都和大都四地祭祀。终元一朝，近百年间，基本都保持这种格局。

1496 年（明孝宗弘治九年），各地祭祀成吉思汗的鄂尔多（即斡儿朵，宫帐之意）汇聚于河套地区，形成诸多白色宫帐，俗称八白室，此地便称作鄂尔多斯（即诸多宫殿之地）。1510 年，重新统一蒙古诸部的达延汗，在八白室主持祭祀成吉思汗大典，将鄂尔多斯封给孙子衮必里克墨尔根济农做他的驻牧之地，同时在这里供奉八白室。

至清初，八白室从黄河南岸的伊克召迁至郡王旗巴音昌霍格河畔，此地遂命名为伊金霍洛（意为圣主的院落）。清廷理藩院在伊克昭盟选任札萨克一名，专门负责守护、祭祀八白室，此后八白室便被称作成吉思汗陵寝，共有五百户达尔扈特人（意为担负神圣使命的人）承担起看护成陵的责任。他们被免去赋税，不属于当地蒙古王公管辖，直接归札萨克管理，清廷每年拨五百两白银供祭祀及器具维修使用。

位于伊金霍洛的成吉思汗陵，主要供奉成吉思汗及其后妃宫帐、他生前所使用的银马鞍和苏鲁锭（象征战神的长矛），以及成吉思汗的幼子拖雷（死后被追谥为睿宗）。

位于鄂尔多斯的成吉思汗陵

按照蒙古萨满信仰传统，人死后，代表灵魂的最后一口气会附在就近的驼毛上。据记载，附有成吉思汗灵魂的驼毛几百年来一直供奉在成吉思汗陵，因此，成陵一直是蒙古人民心中的圣地。

1937 年，卢沟桥事变爆发，日本帝国主义发动全面侵华战争，按照田中秘折定下的“欲征服中国，必先征服满蒙”国策，发动对内蒙古地区的侵略。占领大片土地后，日本在归绥（今呼和浩特）成立了名为“蒙古联盟自治政府”的地方傀儡政府，操控德王（即德穆楚克栋鲁普）等亲日派。为控制舆论，进一步控制蒙古地区，挑拨中国的民族关系，他们试图劫持成吉思汗陵寝。

面对异常严峻的形势，1939 年，伊克昭盟盟长沙克都尔扎布向迁至战时陪都重庆的国民政府提出建议，为防不测，希望将成吉思汗灵柩往西北大后方转移。沙克都尔扎布的建议很快得到蒋介石的批复，国民政府从国库拨移灵专款，由沙王担任主祭官，绥远省政府主席傅作义、晋陕绥边区总司令邓宝珊等担任起灵致祭官。

同年 6 月，成吉思汗灵柩西迁至甘肃省榆中县兴隆山，途经延安，中共中央、八路军总部及陕甘宁边区政府都派代表送花圈致祭，《新华日报》对相关活动进行了报道，以揭穿日本军国主义的阴谋。

1949 年国内局势巨变，国民党节节败退。8 月初，国民政府命刚担任西北军政长官不久的青海军阀马步芳，将成吉思汗的灵柩西迁到青海省塔尔寺，此后，成吉思汗灵柩在塔尔寺停留了六年之久。

1954 年，成吉思汗及后妃灵柩被接回阔别已久的鄂尔多斯草原，永久安置在新修建的成吉思汗陵园。

第二节
身后事

成吉思汗有四个嫡子（忽兰妃生有一子名叫阔列坚，但史书中没有留下任何关于他的片言只语），此四人犹如蒙古帝国的四根擎天巨柱，他们及其子孙将成吉思汗创建的蒙古帝国进一步扩张，创立了世界历史上空前绝后的帝国，其版图之辽阔，使得亚历山大、恺撒等号称世界征服者的帝王们在成吉思汗及其子孙的伟业面前也黯然失色。

术赤、察合台、窝阔台、拖雷弟兄四人，虽是一母同胞，但性格迥异，他们彼此关系的亲疏也不一样。

术赤的血统问题一直困扰着他，他和成吉思汗父子之间总是有一层隔膜。兄弟之间也是如此，术赤和察合台始终不和，与窝阔台不近不远，倒是和幼弟拖雷比较亲密，当然这或许与他们二人的妻子是同胞姐妹多少有点关系吧。

家庭亲情淡薄，使得术赤始终沉浸在悲情之中，不管他怎么努力，始终摆脱不了悲剧命运。玉龙杰赤之战结束后，他单独留了下来，没有东迁。成吉思汗组织围猎，他以生病为由没来参加，此后父子兄弟终成永别。

没多久，成吉思汗听到传闻说术赤要造反，愤怒之下要率军亲征，但很快传来术赤已死的消息，自此阴阳两隔。在短暂之间，成吉思汗经历了从极端愤怒到丧子之痛的情绪转变，个中感触恐怕只有他自己最清楚了。

术赤死后当年，成吉思汗也死在征西夏途中。

窝阔台是成吉思汗生前就指定的汗位继承人，但这并不意味着他就可以顺顺当当登上大汗宝座。成吉思汗死后，汗位空悬了整整两年之久，在这期间，由拖雷监国，扮演了无冕之汗的角色。

按照蒙古人幼子守灶的传统，拖雷继承了成吉思汗的营地、财富以及军队。拖雷富有才华，作战勇猛无敌，在兄弟几个人中相貌最出众，又是幼子，可谓完美无缺。在拖雷监国这两年内，究竟发生了些什么，我们永远不得而知，但可以想象，在窝阔台和拖雷两派间，权力斗争非常激烈。

窝阔台虽然被指定为大汗继承人，但按照蒙古人传统，还必须要经过库里台大会推举确认，才算合法。这就为拖雷提供了足够的时间反击，可见当时窝阔台的压力有多大。

甚至有一种说法：成吉思汗晚年对拖雷宠幸有加，一度打算废了窝阔台继承人的资格，窝阔台遂在酒中下毒，致使成吉思汗中毒身亡。

1229 年 9 月 13 日，经历了一番曲折后，窝阔台终于成功登上汗位（汉谥太宗皇帝，波斯史书多称他为合罕），但是拖雷的存在，使他感到自己的汗位岌岌可危，随时有可能失去。

窝阔台在位期间，似乎没有什么太过耀眼的成绩。史书中对他的记载，留给后人最深的印象就两样：一件是酗酒，另一件就是做事大度。

蒙古人爱喝酒，世人皆知，窝阔台常常酩酊大醉。后来，他也因纵酒过度去世。在波斯人拉施特的《史集》中，多次强调窝阔台的慷慨大度，其实这是用春秋笔法，暗示他挥霍无度。

窝阔台在位期间，主要集中精力在经营蒙古漠北本部，在此设立驿站，在漠北草原上营造了首座城市哈拉和林，这对一直逐水草而居的蒙古人来说，是前所未有的。

然而，跟拖雷一比，窝阔台却显得黯淡无光。

1232 年，拖雷带领大军攻打金人，取得了三峰山之战的辉煌胜利。在庆祝胜利的大会上，诸王皆对拖雷一片颂扬，使得窝阔台脸上无光，加深了对拖雷的猜忌。

在北返途中，窝阔台蹊跷地病倒，人事不省。萨满祈祷后称，需要至亲之人代大汗去死，大汗才能康复。拖雷遂出面喝下了萨满的符咒水，返回自己营地后，没几日便死去，窝阔台的病也随即好了。

拖雷妻子唆鲁禾帖尼认为，拖雷是被窝阔台下了毒。以拖雷的机智，不可能没看出其中端倪，估计是受到了窝阔台的胁迫，被迫喝下了符咒水。

历史真相究竟如何，我们不得而知。流传到现在的所有蒙古史书，基本都来自蒙古史、汉史、波斯史。蒙古和汉地由拖雷二子忽必烈一脉统治，波斯则是拖雷三子旭烈兀一脉，很显然，他们都是站在拖雷一方的立场来记载。

拖雷虽死，窝阔台依然不放过他的寡妻，提出要唆鲁禾帖尼嫁给自己的长子贵由。原因很简单，若贵由娶了唆鲁禾帖尼，就意味着拖雷的所有土地、财产、军队都会落到自己手中，这是他多年以来梦寐以求的。

幸亏唆鲁禾帖尼聪慧，依靠巧妙周旋，使得窝阔台的诡计没有得逞。此时，拖雷的四个儿子，除了阿里不哥还小以外，蒙哥、忽必烈、旭烈兀皆已成年。

没多久，窝阔台死于酗酒。有的史书称，唆鲁禾帖尼为了给丈夫报仇，买通了窝阔台的厨子，毒死了他。窝阔台死后几年内，他的遗孀脱列哥那（乃马真氏，史称乃马真后，追谥昭慈皇后）称制，将帝国大权握在手中。她一直怀疑唆鲁禾帖尼毒死了窝阔台，便想设法干掉她们母子。只是唆鲁禾帖尼小心谨慎，她苦于找不到任何把柄，最终没有得逞。

窝阔台生前希望三子阔出继承汗位，可惜阔出死于 1236 年 3 月的襄阳之战，他便打算选阔出的儿子失列门为继承人。最终，由于脱列哥那的干预，长子贵由被选为汗位继承人。

窝阔台去世的时候，贵由正在跟随拔都进行长子西征（即蒙古宗室诸系皆派出长子参战，需要说明的是，拔都本人是术赤的次子），远征钦察草原。在这次远征中，贵由和拔都意见不合，闹得不欢而散，为以后的冲突埋下了伏笔。

脱列哥那野心勃勃，将帝国大权操控在自己手中。贵由身体一直不好，长期忍受着各种慢性病的折磨，有历史学家推断，脱列哥那之所以选贵由，就是因为看他身体不好，好长期大权在握。

从窝阔台汗去世到贵由登基，整整四年，蒙古帝国的最高权力掌握在脱列哥那这个女人手里。脱列哥那攫取权力后，重用身边的波斯侍女法提玛和商人奥都剌合蛮，将朝政搞得乌烟瘴气。

为了更快捞钱，脱列哥那竟然将帝国的赋税承包给奥都剌合蛮，让他替代燕京行台断事官牙老瓦赤（花剌子模人），还图谋逮捕中书右丞镇海（畏吾儿人），牙老瓦赤、镇海一看形势不妙，跑到河西阔端处避难。中书令耶律楚材也遭到排挤，抑郁成疾。

牙老瓦赤、镇海从成吉思汗时期就追随蒙古人，功勋卓著。窝阔台在位时期，花剌子模城市不花剌发生叛乱，平息后，窝阔台按照蒙古人的做法，要下令屠城，幸亏牙老瓦赤的劝谏，才得以避免。

至于耶律楚材，成吉思汗在世时就备受信任，临终前特意将他作为治国巨匠留给窝阔台，希望他凡事多听听耶律楚材的意见。

窝阔台时期，黄河以北都已被蒙古人占领，贵族中有人认为汉人没用，建议将他们杀光，然后将空出来的农区良田变成草场，供蒙古人放牧。耶律楚材给窝阔台详细解释了农业对国家的好处，表明农耕区可以为帝国提供大量赋税等益处。在耶律楚材的劝谏下，窝阔台放弃了在中原牧马的想法，中原人们逃过了一劫。

蒙古大军出征金、西夏之时，每占领一地，许多人都忙着抢金银珠宝，唯有耶律楚材忙着收集药材，抢救书籍。

西夏灭亡之时，蒙古军中瘟疫流行，幸亏耶律楚材提前收集了大黄等不少药材，军中疫情才得到有效控制，没有蔓延开来。

蒙古人对中原汉文化不甚了解。耶律楚材提出尊崇孔子，找到孔子后裔，册封为衍圣公，按照中原王朝制定各项典章制度。可以说，耶律楚材是蒙古乃至后来大元帝国国家架构的设计师。儒学和汉文化由于耶律楚材的挽救，才得以薪火相传，繁衍至今。

然而，这位为蒙古帝国立下卓殊功勋的功臣，在乃马真后和奥都剌合蛮的打压挤兑下，最终抑郁而终。耶律楚材死讯传开后，无论蒙古人还是汉人，无不痛哭流涕。

汗位悬而未决，就会引来一些人的非分之想，成吉思汗的幼弟帖木格是在世的蒙古宗室亲王中辈分最高的，他蠢蠢欲动，觊觎汗位。

1246 年夏，库里台大会终于在哈拉和林召开，诸王基本都来参加，唯有拔都称病缺席。

按照惯例，贵由要谦让一下，众人也心知肚明，所以再三劝进。贵由看上去是个病秧子，但颇有心计，他趁机提出，既然大家一再推举，我也不好意思再坚持推辞，但有个条件，以后汗位必须出自窝阔台系，旁系不得染指。

众人谁也没料到贵由会来这一手，要知道当初成吉思汗只是指定窝阔台为汗位继承人，并说要是窝阔台后代中有不肖子孙，旁系有权继承汗位。贵由却提出，以后不论贤愚，汗位必须出自窝阔台系，并将它确定为制度。事已至此，诸王公、宗亲、贵族等只得盟誓，称："哪怕窝阔台家族中只剩下一块牛狗不食的肉块，也绝不将汗位交给别人。"

其实想想也是，人心都是自私的，成吉思汗确立汗位继承人制度时，不也明确将自己的兄弟们踢出继承人行列之外了么？贵由同样想把汗位传给自己的子孙。贵由称汗（汉谥定宗皇帝）以后，以谋反罪名处死了叔祖帖木格。

法提玛和奥都剌合蛮这两个祸乱朝纲的人被贵由下令处死，乃马真后没多久也去世了。贵由下令将牙老瓦赤、镇海等老臣召回，经过一番拨乱反正，汗廷出现了一丝新气象。

拔都没有出席库里台大会，贵由对他严重不满，决定以西巡为由，借机收拾一下他。唆鲁禾帖尼得知后，立刻暗中派人通知拔都，让他做好准备。拔都听说贵由西来，命令军队在边境严防死守，拒绝贵由进入钦察境内。

双方剑拔弩张，眼看一场大战在所难免，不料贵由病发，死在西巡途中，一场将要爆发的蒙古内战，就这样在无声无息中平息了。

贵由汗去世后，他的妻子海迷失后效仿乃马真后称制。海迷失后本人没有多大才能，整日和一帮萨满鬼混在一起，沉迷于巫术之中，这引起她的两个儿子忽察和脑忽的不满，便自行开府，发号施令。于是，出现了母子三人都对外发布命令的局面。一时间，政出多门，蒙古汗廷又陷入混乱不堪的局面。

唆鲁禾帖尼多年来一直低调隐忍，使窝阔台家族找不到整治她的把柄，与其他派系中张扬跋扈的亲王们形成鲜明对比，贵由也不得不表扬她们母子。

其实，唆鲁禾帖尼一直没有放弃夺回本属于自己丈夫汗位的梦想，她表面上隐忍，暗中广结善缘，常给周围的人慷慨赏赐，赢得了不少人心。

贵由汗猝死，海迷失后无能，唆鲁禾帖尼觉得隐忍多年后，机会终于来临了，便联合拔都，推荐自己的儿子蒙哥为蒙古大汗。

贵由死后，成吉思汗的孙辈中有竞争力的属拔都年纪最长（术赤长子斡儿答为人很低调，存在感不强），他对贵由即位本就不满，加上海迷失后母子三人的瞎折腾，遂派使者召集诸宗室亲王到钦察汗国的阿剌脱忽剌兀（今巴尔喀什湖东岸）议事，讨论新汗人选。

察合台系和窝阔台系两派诸王素来与术赤系不和，接到拔都的信后，他们大多数人拒绝出席。贵由的俩儿子忽察和脑忽因驻地离得比较近，实在推辞不过，只好前去露个面，然后就离开了。

唆鲁禾帖尼不知底细，决定先派蒙哥去探探拔都的口风。大汗的权位诱惑太大，拔都这么大张旗鼓的，谁知道他想不想自立为汗。

蒙哥以探病的理由来到拔都汗廷，哥俩一谈话，越说越投机。拔都表示，自己无意争夺大汗宝座，愿意推举蒙哥为大汗。拔都已放弃了汗位，别人自然不好意思去争了，察合台系和窝阔台系又与术赤系不和，只能推举拖雷系。

术赤系的诸王心中还是有顾虑的，他们觉得，当初在贵由汗面前立下誓言，如今改立蒙哥为汗，背弃盟誓，按照蒙古人的传统说法是要遭天谴的。

海迷失后也派来一位名叫八喇的使者出席会议，他发现会议氛围不对劲，便说，当初窝阔台汗要立失列门为汗位继承人，如今，失列门还活着，为何要立蒙哥，你们要违背先汗窝阔台的命令吗？

穆哥（蒙哥之弟）现场立刻反击："没有人敢违背窝阔台汗的命令，只是，当初是谁首先违背了他的命令，放弃失列门，改立贵由汗的？"

拔都顺势表示，正因为立贵由汗违背了窝阔台汗的命令，所以，我没有参加立誓，现在推举立蒙哥为汗，也不存在违背誓言。

八喇被说得哑口无言，众人便纷纷表示，愿意拥护蒙哥为大汗。

蒙哥为新大汗人选之事，术赤系和拖雷系取得了共识。但按照传统，还必须寻得其他派系承认，经哈拉和林库里台大会推举，才算真正合法。

拔都和唆鲁禾帖尼花了近两年时间，不断派出使者到诸王间游说，通过一番恩威并用后，察合台系和窝阔台系的有些亲王看到蒙哥为汗已是大势所趋，无力改变，立场开始动摇，表示愿意支持蒙哥为汗。

成功将察合台系和窝阔台系内部分化后，拔都决定召开库里台大会，让蒙哥正式称汗。

1251 年 6 月，库里台大会在哈拉和林举行，为了确保万无一失，防止有人捣乱，拔都特意派弟弟别儿哥率领三万大军到场，威慑那些图谋不轨之人。

诸王们一抵达库里台大会现场，就觉得气氛不对劲。会议场外被别儿哥军队围得密不通风，穆哥亲自在门口站岗检查，每个亲王入场都要经过他的检查。

进入大帐以后，看到忽必烈充当大会司仪，指挥现场秩序，旭烈兀负责调度膳食。诸王落座后，被要求遵守会场秩序，不得随意走动，不得交头接耳，本该是别儿哥的位置，坐的却是拔绰（拖雷第七个儿子，腿脚残疾，行动不便）。

看得出来，为了确保儿子登上汗位，唆鲁禾帖尼进行了全家总动员，连残疾人都出来发挥作用。

傻子都看得出来，库里台大会已经完全被拖雷的儿子们掌控，此时，诸王能做的就是举手表示支持，然后吃吃喝喝就是了。

会议没出现任何杂音，进行得很顺利。诸王们脱下帽子，解开腰带，对蒙哥行九叩大礼，蒙哥（汉谥宪宗皇帝）成功登上了大汗宝座。

礼仪完毕后，诸王们都松了一口气，开始敞开了吃肉，放开了喝酒。众人每天消耗两千车酒和马奶、三百头牛马、三千只羊，如此整整狂欢了一周左右。

正当狂欢临近结束的时候，出现了一件蹊跷的事。有人来报告，发现一支满载兵器的队伍向大会这边赶来，蒙哥汗立刻命人去拦截，来人很快被带到会议现场，为首的是失列门、忽察和脑忽等窝阔台系的亲王们。

他们矢口否认前来造反，而是赶来为蒙哥汗效命的。

失列门、忽察和脑忽等人进入大帐后，向蒙哥行了九叩大礼。蒙哥装作若无其事的样子，让他们加入狂欢之中，和大家一起吃吃喝喝。

几天后，失列门、忽察和脑忽等人带来的人马被陆续解除武装，然后遣散，放他们回去。

蒙哥汗亲自审查了窝阔台系的诸王，在一番酷刑折磨后，终于有人扛不住，承认他们是串通在一起，想谋害蒙哥汗，而且还乱咬一通，牵扯出察合台系也速蒙哥夫妻。

蒙哥汗随即下令将贵由之妻海迷失后、合答合赤（阔出之妻，失列门之母）、也速蒙哥夫妻以及他们的近臣三百多人全部处死。

蒙哥汗非常憎恶海迷失后，他曾经在写给法国国王路易九世的信中称她是女巫，骂她比一条狗还要贱。蒙哥汗下令将海迷失后扒光后，裹在毡内扔入河中淹死。又当着也速蒙哥的面，将他老婆活活踢死（大概出于蒙古传统，让她们不流血而死）。

至于其他亲王，要么被流放，要么被发配到军中效力。经过此番清洗，察合台系和窝阔台系元气大伤，彻底一蹶不振，再也无法对拖雷系构成威胁。

蒙哥从小在窝阔台汗身边长大（估计类似人质），窝阔台汗视他如养子，待他很不错，如今大开杀戒，几乎将窝阔台的子嗣斩草除根，难免会引来别人的非议。

于是，蒙哥汗将所有罪责都推到海迷失后身上，指责她这个恶女人是挑起这场血腥风暴的罪魁祸首。为了表示自己不想赶尽杀绝，他对贵由和海迷失后所生的忽察和禾忽网开一面，给予一条生路，给他们封地，使得窝阔台一系不至于绝嗣。

成吉思汗临终前嘱咐儿子们一定要团结，不要搞内讧，否则就会像九头蛇一样冻死在外面。很显然，后辈们已将他的谆谆教诲置于脑后。

蒙哥汗靠强硬手段登基，但家族内部的裂痕越来越大，为以后帝国的分崩离析埋下了伏笔。

蒙哥汗话不多，生活上也不过分追求奢华，处理政务事必躬亲，许多法令都要亲自起草，反复修改后，方交给臣下执行，对群臣的管理很严，臣属无不胆战心惊。

蒙哥汗的强势，一度扭转了贵由汗死后政出多门的局面。

蒙哥汗是蒙古帝国最后一位经库里台大会推举，并获得诸系承认的大汗。蒙哥汗即位后，蒙古帝国的战车并没停止，帝国进一步从两翼对外扩展，在西方战线，他派三弟旭烈兀继续西征波斯故地、叙利亚，一度逼近非洲埃及；东方则由他亲自带领大军南下攻打南宋，最终于 1259 年 8 月死在钓鱼城下。

蒙哥汗的意外死亡，彻底改变了蒙古帝国的走向。在西方，旭烈兀的西征就此停止。当时，欧洲人被蒙古人掀起的战争吓得胆战心惊，罗马教皇称之为上帝之鞭，是代表上帝来人间行天罚的，整个欧洲大陆陷入一片惶恐之中。

蒙哥汗的突然死去，使欧洲诸国逃过了蒙古铁骑的蹂躏，免遭像花剌子模一样覆灭的噩运。

听到蒙哥汗死去的消息后，正在攻打南宋的忽必烈也停止了攻击，匆匆与宋媾和后，北上争夺大汗宝座。

不同于中原王朝的嫡长子继承制，蒙古人奉行幼子守灶，这种不成文的悠久传统，在实际生活中尽管有着强大的惯性，但是往往执行得不彻底。蒙古人也没有通过法律，将此制度明确固定下来，因此，它经常受到各种挑战。

成吉思汗本人就没有遵行它，他最终选择了三子窝阔台为继承人，而不是幼子拖雷。由于成吉思汗的巨大权威,他的决定无人挑战和质疑。但是,他直到最终,也没有为后代建立起一套合理的继承人制度。

成吉思汗晚年为诸子之间的矛盾所困扰,除了教导他们团结友爱,只好要求大家与其窝里争斗,不如对外扩张。

扩张只能暂时淡化矛盾,并不能从根本上解决问题,何况扩张终有一天会停下来。窝阔台和拖雷之争,其实质就是大汗生前指定继承人和幼子守灶传统之间的较量。

拖雷死后,成吉思汗留下的继承人制度缺陷并没有消失,反而进一步激化了诸子的矛盾。窝阔台也想效法成吉思汗,指定继承人,遗憾的是他没有成功,他指定的继承人失列门,在他死后并没有登上汗位,在乃马真后的干预下,贵由以长子身份登上了大宝。

贵由死后,拖雷的长子蒙哥夺得大汗宝座,这次争夺是窝阔台和拖雷之争的延伸,最终蒙哥脱颖而出,意味着幼子守灶传统取得了胜利。

毫无疑问,蒙古人遵行的继承制度并非是单一的,而是一种混合制度。除了大汗指定和幼子守灶之争外,库里台大会也是权力继承中独特的组成部分。

截至成吉思汗统一蒙古之时,蒙古人尚未完全走出传统氏族部落的影响,它与金、宋、西夏等相比,政治、经济、文化生态还很落后,一下子很难摆脱部落时代的传统,库里台大会这种部族议事会议就是典型代表。

新的大汗继承,不论是先汗指定,还是幼子守灶,都必须通过库里台大会确认才算合法。由于各种势力的明争暗斗,在库里台大会达成一致的继承人选比较困难,因此蒙古帝国史上常出现一种奇特现象:大汗去世后,新汗即位前,往往有数年的空档期。

君位久空,必会激发一些人的野心,围绕汗位的争夺会更加激烈。

每次权力交接的争夺,势必会加深蒙古帝国内部的裂痕,使其最终走向不可逆转的分裂,直到庞大的蒙古帝国不复存在。

彻底导致蒙古分裂,是忽必烈和阿里不哥的汗位之争。

1260 年 3 月,忽必烈在开平(今内蒙古自治区锡林郭勒盟正蓝旗境内)即汗位,建元中统。次月,忽必烈幼弟阿里不哥,在蒙古帝国都城哈拉和林即汗位。忽必烈自受命经营汉地以来,身边围绕着刘秉忠等一批汉臣,他开始有意识地学习和接受汉文化，引来蒙古传统势力的不满，他们认为忽必烈背叛了成吉思汗以来的蒙古传统。

围绕汗位之争，蒙古四大汗国出现了两大阵营，伊利汗国旭烈兀站在忽必烈这一边，钦察、察合台、窝阔台三大汗国支持阿里不哥。

最终忽必烈胜出，阿里不哥被击溃。1264 年 8 月 21 日，阿里不哥宣布投降。忽必烈虽然取得了胜利，但汗位争议一直困扰着他。察合台汗国的海都汗以忽必烈得位不正为由发动叛乱，叛乱时断时续，前后共历经数十年才平息下去。

1271 年，忽必烈（庙号元世祖，蒙古尊号薛禅汗）正式改国号为大元，第二年，将统治中心南迁，迁都大都。

元朝时期，奉行两京制，皇帝每年都要到草原上的上京住一段时间，但总体上说，自忽必烈起，元朝历代皇帝都满足于做汉式中原皇帝，将主要精力放在了经营中国本土上。

元朝皇帝名义上依然还是蒙古帝国的大汗，但已无力干预其他汗国的内部政治。西北诸王的叛乱直到元成宗时才平定，而蒙古四大汗国之间也是矛盾重重，相互攻伐不止。

四大汗国都承认自己是成吉思汗的后裔，是蒙古帝国的一部分，但这些都无法阻止它们之间的战争。

四大汗国中，旭烈兀创立的伊尔汗国在忽必烈和阿里不哥汗位之争中，坚定支持忽必烈。忽必烈宣布将本属于大汗直辖的阿姆河以西的地区划分给他，同时下令，调回旭烈兀带去西征的数万西征军，用来对付内部的挑战。

四大汗国中，窝阔台汗国最先灭亡，其领土被察合台汗国和大元帝国瓜分。而伊利汗国和钦察汗国之间，也由于领土之争多次大打出手，矛盾重重。

蒙古帝国可谓其兴也勃，其衰也忽。成吉思汗带领子孙们创建了空前辽阔的帝国，主要依靠蒙古人强悍的战斗力。但蒙古人以不过百万左右的人口统治如此广袤的国土，显得力不从心。

蒙古人犹如一阵狂风，席卷诸国，所向无敌，可一旦离开马背，他们就如一叶孤舟，立刻被当地居民包围，犹如身陷汪洋大海之中。无论东方还是西方，农耕地区在政治文明、经济、文化等各方面都显然比蒙古人先进。

蒙古人除了向他们学习，实现本土化外，别无他法。在中国本土，儒家思想成为国家政治思想主流已达千年，至宋元之时，程朱理学的创立，使儒学的地位更加无法动摇,儒、释、道三家并重格局已成为大多数知识分子的自觉意识,蒙古人是无力改变的。

在西方,蒙古人同样面临困境。伊利汗国最终被突厥化,接受了伊斯兰教,钦察汗国接受了东正教,至于察合台汗国,由于内部在保持蒙古传统和接受伊斯兰化之间发生争论,最终导致了汗国的分裂。

忽必烈为保持蒙古帝国的统一做了努力,就在阿里不哥之乱被平息后,他派人通知四大汗国,想通过在蒙古本土举行库里台大会,争取使自己汗位得到承认。

库里台大会的时间定在 1267 年(元世祖至元四年),钦察汗国别儿哥汗、察合台汗国阿鲁忽汗、伊利汗国旭烈兀汗都表态将出席,不过,却遭到了窝阔台汗国海都汗的抵制。

谁也没想到,旭烈兀汗、别儿哥汗、阿鲁忽汗于 1266 年前后去世(旭烈兀汗死于 1265 年),导致库里台大会无法如期举行。1269 年,钦察汗国、察合台汗国、窝阔台汗国召开塔剌思库里台大会,结成同盟,发动对元朝的战争,战争直到 1303 年才结束,统一的蒙古帝国不复存在。

感到无力维护蒙古帝国的统一后,忽必烈开始全力经营中国本土。当时南宋王朝还残喘于江南一隅,1276 年 2 月,蒙古军攻陷南宋首都临安(今浙江杭州),宋恭帝和谢太后被俘。1279 年 4 月,宋朝最后的残余力量在广东崖山海战中被摧毁,大臣陆秀夫背着年幼的帝昺蹈海自杀,宋亡。

在这以前,蒙古人已经消灭了割据于云南一带的大理国。至此,所有中国境内政权,包括南宋、金、西夏、大理、西辽、吐蕃等全部被消灭,中国自唐末以来长达数百年的地方割据被终结,一个新的大一统王朝诞生,这也是中国境内第一次出现全国性的少数民族主导的王朝。

蒙古帝国各大汗国陷入内部斗争,无暇再对外扩张,但一统华夏的忽必烈无意停下对外扩张的脚步。

然而,忽必烈在东亚和东南亚发动的一系列战争,结果大多并不理想。除征服了朝鲜半岛的王氏高丽,使之沦为大元的驸马国外,对日本发起的三次战争,受海上飓风等自然因素的制约,均以惨败收场。1281 年,数万远征军失败,除了蒙古人裹挟而来的南宋汉人和高丽人被赦免外,大多数蒙古士兵被处死,令忽必烈蒙羞,但他直到去世,也无力再发起新的远征日本战争。

在东南亚，忽必烈先后发动了对安南（今越南北部）、蒲甘王朝（今缅甸）、占婆（今越南南部）、爪哇（今属印度尼西亚）的一系列战争，大多以失败而告终。

蒙古帝国兴起于草原，蒙古人一旦到了靠近热带的雨林地区，炎热潮湿的气候就弱化了蒙古人的弓马优势，使之沦为强弩之末。因此，帝国的扩张已达到极致。

忽必烈是个高寿的帝王，足足活了八十岁，超过他以前的任何一位蒙古大汗，也使得他的子孙们难以企及。他是大元帝国的开国皇帝，也是蒙古帝国的末代大汗。忽必烈是成吉思汗之后最伟大的一位可汗，足以与乃祖齐名。

忽必烈死后，其孙铁穆耳继位（忽必烈立的太子真金早逝，铁穆耳即为元成宗，蒙古尊号完泽笃可汗），他一度击败西北诸王，迫使四大汗国再度承认大元帝国的宗主国地位，维护了元朝皇帝为成吉思汗合法继承人的地位以及整个蒙古帝国大汗的名分。

然而，元成宗死后，元朝就陷入后宫干政、权臣专权的恶性循环，政变不断。元帝国再也无力驾驭整个蒙古帝国，直到 1368 年被朱元璋逐出中原。

蒙古人势力退出中原后，尽管遭受了朱元璋、朱棣父子北伐的沉重打击，但并没有彻底消亡。蒙古与明始终南北对峙，对明朝构成了很大威胁。在明英宗正统年间，蒙古瓦剌部还俘虏了明英宗，一度攻入长城，围困北京。

然而，蒙古内部不断分裂，纷争不断，成吉思汗的后裔差点被杀光。当年的风光不再，一切似乎恢复到了成吉思汗以前部落林立、攻伐不休的年代。

明朝末年，努尔哈赤率领的女真人在辽东崛起，为避免两线作战，集中精力对付南方大明帝国，努尔哈赤初期采取与蒙古联姻的方式，尽量避免与蒙古产生冲突。

1618 年，努尔哈赤取得了对明关键性的胜利——萨尔浒大捷。此后数年间，逐渐攻陷辽东诸城。1625 年定都盛京（今辽宁沈阳），基本占领了辽东全境，然后开始盯上蒙古诸部。

其时，在蒙古草原出现了一位传奇人物，他是最后一位被公认的蒙古大汗林丹汗。林丹汗雄心壮志，一心想恢复成吉思汗昔时的荣光。

为了削弱林丹汗，努尔哈赤不断采取离间分化蒙古诸部的策略，争取了不少蒙古部族的归附。努尔哈赤死后，其子皇太极即位，继续采取软硬兼施的手段，在拉拢同时，数次发动对蒙古的战争，征服了不少部族，在蒙古地区的影响力越来越大。

1632 年春，皇太极召集归顺的蒙古诸部，共集结了十万大军，宣布远征察哈尔的林丹汗。林丹汗得知消息后，为避其锋芒，想前往漠北喀尔喀，却遭到喀尔喀三部的阻绝。他只好带领人马西行，渡过黄河，在鄂尔多斯成吉思汗陵前宣誓，自称为全蒙古的林丹巴图鲁汗，随后携带八白室至甘肃大草滩，以待时机，东山再起。两年后，林丹汗病死在那里。

林丹汗死后，其寡妻囊囊福晋带领幼子额哲及部族回到鄂尔多斯。1635 年，皇太极得知林丹汗已死，立刻派人去鄂尔多斯草原寻找他们，迎娶了囊囊福晋，并将自己的女儿嫁给额哲，并封他为亲王。

1636 年 3 月，漠南二十六部诸汗、王公、台吉齐聚盛京，上皇太极尊号“博格达车臣汗”（皇太极又被称作阿巴亥汗，因在位时年号为天聪，故亦称作天聪汗），至此，黄金家族蒙古大汗的传承断绝。

清太宗皇太极又名黑还勃烈，蒙古语中“黑还”意为黄，“勃烈”意为苍狼，蒙古有祖先来自于苍狼白鹿的传说，而最终的大汗称号归于皇太极，或许是冥冥中的巧合吧。

随后数十年间，清朝逐渐征服漠南蒙古诸部、漠北喀尔喀蒙古，平定漠西卫拉特蒙古和青海和硕特蒙古，将蒙古所有诸部置于清朝的统治之下。

清康熙初，原明降将吴三桂等发动三藩之乱，清廷主要精锐之师皆南下平乱，京城空虚，林丹汗孙子布尔尼和罗布藏（其父乃额哲之弟察哈尔亲王阿布奈）觉得此时为最佳时机，遂举兵反清，察哈尔左翼四旗也在宣府（河北宣化）发动兵变，凿穿边墙，投奔布尔尼和罗布藏。

阿布奈因拒绝朝觐，此时被清廷关押在盛京。布尔尼和罗布藏抢夺了张家口的皇家马场的马匹，想攻打盛京，解救阿布奈。

消息传来，京城内一片哗然，形势骤然紧张。当时，京城已无兵可派，幸好康熙帝沉稳应对，他号令将京城所有满蒙王府的家奴召集起来，临时拼凑了一支队伍，前去讨伐布尔尼和罗布藏乱军，结果叛军一战即溃，布尔尼和罗布藏兄弟二人也在战斗中被乱箭射死。

如果成吉思汗在天有灵，看到不肖子孙不武如斯，不知作何感想。乱军平定后，康熙帝下令将囚禁在盛京的阿布奈绞杀。

至此，曾经纵横欧亚五百年的成吉思汗、忽必烈黄金家族一脉绝嗣，彻底退出了历史舞台。

附　　录

成吉思汗生平大事记

1162 年壬午　一岁

出生于蒙古乞颜部，孛儿只斤氏，父也速该，母诃额仑。

1164 年甲申　三岁

二弟合撒儿出生。

1166 年丙戌　五岁

三弟合赤温额勒出生。

1168 年戊子　七岁

幼弟帖木格出生。

1170 年庚寅　九岁

随父求婚弘吉剌部，德薛禅以女孛儿帖许之，也速该归途遭塔塔儿人毒手而死。旋即，泰赤乌部弃离诃额仑母子而去。

1171 年辛卯至 1178 年戊戌　十岁至十七岁

铁木真及诸弟与母诃额仑于斡难河畔艰难度日，其间，铁木真被泰赤乌人掳走，被锁儿罕失剌一家解救，逃归。

1179 年己亥　十八岁

铁木真与孛儿帖完婚，博尔术、者勒蔑来投。

1180 年庚子　十九岁

铁木真妻孛儿帖被蔑儿乞部劫去。

1181 年辛丑　二十岁

铁木真与克烈部王罕、札答阑部札木合联合起兵征讨蔑儿乞部，

夺回孛儿帖，归途，长子术赤降生。

1183 年癸卯至 1184 年甲辰　二十二岁至二十三岁
铁木真与札木合之间从合营到单独扎营，乞颜部诸多族人来归，推举铁木真为汗。
1185 年乙巳　二十四岁
次子察合台生。
1186 年丙午　二十五岁
三子窝阔台生。
1189 年己酉　二十八岁
札木合纠集泰赤乌部十三部来袭，铁木真将所属分为十三翼，应战于斡难河附近答兰巴勒渚思之野，败退，是为十三翼之战。
1193 年癸丑　三十二岁
四子托雷出生。
1196 年丙辰　三十五岁
铁木真与克烈部可汗脱斡邻勒攻塔塔儿部，获胜，脱斡邻勒被金朝封王，铁木真被封为札兀惕忽里。秋，铁木真助王罕夺回汗位。
1199 年己未　三十八岁
铁木真与王罕、札木合联军征讨乃蛮部不亦鲁黑汗。
1200 年庚申　三十九岁
铁木真与王罕联合征讨泰赤乌部，取得胜利。
1201 年辛酉　四十岁
阔亦田之战，铁木真打败被推举为古儿汗的札木合统率的草原十二部联军。灭泰赤乌部，收服哲别。
1202 年壬戌　四十一岁
灭塔塔儿部，阿勒坛、忽察儿、答里台等因违反军纪，离开铁木真，投奔王罕。
1203 年癸亥　四十二岁
哈兰真沙陀之战，铁木真战败退却至班朱尼河时，与部下共饮浑水盟誓，反击克烈部，王罕败逃，克烈部亡。
1204 年甲子 四十三岁

铁木真远征乃蛮部，太阳汗死，屈出律出逃西辽，捉札木合，处死，授命塔塔统阿创建蒙古文字。

1205 年乙丑　四十四岁

蒙古侵西夏境，与西夏初交锋。追击溃蔑儿乞残部，诛脱黑脱阿。

1206 年丙寅　四十五岁

统一蒙古，诸部于斡难河尊铁木真为成吉思汗。

1207 年丁卯　四十六岁

伐西夏，破其边境城市斡罗孩城。

1209 年己巳　四十八岁

伐西夏，围困中兴府，夏主献女求和，畏吾儿归附。

1211 年辛未　五十岁

伐金，大败金人于野狐岭，夏金交恶，乃蛮部太子屈出律篡夺西辽，称帝。

1213 年癸酉　五十二岁

伐金，围困中都。金政变，卫王永济被废除处死，金宣宗立。

1214 年甲戌　五十三岁

金纳女、献金帛求和，迁都汴京。

1215 年乙亥　五十四岁

蒙古攻陷金中都，耶律楚材归降。

1216 年丙子　五十五岁

蒙古与西夏联合攻伐金延安、代州诸州。

1217 年丁丑　五十六岁

成吉思汗任命木华黎为太师国王，南下经营中原。金与宋交恶。

1218 年戊寅　五十七岁

命哲别伐西辽，屈出律死，国灭。花剌子模杀蒙古商团，劫财，成吉思汗遣使交涉，使者亦遭杀害，遂决定西征花剌子模。

1219 年己卯　五十八岁

起誓不儿罕山，发兵克鲁伦河畔大斡儿朵，战花剌子模边境城市讹答剌。

1220 年庚辰　五十九岁

连破花剌子模境内诸城，陷其新都撒马尔干，遣哲别与速不台逐花剌子模算端摩诃末，经呼罗珊诸城，摩诃末走投无路，避难里海荒岛，遂卒。

1221 年辛巳　六十岁

成吉思汗、拖雷征战呼罗珊，窝阔台、术赤、察合台攻陷花剌子模旧都玉龙杰赤。札兰丁立为花剌子模新主，于八鲁湾打败蒙古军，旋，败于申河，潜逃印度。哲别、速不台征战阿塞拜疆、格鲁吉亚、伊拉克等地。

1222 年壬午　六十一岁

丘处机西来，与成吉思汗论道。哲别、速不台翻越高加索山脉，进入钦察草原。成吉思汗派兵入印度追击札兰丁。

1223 年癸未　六十二岁

哲别、速不台打败钦察、斡罗斯联军于迦勒迦河。哲别死于返回途中。成吉思汗下诏东归。木华黎久攻凤翔不下，旋病死。

1224 年甲申　六十三岁

蒙古西征大军东归，成吉思汗避暑也儿的石河，秋，继续东归，途中分封诸子，整理颁布札撒令。

1225 年乙酉　六十四岁

春，返蒙古本部。秋，出兵征伐西夏，成吉思汗途中坠马染病。

1226 年丙戌　六十五岁

速不台领兵连陷西夏河西诸州，成吉思汗克黑水城，战于贺兰山，夏献宗李德旺死，末主李睍继位。年底，破灵州。

1227 年丁亥　六十六年

成吉思汗带兵陷临洮、河州、西宁、积石州等地。至夏，病重，召诸子诸将，定身后伐金方略，旋卒，后一月，夏主李睍降。蒙古入中兴府，屠城。蒙古葬成吉思汗于起辇谷。

蒙古帝国诸汗国构建图

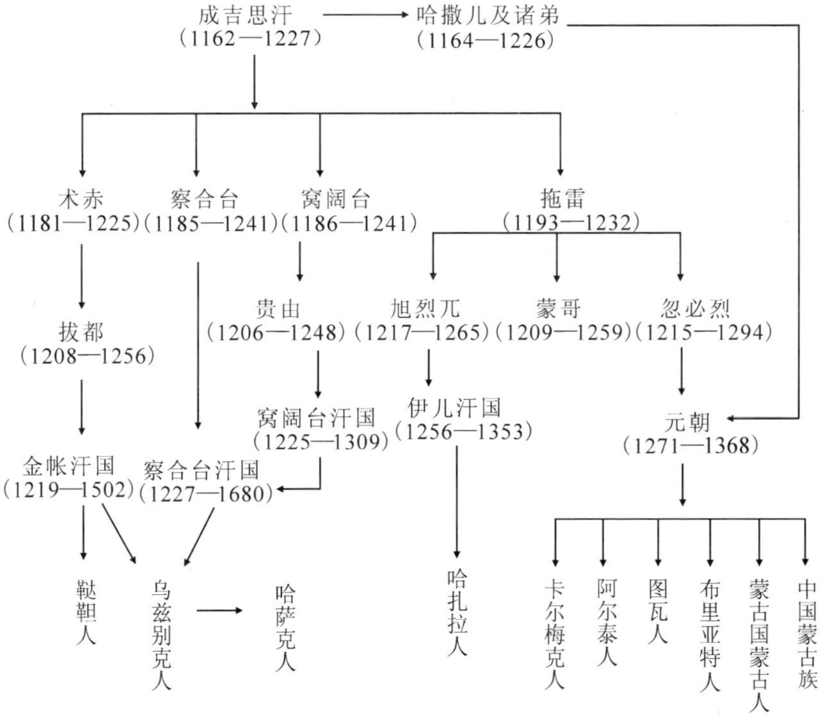
成吉思汗
（1162—1227）
哈撒儿及诸弟
（1164—1226）
术赤
（1181—1225）
察合台
（1185—1241）
窝阔台
（1186—1241）
拖雷
（1193—1232）
拔都
（1208—1256）
贵由
（1206—1248）
旭烈兀
（1217—1265）
蒙哥
（1209—1259）
忽必烈
（1215—1294）
窝阔台汗国
（1225—1309）
伊儿汗国
（1256—1353）
元朝
（1271—1368）
金帐汗国
（1219—1502）
察合台汗国
（1227—1680）
鞑靼人
乌兹别克人
哈萨克人
哈扎拉人
卡尔梅克人
阿尔泰人
图瓦人
布里亚特人
蒙古国蒙古人
中国蒙古族

参 考 文 献

[1]冯承钧.成吉思汗传[M].北京:商务印书馆,1947.
[2]毕沅.续资治通鉴[M].北京:中华书局,1957.
[3]岑仲勉.突厥集史[M].北京:中华书局,1958.
[4][日]河野元三.蒙古史[M].欧阳瑞骅译.台北:文海出版社,1970.
[5]宋濂,等.元史[M].北京:中华书局,1976.
[6][伊朗]志费尼.世界征服者史[M].何高济译.呼和浩特:内蒙古人民出版社,1981.
[7]屠寄.蒙兀儿史记[M].北京:中国书店,1984.
[8]佚名.汉译蒙古黄金史纲[M].朱风,贾敬颜译.呼和浩特:内蒙古人民出版社,1985.
[9]柯劭忞.新元史[M].北京:中国书店,1988.
[10]佚名.蒙古述略——蒙古史[M].波·少布,何日莫奇译.呼伦贝尔:内蒙古文化出版社,1992.
[11]罗桑丹津.蒙古黄金史[M].色道尔吉译.呼和浩特:蒙古学出版社,1993.
[12]萧启庆.蒙元史新研[M].台北:台湾允晨文化实业股份有限公司,1994.
[13]佚名.蒙古秘史[M].余大钧译.石家庄:河北人民出版社,2001.
[14]杨建新,马曼丽.成吉思汗 忽必烈评传[M].南京:南京大学出版社,2002.
[15][法]德阿·托隆.蒙古人远征记:草原帝国争霸史[M].宝音布格历译.上海:上海社会科学院出版社,2003
[16]余太山主编.西域通史[M].郑州:中州古籍出版社,2003.
[17]朱耀廷.成吉思汗传[M].北京:人民出版社,2004.
[18]王治来.中亚通史·古代卷·下[M].乌鲁木齐:新疆人民出版社,2004.
[19][美]杰克·威泽弗德.成吉思汗与今日世界之形成[M].温海清,姚建根译.重庆:重庆出版社,2006.
[20][波斯]拉施特主编.史集[M].余大钧,周建奇译.北京:商务印书馆,2009.
[21]许全胜.黑鞑事略校注[M].兰州:兰州大学出版社,2014.
[22][法]勒内·格鲁塞.成吉思汗传[M].周瑛译.武汉:长江文艺出版社,2016
[23]阿达利比士.蒙古西征在东西方文化交流史上的作用[J].内蒙古社会科学(文史哲版),1991(04).
[24]毕奥南.蒙古汗国与元朝关系的考察[J].中国边疆史地研究,2004(04).
[25]陈德芝.成吉思汗墓葬所在与蒙古早期历史地理[J].中华文史论丛,2010(01).

编者后记

很久以来，本人就一直想做一套关于帝王将相的图书，不仅仅是因为这些人身份显赫，而是因为历史进程往往在这些人手上发生了奇妙的变化，或好或坏。研究他们，读懂他们，其实就是在理解人与历史之间的关系，到底是英雄造时势，还是时势造英雄？从他们身上可以很明显地看出来。

从“权力的游戏”这套书的系列名即可看出，书内的主角都是赫赫有名的大人物，因此，入选这套书的传主的门槛并不低，最低也是主持过一国国政的著名人物。权力对这些人来说，也如同一场惊心动魄的游戏，是成功通关留下精彩的结局，还是被权力吞没成为历史的笑谈，看这套“权力的游戏”，你一定可以收获很多。最后，还要感谢曹锦林、曹燕兰、曾柯杰、常在、陈翔、褚以炜、杜颖达、傅仰哲、顾凤娟、管钢、胡滨、姜海洋、景迷霞、李湖光、李家训、李金海、李楠、李瑞梅、李巍、李玉华、廖文静、刘萌、刘啸虎、马千、孟驰、潘星汉、任立民、宋国胜、孙昊、汪枫、王顺君、王豫刚、王钻忠、翁伟力、吴田甜、吴焉、肖倩、许天成、薛贺、薛莹、杨昊、杨志民、俞彬彬、张宏轩、张捷闻、张俊、张雪琴、张一钡、张子平、章毅、赵恺、赵屏远、周泉、蔡晨、朱茜、朱涛等人在这套书出版过程中的鼎力相助。

宋毅于上海

2019. 1